W0053792

Träume
aus Stoff

KATRIN CARGILL

Träume aus Stoff

Effektvolle Wohntextilien zum Selbermachen

Mit Fotos von James Merrell

MOSAIK VERLAG

Dieses Buch widme ich meinen Eltern

Die englischsprachige Originalausgabe erschien 1994 unter
dem Titel »The Soft Furnishing Book« beim Verlag Mitchell
Beazley / Reed Consumer Books Limited, London.

Autorin: Katrin Cargill
Fotografien: James Merrell
Text: Jill Blake
Illustrationen: Lizzie Sanders

Art Director: Jacqui Small
Design: Maggie Town und Bobby Birchall
Redaktion der Originalausgabe: Sophie Pearse und Judith
More
Herstellung: Sasha Judelson

© 1994 Reed International Books Limited

Der Verlag hat die größtmögliche Sorgfalt walten lassen, um
sicherzustellen, daß alle Angaben und Anleitungen korrekt
sind, jedoch kann im Fall unrichtiger Angaben keinerlei Haf-
tung für eventuelle Folgen, direkte oder indirekte, übernom-
men werden. Autorin und Verlag sind für die Mitteilung
etwaiger Unkorrektheiten dankbar.

Der Mosaik Verlag ist ein Unternehmen
der Verlagsgruppe Bertelsmann

Alle deutschsprachigen Rechte:
© 1995 Mosaik Verlag GmbH, München / 5 4 3 2 1
Übersetzung aus dem Englischen:
Kirsten Spieldiener, München
Redaktion: Heike Pressler, Kirsten Spieldiener
Redaktionsleitung: Halina Heitz
Satz: Filmsatz Schröter GmbH, München
Druck und Bindung: Mandarin Offset, Hong Kong
Printed in Hong Kong
ISBN 3-576-10458-5

Inhalt

Einführung

Möchte man einen Raum stilvoll gestalten, so betrachtet man zunächst seine Struktur, die Beleuchtung, die Installationen und Heizkörper, die einzelnen Möbelstücke und die verschiedenen Oberflächen, die sich in dem Raum befinden. Dieser grobe Rahmen läßt sich durch zahlreiche Elemente weiter ausgestalten – vor allem durch Farben, Muster und Texturen. Jedes dieser Elemente trägt zu einer gewissen Stimmung und Atmosphäre bei, indem es für einen bestimmten Stil steht und texturale Kontraste sowie Formenvielfalt bietet. Farbe, Muster und Textur können eingesetzt werden, um die Proportionen eines Raumes günstiger erscheinen zu lassen, um interessante architektonische Einzelheiten hervorzuheben oder, im Gegenteil, Unschönes zu verdecken. Dieses Buch bietet eine Fülle von Anregungen für den Einsatz von Textilien und Stoffdekorationen in jedem Teil des Hauses – von ganz einfachen Ideen bis hin zu raffinierten Drapierungen.

Betrachtet man die schier unendlichen Möglichkeiten der Raumgestaltung – die fast grenzenlose Auswahl an interessanten Farben, die Vielfalt an aufregenden Dekorationsstoffen, die Möglichkeiten der Wandgestaltung, die Fülle an Teppichen und Bodenbelägen –, so wird die Wahl fast schon zur Qual.

Die meisten Entwürfe beginnen mit der Farbe, denn der Farbton der Böden und Wände, der Decke und der Vorhänge, der Stoffdekorationen und der Accessoires gibt dem Raum eine bestimmte Atmosphäre. Man kann Farben einsetzen, um kühlen Räumen Wärme oder warmen Räumen Kühle zu verleihen, um einen steifen, sachlichen Bereich gemütlich und ansprechend zu gestalten, um in einem kleinen, engen Raum den Eindruck von Weite und Eleganz zu erzeugen oder um die Stimmung einer bestimmten Epoche aufleben zu lassen. Farbe bringt Licht in dunkle Souterrains und eine frische, ländliche Atmosphäre in graue Stadtwohnungen. Mit Farben kann man eine beruhigende oder anregende Umgebung schaffen, interessante Einzelheiten hervorheben oder von unerwünschten Details ablenken.

Farben lassen sich in zwei Hauptgruppen einteilen. Die Palette der kalten, zurückhaltenden Töne umfaßt Blau, Blaugrün, Grün, Violett und einige Grauschattierungen; sie schaffen eine ruhige Atmosphäre und lassen den Raum größer erscheinen, besonders wenn überwiegend blasse Schattierungen gewählt werden. Da diese Farben leicht eine frostige Wirkung entwickeln, verwendet man sie am besten in warmen Räumen oder in Bereichen, in denen viele Aktivitäten stattfinden. Warme Farben haben hingegen eine anheimelnde Wirkung. Diese Farbtöne, zu denen Rot, Rosa, Orange, Apricot, Pfirsich, Gelb, Rotbraun und Ocker gehören, machen einen Raum kleiner, behaglicher und einladender. In kleinen Räumen wirken dunkle warme Farben allerdings schnell erdrückend; deshalb sollte man in diesen Fällen helle Schattierungen bevorzugen oder die warmen Farben nur kleinflächig einsetzen. Der Buntwert beschreibt, ob eine Farbe trüb oder leuchtend ist; die Schattierung hingegen gibt die Helligkeit des Farbtons an.

Außerdem gibt es neutrale Farben. Zu ihnen zählen Schwarz, Weiß und Grau. Legt man den Begriff großzügig aus, kann man auch Beige, Creme, gebrochenes Weiß und die Töne von natürlichen Materialien wie Holz, Rohr, Marmor, Backstein, Stein, unbehandelter Wolle, Flachs, Leinen und ungefärbter Baumwolle als neutrale Farben bezeichnen. Neutrale Farben können warm oder kalt sein und werden eingesetzt, um die Wirkung anderer Farben zu verstärken oder zu mildern. Oft schaffen sie Übergänge oder dienen als Hintergrundfarbe. Sie können aber auch solo verwendet werden und erzeugen dann eine dezente, entspannende Atmosphäre. Beschränkt man sich in einer Raumgestaltung ausschließlich auf neutrale Farben, so empfiehlt es sich, viele verschiedene und kontrastreiche Texturen zu kombinieren oder einige wenige Farbakzente zu setzen.

Vorangehende Seite

Oben **Gestreifter Satin** eignet sich als Bezug für einen verzierten Sessel. Derselbe Stoff wird diagonal zugeschnitten und so auch zur Verzierung der Kanten verwendet.

Unten Der geschwungene Querbehang ist mit einem konstrastierenden Stoff eingefaßt und wird von einem Seestern geschmückt. Der baumwollene Vorhang wird auf einer Seite von einer Raffrosette aus Holz, ebenfalls verziert mit einem Seestern, zusammengehalten.

Gegenüber Primärfarben heben sich kraftvoll gegen Weiß ab. Die rot-weißen Leinenservietten kommen auf dem blau gerandeten Porzellanteller großartig zur Geltung.

Links Die beiden rot-weiß-blau bezogenen Sitzflächen der Stühle wirken in der hohen Halle vor der Collage aus alten Handschriften als besonderer Blickfang.

Oben Der Bezug aus in konstrastierenden Farben gestreiftem Baumwollpiqué wird mit Schleifen zusammengehalten. Auf diese Weise kann der Bezug leicht abgenommen und gewaschen werden.

Eine Farbgestaltung kann glücken oder mißlingen – ganz gleichgültig, ob Sie mit Farbharmonien oder mit kontrastierenden Farben arbeiten. Monochrome Kombinationen, bei denen nur eine Grundfarbe in verschiedenen Buntwerten und Schattierungen eingesetzt wird, sind harmonisch; man nennt sie auch Ton-in-Ton-Kombinationen. Je nach gewählter Grundfarbe können monochrome Kombinationen warm oder kalt sein. Ton-in-Ton-Abstufungen in hellen Schattierungen einer kalten Farbe lassen den Raum weit und hell erscheinen. Allerdings müssen auch Ton-in-Ton-Arrangements gewisse Kontraste aufweisen, um gelungen zu erscheinen. Für den Boden und die Möbelstücke sollte man die dunkelste Schattierung wählen, für die Wände eine mittlere und für die Decke die hellste Schattierung. Monochrom gestaltete Räume benötigen Kontraste mit neutralen Farben; wählen Sie deshalb für die Stoffdekorationen und die Accessoires eine Kombination aus der Grundfarbe und neutralen Farben, und setzen Sie einen weiteren Farbakzent. Kontrastierende oder komplementäre Zusammenstellungen hingegen bestehen aus Farben, die sich auf dem Farbenrad gegenüberstehen; man nennt sie auch entgegengesetzte Farben. Dieser Farbenmix ist sehr viel spannungsreicher als Ton-in-Ton-Kombinationen und kann äußerst anregend wirken, besonders wenn kräftige Töne gewählt werden. Es empfiehlt sich, bei kontrastierenden Kombinationen verschiedene Buntwerte und Schattierungen der Grundfarben zu wählen.

Eines der »Geheimnisse« der Inneneinrichtung besteht im Hinzufügen eines kontrastierenden Farbakzents. Wenn Sie sich für ein vorwiegend blasses, kühles Farbschema entschieden haben, sollten Sie mit satten, leuchtenden, warmen Farben Akzente setzen. Bei einer Kombination kräftiger, warmer Farben hingegen empfehlen sich einige kühle Kontraste. Ebenso kann man mit einem Farbakzent dezente neutrale Kombinationen beleben. Fügen Sie diese Akzente mit den Accessoires ein –

zum Beispiel in Form von Borten an den Vorhängen, von Kissenbezügen, Paspelierungen, Tischdecken, Handtüchern oder Servietten. Diese können die Farben der Blumenarrangements, des Porzellans, der Bilder oder anderer Accessoires aufgreifen. Eine gelungene Raumgestaltung lebt jedoch nie allein von der Farbe, sondern auch von dem Zusammenspiel der unterschiedlichen Muster und Texturen; diese beiden Elemente müssen ebenso sorgfältig wie die Farben ausgewählt und kombiniert werden und geben dem Raum ein individuelles Aussehen – vom modernen minimalistischen Interieur bis hin zur historischen Atmosphäre. Sowohl Muster als auch Texturen verleihen der Gestaltung eine zusätzliche Dimension, die Farbe allein nicht liefern kann.

Große Muster sind ebenso wie warme Farben dominant; sie scheinen auf den Betrachter zuzukommen und machen weite Räume behaglicher und intimer. In einem kleinen Raum hingegen wirken großzügige Muster schnell aufdringlich und beklemmend. Kräftige Muster schaffen wie warme Farben eine bewegte, stimulierende Atmosphäre, was für geräumige Eingangshallen, Wohn- und Kinderzimmer sowie Bäder angebracht ist; wollen Sie sich jedoch in einem Raum entspannen, sollten Sie auf diese Art von Mustern besser verzichten. Kleine Muster wirken ebenso wie kalte Farben eher zurückhaltend. In einem großen Raum wirken sie schnell nichtssagend und ausdruckslos; einen kleinen Raum hingegen lassen sie großzügiger und weiter erscheinen. Bei der Auswahl der Muster sollten Sie ein möglichst großes Stück Stoff oder Tapete zur Ansicht haben, da man sich gerade hier leicht in der Wirkung täuschen kann; kaufen Sie im Zweifelsfall lieber vorab eine Rolle Tapete, und begutachten Sie an Ort und Stelle in aller Ruhe das Muster. Betrachten Sie Stoff- oder Tapetenmuster immer in dem entsprechenden Winkel, in dem sie später verwendet werden; sehen Sie sich Tapeten horizontal sowie neben dem Fenster und gegenüber an; halten Sie Gardinenstoffe gegen das Licht, und prüfen Sie den Faltenwurf; für Raffrollos gedachten Stoff sollten Sie probeweise in entsprechende Falten legen.

Wenn Sie anfänglich noch Schwierigkeiten mit der Auswahl des Gestaltungsschemas haben, sollten Sie

Gegenüber oben **Der Bezug aus bedrucktem Leinen paßt perfekt zu dem Lehnsessel mit geschwungenen Füßen.**

Gegenüber unten **Ein Rest von schwarz-weißem Toile de Jouy dient als Lampenschirm.**

Oben **Ein schwerer, mit historischen Mustern bedruckter Toile de Jouy, gefüttert mit einem klaren Webkarostoff, macht sich gut neben einer modernen Interpretation.**

mit einem vielfarbig gemusterten Stück Stoff oder Tapete beginnen und die darin enthaltenen Farben auf anderen Oberflächen des Raumes wiederholen. Beginnen Sie also mit dem Hauptmuster, und bauen Sie Ihr Schema darauf auf. Denken Sie daran, daß eine glatte Stoffbahn ganz anders wirkt, wenn sie zu einem fließenden Vorhang verarbeitet wurde; bedenken Sie ebenfalls, daß die Wirkung eines gemusterten Gardinenstoffes sich verändert, wenn die Gardine geschlossen ist und das Muster ganz zu sehen ist bzw. wenn die Gardine zurückgezogen ist und das Muster nicht auf diese Weise zur Geltung kommt.

Mit Farbkombinationen sollte man sehr vorsichtig umgehen. Lassen Sie sich Stoffmuster mitgeben, die Sie mit der restlichen Gestaltung abstimmen können. Ist das nicht möglich, behelfen Sie sich mit einer Farbtafel des Herstellers oder farbigem Papier, Wolle oder Stickgarn. Fragen Sie nach möglichst großen Musterstücken, die Sie mit nach Hause nehmen können. Überläßt man Ihnen nur einen kleinen Stoffschnipsel, notieren Sie den Namen des Herstellers, die Nummer oder den Namen der Kollektion, des Designs oder der Farbe, und bitten Sie den Hersteller um ein größeres Muster. Wenn auch das nicht möglich ist, empfiehlt es sich häufig, zur Probe ein größeres Stück Stoff, Borte oder eine Rolle Tapete zu kaufen – eine in jedem Fall lohnende Investition. Begutachten Sie die Probestücke in dem Raum, in dem sie auch eingesetzt werden sollen – sowohl bei Tageslicht als auch bei künstlicher Beleuchtung.

Auch mit verschiedenen Arten von Texturen kann man eine bestimmte Atmosphäre und einen gewissen Stil schaffen. Es gibt viele ganz unterschiedliche Materialien; gehen Sie bei ihrer Auswahl und der Kombination von Oberflächentexturen ebenso sorgfältig und bedacht vor wie bei der Auswahl der Farben und Muster. Glänzende Materialen wie Metalle, Glas, Kacheln, Marmor, Lacke, Laminate und beschichtete Stoffe reflektieren Licht; dadurch erscheint die Farbe der jeweiligen Oberfläche kräftiger

und leuchtender. Glänzende Materialien erzeugen oft eine bewegte Atmosphäre und erscheinen häufig auch kühl. Man kann ihre Wirkung. in gewisser Weise mit der warmer Farben und dominanter Muster vergleichen; auf der anderen Seite aber lassen sie durch die Reflexion des Lichts Räume größer erscheinen. Ein Raum, der zu viele glänzende Oberflächen aufweist, wirkt schnell unbehaglich; einige solcher Akzente hingegen bewirken Kontrast und Spannung.

Matte Texturen wie Teppiche, Sisal-, Kokosfaser- und Binsenbeläge, Ziegeln und Stein, Kork, unbehandeltes Holz, Schiefer, grob gewebte Stoffe, Jute, Leinen, Tweed, Samt, Wolle, matte Lacke und Rauhputz absorbieren Licht und schlucken einen Teil der Farbe, so daß die jeweilige Oberfläche trüber und stumpfer, in manchen Fällen aber auch satter wirkt. Rauhe und matte Oberflächen erzeugen eine ruhige, entspannende Atmosphäre und wirken außerdem oft schallschluckend. In dieser Hinsicht ähneln sie den kühlen Farben und den kleinen Mustern. Ein Raum, der hauptsächlich matte Oberflächen aufweist, strahlt Behaglichkeit aus, kann jedoch auch schnell erdrückend wirken, besonders dann, wenn es sich um ein kleines, lichtarmes Zimmer handelt. Auch hier sollte man für Kontrast und Spannung sorgen.

Lichtdurchlässige Materialien wie Spitze, Schleier, feine Musselin- oder Baumwollstoffe, Voile, Rollos aus Rattan oder dünnen Holzlatten, Rohr- und Korbgeflecht, durchbrochene oder durchscheinende Wandschirme lassen Licht durchdringen und zerstreuen es gleichzeitig. Dies verleiht der Oberfläche eine zerbrechliche, feine, fast ätherische Qualität und läßt die Farben blasser und subtiler erscheinen. Diese Oberflächen ähneln in ihrer Wirkung den neutralen Farben und können wie diese als Übergang zwischen kontrastierenden Farben, unterschiedlichen Mustern und verschiedenen Materialien dienen. Oft stellen sie den in einer Raumgestaltung notwendigen Kontrast dar.

Gegenüber Die Textur bestimmt ebenso die visuellen wie die taktilen Qualitäten eines Stoffes; das gilt vom dünnsten Schleiergewebe bis zur festesten Naturfaser. Auch die Farbe eines Stoffes wird von der Beschaffenheit des Gewebes beeinflußt; sie verändert sich mit dem Lichteinfall. Hier ist eine grobe Jute zu sehen; die Steifheit des Gewebes wirkt sich auf den Faltenwurf aus.

Links Die feine Baumwollgardine aus der Nähe. Der Stoff fließt hinter der bezogenen Raffrosette aus Holz in natürlichen Falten zu Boden. Das in dem Seestern angedeutete Meeresthema wird in den kleinen Muscheln, die vorsichtig von Hand an der Kante der Gardine festgenäht wurden, fortgeführt.

Unten Noch duftiger wirkt der Bezug aus dünnem Baumwollvoile, der lose um einen Korbsessel drapiert wurde. Das Licht fällt matt durch den schleierähnlichen Stoff.

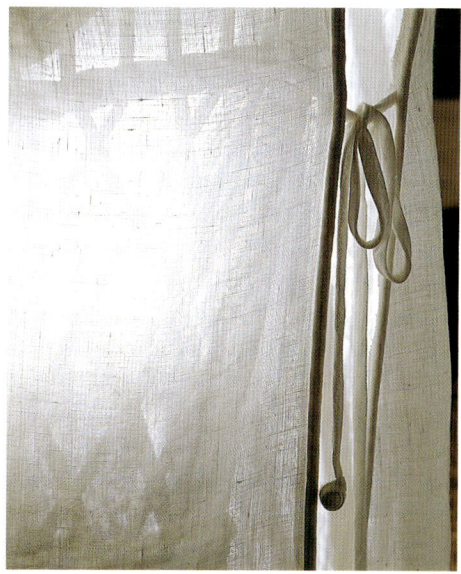

Die Raum-elemente

Bevor ein Inneneinrichter mit der Arbeit beginnt, betrachtet er die Struktur des Raumes, ähnlich wie ein Modedesigner vor dem ersten Entwurf den Typ und die Statur seiner Kundin analysiert. Ebenso wie Menschen variieren Räume in Größe und Proportion, und die meisten entsprechen nicht den Idealvorstellungen der Designer. Modeschöpfer nehmen zuerst die Maße ihrer Kundin, nach denen sie dann eine Schneiderpuppe anfertigen; der Inneneinrichter bringt statt dessen einen Grundriß der zu gestaltenden Räume zu Papier. In beiden Fällen besteht die Aufgabe des Künstlers darin, die positiven Seiten hervorzuheben und Unschönes zu verbergen. Neben den bloßen Maßen wird der Gestalter auch den Lebensstil seines Kunden berücksichtigen. Bei der Stoffauswahl sollten sowohl guter Geschmack als auch praktische Erwägungen entscheiden; der Stoff muß pflegeleicht sein, weich fallen, gut aussehen und sich angenehm anfühlen. Textilien bringen sinnliche Qualitäten in einen Raum und machen ihn individuell.

In früheren Zeiten waren Fenster schmale Maueröffnungen, die als Schießscharten der Verteidigung dienten, durch die Rauch entweichen konnte und die nur wenig Licht eindringen ließen. Später sorgten hölzerne Läden für einen gewissen Schutz vor den Elementen; man verwendete Tierhäute und in Öl getränkte Lappen zur Isolation der Behausungen, bis in der Mitte des 16. Jahrhunderts verglaste Fenster eingeführt wurden. Ursprünglich setzte man Textilien ein, um die rohen Mauern zu verbergen, um Feuchtigkeit und Kälte abzuhalten und Zug zu verhindern. Auch Betten wurden mit Textilien umgeben, die für Wärme und eine intime Atmosphäre sorgten. Die meisten dieser Behänge konnte man abnehmen und transportieren; man nahm sie auf Reisen mit und entfernte sie im Sommer. Legenden erzählen, daß die erste »Gardine« von einem mittelalterlichen Reisenden erfunden wurde, der in einer kalten Winternacht in einem Gasthaus ankam, sein Schwert in den Holzbalken über dem Fenster rammte und seinen Umhang darüberhing. Die frühen Fensterbehänge dienten sicher in erster Linie praktischen Zwecken und bestanden aus einem Stück Stoff, das über dem Fenster befestigt war und bis zum Boden reichte – der dekorative Aspekt spielte damals noch keine Rolle. Erst gegen Ende des 16. Jahrhunderts findet man in Europa Vorhänge, die aus zwei Teilen bestehen und sich öffnen lassen.

Von da ab entwickelten sich Stoffe und Drapierungen zu modischen und luxuriösen Bestandteilen der Einrichtung. Im 19. Jahrhundert drapierte man die Fenster verschwenderisch und oft in architektonischen Stilen, die die übrige Gestaltung widerspiegelten. Um Luftzug abzuhalten und zu verhindern, daß das Sonnenlicht Teppiche und Möbelbezüge ausblich, verkleidete man die Fenster oft mit mehreren Stoffschichten. Gegen Ende des 19. Jahrhunderts setzte sich mit der Arts-and-Crafts-Bewegung ein einfacherer, reduzierterer Einrichtungsstil durch; man fand Gefallen an orientalischen, fernöstlichen und besonders an japanischen Stilrichtungen. In der Folge wurden die Vorhänge einfacher und leichter; sie bestanden nun aus Raffrollos, Drapierungen, Gardinen und Vorhängen, die an einer Gardinenstange befestigt waren.

Zu Beginn des 20. Jahrhunderts setzten sich die Einflüsse des Jugendstils und des Art déco durch, denen jedoch minimalistische Strömungen unter dem Motto »Weniger ist mehr« folgten. Die Fenster, sowohl in der Privat- als auch in der Geschäftsumgebung, wurden nun häufig nur noch mit dünnen Schleiern oder stromlinienförmigen Alu-Jalousien verkleidet. In letzter Zeit kann man jedoch wieder einen Trend hin zu üppigeren, opulenten Drapierungen beobachten. In jedem Fall bieten Stoffdekorationen heutzutage eine schier unendliche Fülle an Möglichkeiten.

Fenster

Vorangehende Seite
Links **Raffrollos aus geblumtem Chintz in Kombination mit gestreiften, in demselben Stoff diagonal eingefaßten Baumwollvorhängen.**
Rechts **Die Baumwollvorhänge sind an einem gespannten Drahtseil befestigt; der Heizkörper wird von einer Caféhausgardine verdeckt.**
Gegenüber **Eine Schabracke krönt die Fensterdekoration aus üppig drapierter gestreifter Baumwolle.**

① Oberer Abschluß des auf Seite 15 gezeigten Vorhangs. In den leicht angekrausten gestreiften Stoff wurden Stahlösen geschlagen, durch die nun ein Seil aus rostfreiem Stahl verläuft. Auf diese Weise läßt sich der Vorhang mühelos öffnen und schließen.

② Dieser Vorhang wurde mit Schleifen an den Holzringen befestigt. Er besteht aus zwei Stoffschichten: aus einem weißen und einem hellblauen Baumwollmusselin, die wunderbar wirken, wenn das Licht hindurchscheint.

③ Jeweils zwei ungefütterte Schals pro Seite umrahmen die hohe Flügeltür. Mit Schleifen sind sie an der Messingstange befestigt. Die äußeren Schals werden von Messinghaltern gerafft.

④ Gardinenstangen lassen sich auch beziehen – in diesem Fall mit Seide. Der Tunnel des Vorhangs gleitet leicht darüber.

Man kann zwischen den unterschiedlichsten Stilrichtungen auswählen, von spartanischen, minimalistischen Entwürfen bis hin zu den raffiniertesten und üppigsten Arrangements. Es gibt heute die verschiedensten Hilfsmittel, und nie zuvor war die Auswahl an Dekorationsstoffen größer. Allerdings gilt es bei der Entscheidung für einen bestimmten Fensterbehang zahlreiche Aspekte zu berücksichtigen. Betrachten Sie zunächst die Grundform und die Größe des Fensters. Handelt es sich um ein interessantes architektonisches Detail oder bietet das Fenster eine besonders schöne Aussicht, sollten Sie es nicht mit Stoff überfrachten. Entscheiden Sie sich lieber für eine einfache Lösung, die das jeweilige Detail zur Geltung kommen läßt. Oft brauchen solche Fenster auch keinerlei Behänge, besonders dann nicht, wenn man von draußen nicht hineinschauen kann und keinen Schutz vor Zugluft oder Sonne benötigt. Ist das Fenster unschön oder die Aussicht nicht sehr erfreulich oder braucht der Raum einen interessanten Akzent, dann sollten Sie sich für eine ausgefallene oder farbenfrohe Lösung entscheiden, die von dem Fenster ablenkt oder die Sicht nach draußen nicht freigibt.

Nun betrachten Sie die Anzahl und den Stil der Fenster. Befinden sich in einem Raum oder gar an einer Wand mehrere Fenster mit unterschiedlichen Formen, so erschwert dies die Gestaltung. In diesem Fall bietet es sich an, die Fenster mithilfe der Stoffdekoration zu vereinheitlichen. Dazu befestigt man eine über die ganze Wand bzw. sämtliche Fenster verlaufende Stange, an der man die Vorhänge aufhängt; abends werden sie über die gesamte Front zugezogen, tagsüber jedoch sind alle Fenster frei, und die Vorhangschals befinden sich zurückgezogen in den Ecken des Raumes. Alternativ kann man eines der Fenster mit einem weich gekrausten Schleierstoff, einer dekorativen Schabracke oder einem formalen Querbehang ausstatten, während man für die übrigen Fenster ganz einfache, zurückhaltende Rollos vorsieht.

Schließlich beeinflußt natürlich der Stil des Raumes die Wahl der Vorhänge. Haben Sie sich für ein schlichtes Interieur entschieden, so werden Sie minimalistische Lösungen wählen. Das können ganz einfache Rollos oder ein Lambrequin sein, der die Form des Fensterrahmens aufgreift und mit einer schlichten Gardine kombiniert wird.

Strahlt der Raum eine historische Atmosphäre aus oder wollen Sie in einem neutralen

(5) An einem sonnigen Küchenfenster dient ein altmodisches Baumwolltischtuch als Gardine. Der Überhang im oberen Drittel sorgt für einen interessanten Effekt.

(6) Lange Gardinen sollten großzügig angekraust sein. Der obere Abschluß dieses Vorhangs aus feiner Wolle wurde eng gesmokt.

(7) Duftiger Baumwollstoff wurde auf ein Band gefädelt und eng angekraust. Der Vorhang ist mit Schleifen an Ringen befestigt; die drei horizontalen Paspeln sorgen für einen Blickfang. Der Sessel vor dem Fenster wurde mit Toile de Jouy bezogen.

VORHÄNGE AUS SERVIETTEN

Materialien

Grundausstattung (siehe Seite 176)
Genug Servietten für zwei Vorhangschals und einen
angekrausten Querbehang
Hintergrundstoff
Futterstoff
7,5 cm breites Gardinenband

Nach der folgenden Anleitung werden sowohl die Vorhangschals als auch der Querbehang angefertigt. Wie man ein Fenster ausmißt, können Sie auf Seite 182 nachlesen.

1 Breiten Sie den Hintergrundstoff auf einer flachen Unterlage aus; verteilen Sie darauf schachbrettartig mit der rechten Seite nach oben die Servietten, wobei oben ein 6,5 cm breiter, an beiden Seiten ein jeweils 4 cm breiter und unten ein 13 cm breiter Rand ausgespart wird. Servietten feststecken und anheften.

2 Drehen Sie das Stück auf die linke Seite, und schlagen Sie die beiden seitlichen Ränder (jeweils 4 cm) nach hinten; feststecken und heften. Dann den breiten unteren Rand (13 cm) zu einem doppelten Saum umschlagen und von Hand mit dem Saumstich (siehe Seite 178) festnähen. Den oberen Rand (6,5 cm) umschlagen und umbügeln. Das Ganze beiseite legen.

4 Nun den Futterstoff links auf links auf den Schachbrett-Vorhang legen, wobei das Futter seitlich jeweils 1,25 cm und am unteren Ende 2,5 cm vor der Vorhangkante endet. Das Futter von Hand mit dem Saumstich (siehe Seite 178) festnähen.

5 Der oben verbliebene 6,5 cm breite Rand wird nun über das Futter geschlagen. Darauf steckt man das 7,5 cm breite Gardinenband fest; dann steppen Sie alle Stoffschichten am oberen und am unteren Rand des Gardinenbands zusammen.

3 Entsprechend der Vorhanggröße den Futterstoff zuschneiden; seitliche Säume von jeweils 2,5 cm und einen unteren Saum von 5 cm absteppen.

Blau-weiß karierte Servietten mit Fransenkante werden im Schachbrettmuster auf cremefarbenen Stoff genäht und bilden einen hübschen Vorhang mit Querbehang.

6 Schließlich befestigen Sie in regelmäßigen Abständen die Gardinenhaken am Band; dann krausen Sie mittels der Kräuselfäden den Vorhang wie gewünscht. Ebenso werden der zweite Schal und der Querbehang angefertigt.

①

① Die vertikal gestreifte Gardine wird mit einer Borte desselben Stoffes abgeschlossen, wobei die Streifen horizontal verlaufen.

② Streng geometrisch gestaltetes Interieur.

③ Ungefütterter Kaliko mit gesmoktem Abschluß wurde mit Schleifen an Messingringen befestigt.

④ Gegossene Messinghalter verbinden antik gestalteten Toile de Jouy mit der schweren Holzstange.

⑤ Schlichte Holzringe in Kombination mit einem duftigen Musselinvorhang, der mit einer Kordel abschließt.

③

②

④

⑤

⑥

Raum eine solche schaffen, müssen Sie mit viel Fingerspitzengefühl vorgehen. Um den gewünschten Stil korrekt zu imitieren, sollten Sie in alten Büchern blättern, sich Bilder oder Gemälde aus der entsprechenden Zeit anschauen und sich in Museen inspirieren lassen. Bei Herstellern von Tapeten und Dekorationsstoffen können Sie unter Umständen Archivmaterial einsehen. Informieren Sie sich, wie die Bettbehänge, Möbelbezüge, Wand- und Türbespannungen aussahen. Achten Sie besonders auf die Vorhänge; wichtig sind hier die Art und Weise der Befestigung sowie die Kombinationen unterschiedlicher Stoffe. Früher waren mehrere Stoffschichten vor den Fenstern üblich; so fand man Spitzengardinen vor Rattanrollos oder -läden und hinter schweren, mit Borten, Fransen oder anderen Stoffen eingefaßten Übergardinen mit reich verzierten Schabracken, Querbehängen und Befestigungen. Arbeiten Sie die charakteristischen Merkmale der Dekorationen der entsprechenden Epoche, zu denen auch der Faltenwurf gehört, heraus, um sie anschließend stilsicher nachahmen zu können.

Bei der Planung der Fensterdekoration, der Wandverkleidung und der Möbelbezüge sollten Sie immer auch die praktischen Eigenschaften

(9)

(6) Die Metallstangen halten auch schwere Vorhänge.

(7) (8) Unterfütterte wollene Vorhänge halten Kälte und Licht ab. Sie wurden mit schwarzem Wollstoff eingefaßt. Die Sessel sind mit weißem Leinen bezogen.

(9) Die ungefütterten, fließenden Seidenvorhänge passen gut zu dem alten Kassettenfenster.

(10) Die Seidenapplikationen wurden direkt auf den Vorhangstoff genäht.

(10)

(8)

(7)

① Querbehang aus gequiltetem Baumwollstoff mit gebogtem Rand.

② Das dunkle Madraskaro paßt ausgezeichnet zu den Terrakottafliesen.

③ Der dünne, ungefütterte Karo-Baumwollstoff erlaubt ein müheloses Öffnen der Terrassentüren.

④ Die zierlichen schmiedeeisernen Ringe passen gut in die Türhöhlung.

⑤ Der mit einem Band zurückgehaltene Ginghamvorhang gibt die Bambusjalousie frei.

⑥ Kalikovorhänge mit Schlaufen; darüber ist eine schablonierte Borte zu sehen.

⑦ Die geblumten Baumwollvorhänge werden mit Messinghaltern zusammengehalten.

⑧ Ein weißes Leinentuch mit Hohlsaumstickerei schmückt die Küchentür.

der verschiedenen Stoffe berücksichtigen. Einen dunklen, strukturierten Stoff muß man seltener waschen als ein helles, weiches Material. In oft benutzten Räumen sollte man leicht zu reinigende Stoffe einsetzen oder sie vorbehandeln, so daß sie nicht schnell Schmutz annehmen. Stoff für fließende Drapierungen sollte weich fallen, aber trotzdem nicht knittern und knautschen. Wenn Sie sich für lose Bezüge oder Faltrollos entschieden haben, benötigen Sie einen dichtgewebten, eher steifen Stoff. Stoffe, die mit Hitze in Kontakt kommen könnten, sollten schwer entflammbar sein. In der Küche sind herabhängende Vorhänge über einem Waschbecken oder dem Herd ebenso wie Rollos, in denen sich Feuchtigkeit und Fett absetzen, sehr unpraktisch. Hier eignen sich glatte Springrollos viel besser. Für sonnenbeschienene Fenster sollte man keine Seide oder andere Stoffe, die schnell ausbleichen und spröde werden, wählen, nicht einmal, wenn man sie unterfüttert. Entscheiden Sie sich für einen lichtechten Stoff oder ein robustes Material mit enger Bindung – es sein denn, Sie wollen eine Atmosphäre morbider Eleganz schaffen.

Der Stil eines Vorhangs wird neben dem Stoff und seiner Farbe, dem Muster und der Textur von mehreren Faktoren beeinflußt.

Der obere Abschluss eines Vorhangs kann sichtbar sein und den Stil mitbestimmen. So kann die Oberkante aus einem Tunnel bestehen oder einzelne Schlaufen aufweisen, so daß kein anderes Material als der Stoff selbst zur Befestigung benötigt wird. Der Abschluß kann aber auch gefältet oder angekraust sein und so die Gardinenringe oder -haken verdecken, mit denen der Vorhang an der Stange oder der Schiene befestigt ist. Außerdem kann man dekorative Elemente wie weiche Querbehänge, Schabracken oder Lambrequins einsetzen, die allesamt den oberen Abschluß des Vorhangs verdecken.

Die Aufhängung kann aus einer Stange oder einem Stab, einer Schiene oder einer anderen

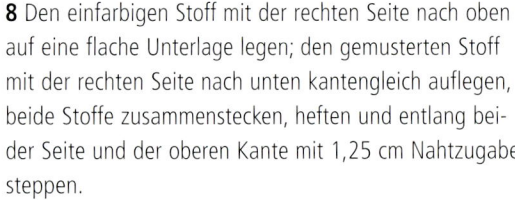

MIT BÄNDERN BEFESTIGTE VORHÄNGE

Materialien

Grundausstattung (siehe Seite 176)
Einfarbiger Stoff (siehe unten)
Gemusterter·Futterstoff
Schneiderkreide
Holzstange (20 cm länger als das Fenster)
Stangenhalter und Schrauben
12 hölzerne Gardinenringe

Für einen Vorhangschal benötigen Sie eine Bahn einfarbigen und eine Bahn gemusterten Stoff; die hier verwendeten Stoffe liegen 135 cm breit und ergeben einen 132,5 cm breiten Schal. Soll Ihr Vorhang breiter oder stärker gekraust werden, benötigen Sie entsprechend mehr Stoff. Nach der folgenden Anleitung werden beide Schals angefertigt.

1 Stoffbahn von 132,5 cm Breite und dem Fenster entsprechender Höhe vorsehen (»Fenster ausmessen« siehe Seite 182); der Länge 13,75 cm zuschlagen: 1,25 Nahtzugabe oben, sowie an beiden Seiten, und 12,5 cm Saumzugabe unten. Den einfarbigen Stoff in der errechneten Länge zuschneiden.

2 Entsprechend Schritt 1 ein ebensolches Stück aus dem gemusterten Stoff zuschneiden.

3 Bänder: Sechs Streifen des gemusterten Stoffes à 85 cm Länge und 8,75 cm Breite zuschneiden.

4 Die Streifen der Länge nach rechts auf rechts in der Mitte falten; zusammensteppen, dabei in der Mitte einen 2,5 cm langen Schlitz zum Verstürzen offenlassen.

5 Die Streifen durch den Schlitz auf die rechte Seite wenden, den Schlitz mit kleinen Stichen schließen; dann die Streifen bügeln.

6 Vorhang: Den einfarbigen Stoff mit der linken Seite nach oben legen, an der unteren Kante einen doppelten, 6,25 cm breiten Saum umfalten; feststecken, heften und von Hand schließen.

7 Schritt 6 mit dem gemusterten Stoff wiederholen.

8 Den einfarbigen Stoff mit der rechten Seite nach oben auf eine flache Unterlage legen; den gemusterten Stoff mit der rechten Seite nach unten kantengleich auflegen, beide Stoffe zusammenstecken, heften und entlang beider Seite und der oberen Kante mit 1,25 cm Nahtzugabe steppen.

9 Das Stück wenden und bügeln. Der Schal sollte nun eine Breite von 132,5 cm haben.

10 Die roten Striche auf der Abbildung rechts oben zeigen die Positionierung der Falten am oberen Abschluß. Markieren Sie sie mit Schneiderkreide. Auf regelmäßige Abstände zwischen den Falten achten.

11 Die sechs Bänder werden nun an beiden Ecken und in gleichmäßigen Abständen entlang der oberen Kante jeweils in der Mitte eines 11,75 cm-Abstands festgesteckt. Die Bänder fallen zu beiden Seiten des Vorhangs gleichlang herab.

A = 7 cm
B = 6,5 cm
C = 1,25 cm
D = 11,75 cm

12 Steppen Sie nun die obere Kante im Abstand von 2,5 cm vom Rand ab, um die Bänder und die beiden Stofflagen zu fixieren, siehe Abbildung rechts.

Mit Bändern befestigte cremefarbene Baumwollvorhänge wurden mit einem klassischen schwarz-weißen Toile de Jouy unterfüttert.

13 Klappen Sie die Bänder weg, und steppen Sie den Vorhang 12,5 cm unterhalb der im vorigen Schritt angebrachten Steppnaht über die gesamte Breite.

14 Falten nähen: Den ersten 6,5 cm-Abstand in der Mitte knicken, um eine Falte zu erhalten; feststecken und 12,5 cm zwischen den beiden parallelen Nähten durch beide Stofflagen hindurch feststeppen. Den 1,25 cm-Abstand einhalten und den nächsten 6,5 cm-Abstand knicken, feststecken und steppen wie zuvor. Den folgenden 11,75 cm-Abstand, in dessen Mitte sich das Band befindet, überspringen; dann wie zuvor beschrieben den 6,5 cm-Abstand knicken etc., bis fünfmal zwei Falten den Vorhang zieren. Die Falten ausbügeln.

15 Für den zweiten Schal die Schritte 1 bis 14 wiederholen. Schrauben Sie die Halter in die Wand über dem Fenster; fädeln Sie die Ringe auf die Stange, und befestigen Sie sie an den Haltern. Durch jeden Ring ein Band ziehen, verknoten und die Enden an der Vorderseite herabhängen lassen.

Befestigung bestehen, mithilfe derer die Vorhänge über dem Fenster fixiert werden. Mit Ringen, Haken, Schlaufen oder unauffälligen Röllchen wird die Aufhängung wichtiger Bestandteil der Fensterdekoration.

Die Länge eines Vorhangs spielt eine wichtige Rolle. Er kann bis zur Fensterbank reichen oder bis zum Boden fließen. Kurze Vorhänge sind praktisch ausgerichtet und werden überwiegend in der Küche, im Bad, im Kinderzimmer, oft auch im Schlafzimmer und bei kleinen Fenstern eingesetzt. Lange Vorhänge, die bis zum Boden reichen, wirken eleganter und klassischer; sie eignen sich für repräsentative Räume und hohe, breite Fenster. Manche Vorhänge sind sogar überlang und fließen auf den Boden, was einen üppigen, opulenten Eindruck vermittelt. Sie sind jedoch nicht empfehlenswert, wenn Kinder oder Tiere im Haus sind.

Verzierungen sind das dekorative i-Tüpfelchen. Vorhänge kann man auf vielerlei Arten verzieren: mit Rüschen, Paspelierungen, Borten, Bändern, Fransen, Troddeln, Quasten, Kordeln, aufgesetzten Stoffkanten oder wattierten Säumen. Zu diesen Schmuckelementen gehören auch Stoffrosetten und Schleifen, mit denen der obere Abschluß oder Krausbänder verziert werden.

Krausbänder und Raffhalter werden eingesetzt, um üppige Vorhänge zurückzuhalten, so daß mehr Licht in das Zimmer fallen kann. Krausbänder sind oft halbmondförmig zugeschnitten und bestehen entweder aus dem Vorhangstoff oder einem kontrastierenden Stoff. Man kann aber auch andere Bänder, Borten oder Kordeln einsetzen oder den Vorhang mit Raffhaltern (Raffrosetten oder Raffarmen aus Metall oder Holz) zurückhalten.

Unterfütterungen und Zwischenfutter sorgen für einen weicheren Fall und verstärken dünne Materialien, so daß Geräusche, Licht und Luftzug nicht durch den Vorhang dringen können. Ein Futter läßt auch einen billigen Stoff wertvoller und üppiger erscheinen. Schleierstoffe je-

① Kräftige Farben geben dem nach Norden gerichteten Schlafzimmer Wärme. Die braune, gebogte Schabracke läßt das Fenster höher erscheinen. Die schweren Vorhänge aus Toile de Jouy werden von Krausbändern desselben Stoffes zurückgehaltenen, auf die Sterne appliziert wurden. Der Bettüberwurf ist aus Leinen.

② Vorhänge kann man auf die verschiedensten Arten verzieren. Die Stange verläuft in einem Tunnel, die Kanten sind mit einer Quastenborte verziert.

③ Der Querbehang aus Kaliko mit maschinengenähten Biesen befindet sich über der steinernen Fensterhöhle eines Landhauses.

④

⑥

⑤

④ ⑤ Die zartgrün gestrichenen Fenstersitze harmonieren mit den Vorhängen aus bedrucktem, blaßgelbem Taft, die sich in den tiefen Fensterhöhlen befinden. Besonders elegant wirken der Querbehang und die lockeren Knoten aus demselben Stoff. Der Knoten wurde mit einigen Nadelstichen fixiert.

⑥ ⑦ Die hübsche Kombination aus Streifen, Karos und Sternen belebt das kleine Schlafzimmer. Der angekrauste karierte Querbehang wurde mit einem leuchtend roten Stoff paspeliert; so setzen sich die vertikalen Streifen der Schals von den in der gleichen himmelblauen Farbe gehaltenen Karos des Querbehangs ab.

⑦

ZICKZACK-SCHABRACKE

Materialien

Grundausstattung (siehe Seite 176)
1,25 cm dicke Spanplatte
Laubsäge, mittelgrobes Sandpapier, Filzstift
Stoff für die Schabracke (Näheres dazu Seite 183)
Aufbügelbares Haftvlies
Lineal und Winkeldreieck
Kontrastierender Stoff für die Einfassung
Kleine Quasten und Metallringe
2 cm breites Klettband
Stoffkleber, 3 Metallwinkel und Schrauben

Zunächst legen Sie entsprechend der Fensterbreite die Größe der Schabracke fest (Näheres dazu Seite 183). Mit der Laubsäge fertigen Sie eine Spanplatte an, die länger als das Fenster ist; die Tiefe bestimmen Sie selbst. Die Kanten mit Sandpapier glätten.

1 Legen Sie entsprechend der fertigen Spanplatte die Stofflänge fest; die Höhe der Schabracke bestimmen Sie nach ästhetischen Gesichtspunkten. Oben 1,25 cm und an den Seiten jeweils 2,5 cm Stoff zum Umschlagen einkalkulieren. Glatte Stoffbahn zuschneiden; auf die Rückseite zur Verstärkung das Haftvlies aufbügeln.

2 Teilen Sie die Fensterbreite durch die Anzahl der Zacken, so daß die Schabracke an jeder Seite mit einer vollen oder halben Zacke endet. Mithilfe von Winkeldreieck und Lineal zeichnen Sie nun auf der linken Stoffseite die Zacken auf; ausschneiden. Lassen Sie an jedem seitlichen Ende 2,5 cm Stoff stehen, der dann hinter die Spanplatte gelegt wird (Schritt 9). Die linke Stoffseite nach oben gewendet, schlagen Sie an jeder Seite einen doppelten, 0,75 cm breiten Saum um, den Sie von Hand festnähen.

3 Ausreichend viele 10 cm breite Streifen des kontrastierenden Stoffes zuschneiden, mit dem Sie die Zacken und den 1,25 cm langen seitlichen Rand einfassen. An jedem Ende der Streifen eine 1,25 cm breite Nahtzugabe stehenlassen, die später umgeschlagen wird. Jeder Streifen sollte also 2,5 cm länger sein als die beiden Kanten eines Zacken.

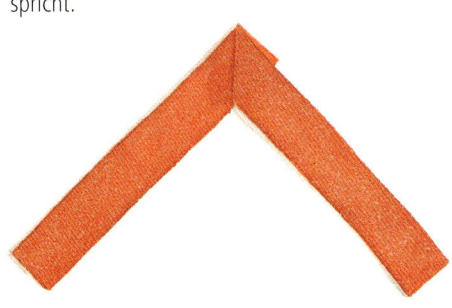

4 Jeden Streifen in der Mitte rechts auf rechts knicken, so daß eine Ecke entsteht, die dem Winkel des Zacken entspricht.

Rot-weiß gestreifte Drillichvorhänge werden von einer mit Quasten verzierten Zickzack-Schabracke gekrönt.

5 Den Knick einbügeln, dann ausklappen und entlang des Bruchs steppen, jedoch 1,25 cm vor der Kante innehalten, da dies die Nahtzugabe ist. Das überflüssige, doppelt liegende Stoffdreieck abschneiden.

6 Den V-förmigen Streifen aufklappen, die Innen- und Außenkanten 1,25 cm breit auf die linke Seite umknicken, festbügeln.

7 Den V-förmigen Streifen auf die rechte Seite der Zickzack-Schabracke legen und sorgfältig von Hand festnähen. Den nächsten Zacken überlappend und rechtwinklig anschließen; das überflüssige Streifenende unterklappen und mit einigen Stichen festnähen. Für die Enden der Schabracke fertigen Sie zwei kleine Streifen des kontrastierenden Stoffes in derselben Breite wie die Einfassung

und 1,25 cm Länge an.

8 An jeder Zackenspitze befestigen Sie mit einigen Stichen einen kleinen Metallring, an dem Sie die Quaste anbringen.

9 Das obere, gerade Ende der Schabracke 1,25 cm breit nach links umschlagen; festbügeln.

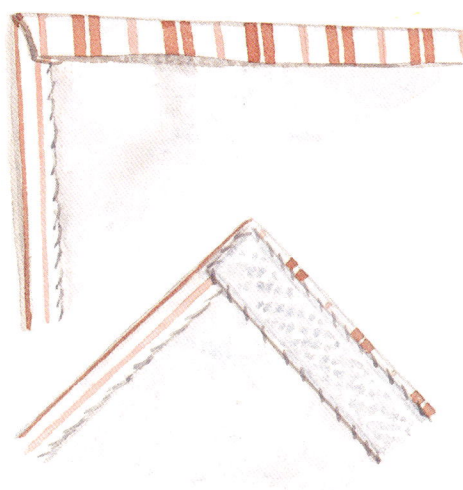

10 Zwei Streifen Klettverschluß in Länge der Schabracke plus 1,25 cm für jedes Ende zuschneiden; einen Streifen 0,75 cm unterhalb des Stoffbruchs auf der linken Seite der Schabracke vorsichtig von Hand festnähen.

11 Den zweiten Streifen Klettband an der oberen Kante auf das Spanholzbrett aufkleben; die beiden Klettstreifen zusammenfügen.

12 Die Metallwinkel mit Schrauben an der Rückseite der Schabrackenkonstruktion befestigen und an der Wand festschrauben.

①

②

③

④

EINE EINZELGARDINE kann am oberen Ende unveränderlich fixiert sein und tagsüber mit einem Krausband oder Raffhalter zurückgehalten sowie nachts losgelassen werden. Sie kann aber auch mit Ringen an einer Stange oder mit Röllchen an einer Schiene befestigt sein, so daß man sie jederzeit völlig zurückziehen kann.

RAFFROLLOS, auch Wolken- oder Girlandenrollos genannt, sind am oberen Abschluß dauerhaft fixiert. Diese Jalousien werden mit Kordeln geöffnet, die auf der Rückseite des Stoffes verlaufen. Diese Art von Fensterdekorationen öffnet sich horizontal. Da man sie bis kurz unter den Fensterrand hochziehen kann, lassen Raffrollos mehr Licht in den Raum eindringen als Vorhänge, die mit Krausbändern zurückgehalten werden. Um eine elegante Wirkung zu schaffen, wählt man für Raffrollos durchscheinende, weiche Stoffe wie Seide oder Moiré.

CAFÉHAUSGARDINEN, auch Halbgardinen genannt, verdecken den unteren Teil des Fensters. Sie sind stark angekraust und verliefen ursprünglich in Caféhäusern und Restaurants in Augenhöhe der sitzenden Gäste, so daß man ihnen von draußen nicht auf die Teller schauen konnte. Heute werden Caféhausgardinen vielfältig eingesetzt, in der Regel jedoch, um eine private, abgeschirmte Atmosphäre zu schaffen und trotzdem Licht in den Raum dringen zu lassen. Für diese Art von Vorhängen eignen sich viele Stoffarten, vom dünnen Schleier, der stark angekraust werden kann, bis zu steiferen Geweben. Man kann auch einen Stoff mit einem anderen unterfüttern, wobei es sich anbietet, die Gardine mit Schlaufen der beiden Stoffe an der Stange zu befestigen.

KLASSISCHE SCHALVORHÄNGE sind an einer metallenen oder hölzernen Stange befestigt; die Dicke der Stange hängt vom Gewicht und der Menge des verwendeten Stoffes ab. Dieser Vorhang wird mit Ringen, Schlaufen, Schleifen oder einem Tunnel an der Stange fixiert. Die Stange ruht auf Trägern, die in der Wand oder

doch werden nicht unterfüttert, denn sie leben ja gerade von ihrer transparenten Wirkung.

Es gibt verschiedene Arten von Vorhängen. Für die meisten Fenster eignen sich zweigeteilte lange oder kurze Vorhänge, die sich zuziehen lassen. Sie treffen sich in der Fenstermitte und können sich dort auch überlappen, wofür eine bestimmte Schiene notwendig ist. Zweigeteilte Vorhänge können die unterschiedlichsten oberen Abschlüsse aufweisen und werden mit Ringen, Schlaufen oder Röllchen an der jeweiligen Aufhängung befestigt.

(5)

1. Duftiger Musselin wurde über dem Fenster drapiert; auf dem Sessel ist ein altes Leinenbettuch zu sehen.
2. Der gezackte, ungefütterte Querbehang verbirgt die Gardinenleiste. Die Schals sind aus Seide.
3. Dünnes Leinen ziert das runde Fenster; über die Stange wurde ein breites Band drapiert.
4. Unter dem Querbehang aus antik bedrucktem Toile de Jouy fließt ein Baumwollvorhang hervor.
5. Eine einfache Spitzengardine ziert das Fenster in der Eingangshalle; davor eine venezianische Stehlampe.
6. 7. Dieses Fenster weist nur einen gefältelten Querbehang mit Karoeinfassung auf, so daß möglichst viel Licht einfällt.

(6)

(7)

1 Die Breite des Fensters ausmessen und auf einem großen Stück Papier eintragen. Den Bogen in der Mitte vertikal knicken und die Umrisse der Schabracke aufzeichnen, ausschneiden und das Papier aufklappen – vor Ihnen liegt die symmetrische Schablone für die Schabracke. Die heruntergezogenen Seiten der Schabracke sollten ein Drittel der Fensterhöhe betragen.

4 Die Spanplatte mit Polsterwatte beziehen; bei den Rundungen einschneiden, daß keine Beulen entstehen. Wattierung straffziehen und festtackern.

5 Den Hauptstoff ausschneiden; ringsum Nahtzugabe von 1,25 cm stehenlassen.

2 Übertragen Sie die Umrisse auf die Spanplatte; sägen Sie die Form aus, und glätten Sie die Kanten mit Sandpapier.

6 Aus dem Hauptstoff in der Länge der Außenkanten der Spanplatte 10 cm breiten Streifen zuschneiden.

3 Breiten Sie den Hauptstoff mit der rechten Seite nach oben auf einer flachen Unterlage aus, und legen Sie die Spanplatte darauf. Achten Sie darauf, daß das Muster gerade liegt. Die Umrisse mit einem Stift auf den Stoff übertragen.

GEBOGTE SCHABRACKE

Materialien

Grundausstattung (siehe Seite 176)
Papier für die Schablone
1,5 cm dicke Spanplatte
Laubsäge, mittelgrobes Sandpapier
Hauptstoff (Näheres dazu Seite 183)
Filzstift, Tacker
Wattierung oder Polsterwatte (siehe Seite 177)
Paspelschnur
Einfarbiger Hintergrundstoff
Stoffkleber, 2 Metallwinkel

7 Stellen Sie eine Paspel her (Näheres dazu Seite 181), die lang genug ist, um die Schabracke zu umgeben.

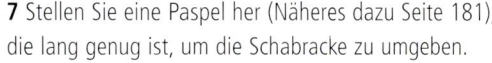

Ein ländliches Badezimmer mit hübscher Aussicht ins Grüne ist mit einem Lambrequin und einem zwischengefütterten Faltrollo dekoriert.

8 Breiten Sie den Bezugsstoff der Schabracke mit der rechten Seite nach oben aus, und heften Sie schnittkantengleich die Paspel und den 10 cm breiten Streifen (diesen mit der linken Seite nach oben, wie oben abgebildet) auf. Mit der in Schritt 3 vorgesehenen Nahtzugabe zusammensteppen; wenden und bügeln.

9 Ziehen Sie den Bezug über die gepolsterte Spanplatte, und tackern Sie den Stoff auf der Rückseite der Schabracke fest. Achten Sie darauf, daß der Bezug fest sitzt und die Paspel genau auf der Kante liegt.

10 Um die Rückseite zu versäubern, schneiden Sie aus dem einfarbigen Stoff die Schabrackenform aus, jedoch ringsum 2,5 cm kleiner als diese. Kanten umschlagen, das Ganze mit Stoffkleber fixieren.

11 Die beiden Winkel an der Rückseite festschrauben und in der Fensternische befestigen.

der Decke verankert sind, und weist an den Enden häufig Schmuckelemente auf.

Die meisten Vorhänge können per Hand geschlossen werden, was aber nicht immer praktisch ist. Auf hellen und feinen Stoffen hinterläßt dies schnell sichtbare Spuren; außerdem kann sich durch das ständige Öffnen und Schließen von Hand die Stange oder Schiene in der Wand oder der Decke lockern, so daß eines Tages die ganze Konstruktion herunterfällt. Deshalb sollte man Vorhänge mit Gardinenstangen oder Kordeln, die mit den Gardinenringen oder -röllchen verbunden sind, öffnen und schließen.

Man kann einen Vorhang auf verschiedene Arten befestigen, was wiederum den Stil der Fensterdekoration beeinflußt. Prüfen Sie Ihre Fenster, bevor Sie sich für eine bestimmte Dekoration entscheiden. Lassen sich am Fensterrahmen Haken für Raffrollos oder Vorhänge befestigen? Eignet sich die Wand über dem Fenster zur Befestigung einer Stange oder Schiene? Wieviel Platz steht über dem Fenster eigentlich noch zur Verfügung? Diese Punkte haben Einfluß auf Ihre Entscheidung für eine bestimmte Art der Befestigung und somit auch auf die Länge und das Gewicht der Fensterdekoration. Man sollte sichergehen, daß sich die Fensterrahmen und die Wand darüber in einem guten Zustand befinden. Eventuelle Reparaturen sollten Sie in jedem Fall ausführen, bevor die neuen Gardinen aufgehängt werden.

Architektonische Gegebenheiten werden ebenfalls die Fensterdekoration beeinflussen. Berücksichtigen Sie die zur Verfügung stehende Wandfläche, die Plazierung der Heizkörper, eine eventuell vorhandene halbhohe Täfelung sowie Gesimse, die sich um das Fenster herum befinden könnten. Oftmals liegen die Fenster auch in einer tiefen Höhlung. Sie sollten auch die Position der Lichtquellen berücksichtigen, denn oft befinden sich neben den Fenstern Wandlampen, oder die zentrale Deckenlampe hängt genau vor dem Fenster – all dies beeinflußt die Wirkung der Vorhänge.

①

Schabracken oder Drapierungen, die unabhängig vom Vorhang sind und die Gardinenleiste verdecken, werden oftmals als formale Variante einer Fensterdekoration betrachtet. Trotz ihrer häufig vornehmen Wirkung können weiche Drapierungen und angekrauste oder gefältelte Querbehänge einem sonst eher unauffälligen Arrangement den notwendigen Pfiff geben. Schabracken kann man in vielen unterschiedlichen und interessanten Formen anfertigen – von barocken Rundungen über weiche Bögen bis hin zu spitzen Zacken oder Giebeln. Dies alles kann den besonderen Stil einer Gestaltung

②

① Ein ländlicher Karostoff ziert das Fenster dieses hohen Schlafzimmers. Die Krausbänder sind aus demselben Stoff gearbeitet.

② Vorhänge lassen sich wirkungsvoll zurückhalten, indem man sie mit einem Band desselben Stoffes zwei bis dreimal umwickelt, die Enden zu einer Schleife bindet und an einem Haken befestigt.

③ ④ Dieser Raum wurde mit Meeresmotiven gestaltet. Das Bett hängt an dicken Seilen von der Decke hinunter und erinnert an eine Schiffskoje. Die nicht in Falten gelegten, blau unterfütterten Vorhänge sind mit Fischen bedruckt. Das nautische Thema wurde sogar bei den »Krausbändern« durchgehalten, die aus Klampen bestehen, mit denen man normalerweise die Taue eines Segelboots befestigt.

⑤ Der Vorhang aus gelbem Taft wird von einem Krausband aus wattiertem, in mehreren Farben gestreiftem Samt zurückgehalten. Der durchscheinende, ungefütterte Stoff filtert das einfallende Licht.

⑥ Der eher informelle schwarz-weiß gestreifte Matratzenbezugstoff gewinnt seinen Charme durch die Messingsonne, ein formales antikes Motiv, die den Vorhang zurückhält.

⑦ Eine einfache Messingklammer hält den dünnen Baumwollvorhang zusammen. An der Wand zu befestigende Halter sind einfach zu handhaben und erzeugen eine klassische Wirkung.

⑧ Das in kräftigen Farben bedruckte Krausband aus Toile de Jouy wurde mit Sternen appliziert, die sich auch in der Tapete wiederfinden.

⑨ Zwei ungefütterte Vorhänge mit verschiedenen Mustern sind eine typisch schwedische Fensterdekoration. Oftmals kombiniert man dabei ländliche Karos mit Blumenmustern. In diesem Fall zeigt das Krausband jedoch nur ein Muster; es ist an einer Raffrosette aus Metall an der Wand befestigt.

⑩ Dieses Krausband aus weißem Segeltuch wird von mit der Maschine aufgenähten Seidenbändchen in kontrastierender Farbe geziert. Ein glatter, einfarbiger Stoff kann kreativ mit verschiedenen Maschinenstichen dekoriert werden.

①

②

und die architektonischen Besonderheiten eines Raumes unterstreichen. Sowohl weiche Querdrapierungen als auch feste Zierleisten und Schabracken lassen sich mit Schalvorhängen oder Raffrollos kombinieren, und manchmal kann ein solches Element auch ganz auf den Vorhang verzichten und für sich allein stehen.

SCHABRACKEN UND ZIERLEISTEN werden aus Spanplatten oder Sperrholz in der gewünschten Form ausgesägt und anschließend mit Stoff bezogen. Man kann sie auch anmalen, wobei sich verschiedene Techniken anbieten, mit Papier bekleben, schablonieren, mit Borten oder plastischen Gipsreliefs verzieren. Dieses Zierleiste wird dann über dem Vorhang befestigt. Eine Zierleiste kann auch den Mechanismus bestimmter Rollo- oder Jalousiensysteme verstecken und muß nicht gezwungenermaßen mit Schalvorhängen kombiniert werden.

LAMBREQUINS sind steife Zierelemente, die der Form des Fensters auch seitlich folgen und dem Fenster ein sehr formales und »gerahmtes« Aussehen verleihen. Lambrequins werden häufig zusammen mit Raff- oder Faltrollos eingesetzt, um dem ganzen Arrangement einen architektonischen Rahmen zu geben. In Kombination mit einer üppigen Gardine wirkt ein Lambrequin jedoch schnell zu sperrig.

③

⑥ ④ ⑤

① Der weiche Leinenvorhang wird von einer Raffrosette aus Holz zurückgehalten; die Stange verläuft in einem Tunnel.

② Der rot-weiß karierte Gingham ziert zusammen mit den Musselinvorhängen ein rundes Schlafzimmerfenster. Der Musselin filtert das einfallende Licht.

③④ Runde Messingraffrosetten halten den mit einer Noppenborte eingefaßten Musselinvorhang zurück.

⑤ Gepunkteter Schleiervoile läßt weiches Licht in das Wohnzimmer dringen. Der runde Coirteppich ist mit Baumwollborte eingefaßt und schabloniert.

⑥ Duftige Musselinvorhänge und weiße Leinenbezüge machen das nach Norden gerichtete Wohnzimmer heller.

① Die drei schmalen, hohen Fenster wirken durch minimalistische Dekoration. Die mit weißem Leinen bespannten Paneele können verstellt werden, um den Lichteinfall zu regulieren.

② Portierenstäbe können direkt am Fenster- oder Türrahmen befestigt werden und bieten somit bei oft benutzten Fenstern oder Türen eine praktische Lösung.

①

QUERBEHÄNGE sind weicher und fließender als Schabracken, denn sie bestehen in der Regel aus drapiertem Stoff. Dieser Stoff kann auch unterfüttert sein, um der Drapierung Halt und Fülle zu geben. Im Prinzip kann man Querbehänge als extrem kurze Vorhänge bezeichnen, die horizontal über den eigentlichen Gardinen oder Rollos verlaufen, um den oberen Abschluß zu verdecken. Sie sind an einer Stange, die oftmals mit der Gardinenschiene kombiniert ist, oder an einer separaten Holzleiste befestigt. Unter Umständen kann man den Querbehang

auch zusammen mit dem Vorhang an der Gardinenstange fixieren. Wird der Vorhang direkt am Fensterrahmen befestigt, ist die Gardinenleiste ohnehin ungenutzt. Die Abmessungen von Schabracken und Querbehängen müssen gut durchdacht sein, damit die Proportionen stimmen. Ganz allgemein gilt, daß der niedrigste Punkt einer Schabracke oder eines Querbehangs ungefähr ein Sechstel der Fensterhöhe oder des Vorhangs, falls dieser den Boden berührt, betragen sollte. Näheres zum Abmessen von Fenstern finden Sie auf der Seite 182.

Testen Sie die Wirkung eines Querbehangs zunächst mit einem alten Tischtuch oder Bettlaken. Um den Effekt von Schabracken zu prüfen, schneiden Sie die gewünschte Form aus Pappe oder festem Papier aus und befestigen Sie über dem Fenster. Treten Sie einige Schritte zurück, um das Ergebnis zu begutachten. All diese Elemente können ungewöhnliche und interessante Wirkungen hervorrufen, können auf die Paspelierung des Vorhangs oder die Einfassung des Rollos abgestimmt werden. Befinden sich in einem Raum Bordüren, Stuck oder Ziergesimse,

(3)

(5)

(4)

(6)

(7)

(3) Faltrollo aus Leinen mit gleichmäßigen Falten; die Kopfleiste ist kastenförmig verkleidet.

(4) Das Raffrollo aus Leinen ist mit Karostoff abgesetzt und wird an langen Bändern hochgerollt.

(5) Faltrollos machen sich besonders gut in modern gestalteten Räumen und sorgen für Helligkeit.

(6) Dünnes weißes Leinen eignet sich ausgezeichnet für Falt- oder Raffrollos.

(7) Details eines Rollos aus Baumwollseersucker, das mit langen Baumwollbändern auf der gewünschten Höhe fixiert wird.

① Querbehang aus feinem Baumwollmusselin; die Schals werden mit Holzraffrosetten beseite gehalten. Dahinter sind Rollos aus kariertem Gingham zu sehen.

② Die Spitze verwandelt das glatte Springrollo in einen besonderen Blickfang.

③ Die herzförmigen schmiedeeisernen Zierelemente schmücken das unterteilte Fenster mit dem Raffrollo aus ländlich kariertem Gingham; das Rollo ist mit demselben Stoff eingefaßt.

dann kann man in der Zierleiste oder Schabracke die entsprechenden Motive oder Formen wiederholen, man kann sie beispielsweise mit Farbe auf die Kopfleiste malen oder schablonieren. Es gibt auch zueinander passende Dekorationsstoffe, Tapeten und Bordüren, mit denen man ein Arrangement aufeinander abstimmen kann.

Die Entscheidung für eine bestimmte Lösung hängt immer von der beabsichtigten Wirkung, dem Einrichtungsstil und der Beschaffenheit des verwendeten Stoffes ab. Zierelemente wie Bänder, Borten, Gold- und Silberfransen, Quasten, Troddeln und Gimpen eignen sich für opulente Arrangements und wertvolle Stoffe wie Seide, Moiré, Brokat und Samt. Seidige Fransen, Spitze und Broderie anglaise hingegen passen gut zu Schleierstoffen, Voile, Musselin, Kaliko, Mull, Gaze und Piqué. Gebogte Borten, Rüschen, Schleifen und Stickborten kann man mit einfacheren Dekorationen aus Chintz, Baumwolle, Leinen und dichtgewebtem Köper kombinieren.

Bei der Wahl der Verzierung sollte man auch die Farbkontraste berücksichtigen. Mit einer kontrastierenden Farbe oder einer, die in dem mehrfarbigen Hauptstoff vorkommt, lassen sich die Kanten bzw. die Form einer Schabracke oder eines Querbehangs hervorheben oder der obere Abschluß des Vorhangs betonen.

Heute sind so viele unterschiedliche Stoffe, Verzierungen und Befestigungen erhältlich, daß

die Wahl schwerfällt. Wenn Sie sich aber einmal auf einen bestimmten Stil der Fensterdekoration festgelegt haben, wird Ihnen die Entscheidung für die richtige Befestigung leichter fallen. In jedem Fall muß die Stange, Schiene oder das Seil stark genug sein, um den Vorhang zu tragen. Leichte Kunststoffschienen mit kleinen Laufröllchen eignen sich nicht für schwere Stoffe, wohingegen sich an Ringen befestigte Vorhänge oftmals etwas schwerer öffnen und schließen lassen.

Haben Sie sich für ein empfindliches Material entschieden, sollten Sie eine Aufhängung bevorzugen, die eine Gardinenstange oder einen anderen Mechanismus zum Öffnen und Schließen aufweist. Es gibt auch elektrische Systeme sowie Kordelzugmechanismen, die man im nachhinein anbringen kann. Bestimmte Arten von Röllchen sind schon mit einem integrierten Kordelzugmechanismus erhältlich. Mit den Röllchen verbundene Gardinenstangen lassen sich problemlos hinter den Vorhängen verbergen. Rollos und Jalousien, die an Vorhangschienen befestigt sind, sollten sich leicht hochziehen lassen, so daß die Schiene durch den Zug nicht überlastet wird.

Türen und auch manche Fenster erfordern eine bestimmte Art von Befestigungsstangen oder -schienen, die den Vorhang von dem Tür- bzw. Fensterrahmen fernhalten; oftmals eignet sich in einem solchen Fall eine sogenannte Portierenstange. Möchten Sie ein Rundbogenfenster mit Vorhängen ausstatten, benötigen Sie eine spezielle Schiene oder Stange, die der Rundung folgt. Zu diesem Zweck gibt es Metall- oder Holzstangen, die Gelenke aufweisen und sich so der Biegung anpassen. Auch für Erkerfenster, die über Eck verlaufen, sind entsprechende Befestigungen erhältlich.

Schabracken und Zierleisten erfordern spezielle Haltevorrichtungen, die oftmals mit Vorhangschienen kombiniert sind. Diese Schienen bestehen in der Regel aus Metall und überlap-

pen sich in der Mitte. Querbehänge aus Stoff erfordern ebenfalls eine stabile Vorrichtung, die eine Schiene für die Vorhänge und eine Schiene für den Querbehang vorsieht. Zahlreiche Hersteller bieten nützliche Literatur an. In gutsortierten Kaufhäusern, Baumärkten und Spezialgeschäften können Sie zwischen den unterschiedlichen Lösungen wählen.

VORHANGSCHIENEN bestehen in der Regel aus Kunststoff und erscheinen unverwüstlich. Sie sind in unterschiedlichen Ausführungen für unterschiedlich schwere Stoffe erhältlich. Auf die Schiene fädelt man die Röllchen auf, in die die Gardine eingehakt werden muß; andere sind bereits mit integrierten Röllchen und Haken ausgestattet, so daß nur noch das Gardinenband eingehängt werden muß. Ist der Vorhang geschlossen, fällt die Schiene in den meisten Fällen nicht mehr auf.

Metallschienen bestehen aus Aluminium oder Messing und sind wesentlich stabiler als Kunststoffschienen. Sie können auch gerundet sein und passen sich entsprechenden Fenstern an; für Erkerfenster sind auch abgewinkelte Schienen erhältlich. In der Mitte verfügen sie häufig über eine Überlappung, so daß der Vorhang ohne Lücke geschlossen werden kann.

VORHANGSTANGEN bestehen aus naturbelassenem, angemaltem oder gebeiztem Holz sowie aus Metallen wie Messing oder Schmiedeeisen.

④

⑤

④ Die Kante des Vorhangs wurde mit Baumwollfransen eingefaßt, um den Stoff optisch von dem feinen Strohrollo abzuheben. Die beiden unterschiedlichen Texturen vertragen sich sehr gut; das Strohrollo schützt den Baumwollvorhang vor schnellem Ausbleichen.

⑤ Zur Betonung der schmalen, elegant wirkenden Tür wurde das Faltrollo mit einer kontrastierenden Borte versehen. Die Verzierung unterstreicht die vertikalen Linien und verleiht dem Raum Höhe.

1 Die Rundung des Fensters ausmessen, die Maße über das Papier auf die Spanplatte übertragen; aussägen und die Kanten mit Sandpapier glätten.

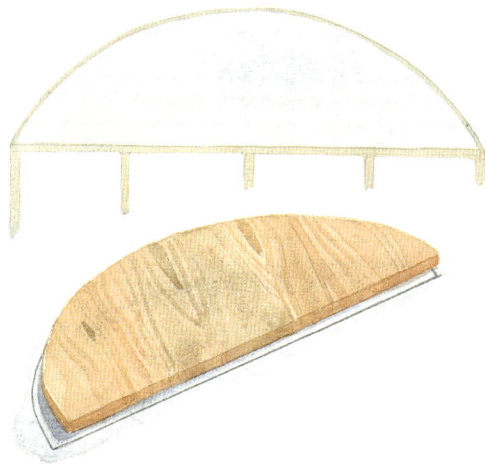

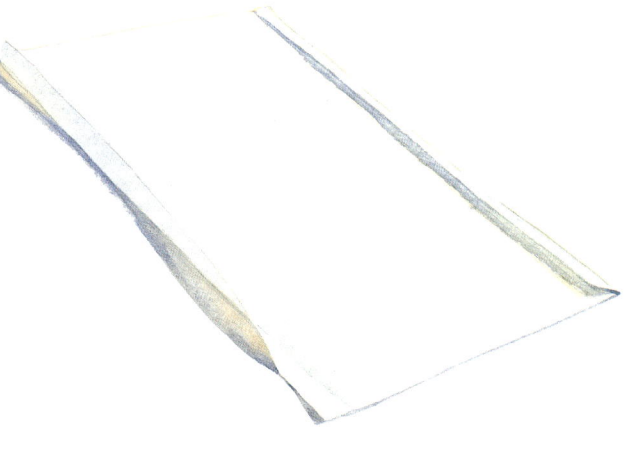

FALTROLLO MIT GERUNDETEM ABSCHLUSS

Materialien

Grundausstattung (siehe Seite 176)
Papier für die Schablone
1,5 cm dicke Spanplatte
Laubsäge, mittelgrobes Sandpapier
Filzstift, Hauptstoff (Näheres dazu Seite 183)
Futterstoff (Näheres dazu Seite 183)
5 Holzstäbe mit 0,75 cm Durchmesser
15 Metallringe, Tacker
Dünne Schnur und Holzknauf
4 Regalhaken, 3 Metallwinkel
Klampen mit Schrauben

2 Entsprechend der Fensterbreite und -höhe (vom höchsten Punkt der Rundung bis zum Fensterbrett messen) den Hauptstoff zuschneiden, dabei in der Länge 24 cm Stoff für die Spanplatte und den Saum zugeben, in der Breite 19 cm zugeben.

3 Futterstoff entsprechend der Fenstermaße zuschneiden (ebenfalls vom höchsten Punkt der Rundung bis zum Fensterbrett messen); in der Länge 24 cm zugeben, in der Breite 16 cm. Den Futterstoff mit der linken Seite nach oben ausbreiten, auf jeder Seite 8 cm einschlagen und umbügeln.

5 Um den ersten Tunnel zu bestimmen, mißt man auf dem Futterstoff rechtsseitig von der Unterkante eine halbe Faltenbreite nach oben und steckt auf der entsprechenden Höhe einen Tunnel ab, der breit genug für einen der Holzstäbe ist. Anschließend absteppen. Wiederholen, bis alle Stäbe einen Tunnel haben.

Den Stoff mit der linken Seite nach oben ausbreiten und an beiden Seite 9,5 cm Stoff einschlagen und umbügeln. An der unteren Kante 19 cm einschlagen und umbügeln, dann wieder aufklappen. Dieser Faltbruch dient als Orientierung für den unteren Abschluß des fertigen Rollos.

4 Um die Positionen der Tunnels für die Holzstäbe festzulegen, teilt man die Fensterhöhe durch die Anzahl der geplanten Stäbe; die entsprechenden Stellen auf beiden Seiten mit Stecknadeln markieren; der Abstand zur unteren Kante beträgt eine halbe Faltenbreite.

Rundbogenfenster bereiten hinsichtlich der Dekoration oftmals Probleme; dieses karierte Faltrollo ist eigens für ein solches Fenster konzipiert. Derselbe Stoff wurde auch für die losen Stuhlbezüge im Landhaus-Stil verwendet.

6 Den Hauptstoff mit der linken Seite nach oben ausbreiten, so daß die umgebügelten Säume sichtbar sind. Den 19 cm breiten Umschlag an der Unterkante nochmals zur Hälfte einschlagen und festbügeln.

7 Das Futter auf den Hauptstoff legen, so daß die Tunnels nach oben zeigen; das Futter sollte ringsum 2 cm schmaler sein als der Hauptstoff. Den untersten Tunnel auf die Saumnaht des Hauptstoffes legen, also 9 cm von der unteren Kante entfernt; Reststoff nach innen einschlagen. Die beiden Teile rundum zusammenstecken.

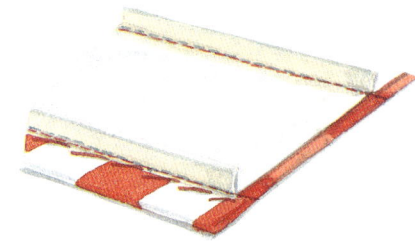

8 Hauptstoff und Futter unter jedem Tunnel zusammensteppen; den unteren Saum von Hand mit dem Saumstich versäubern (siehe Seite 178).

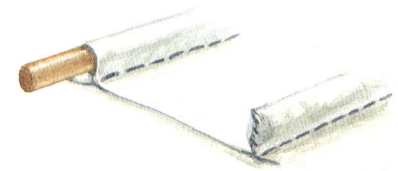

9 Die Holzstäbe in die Tunnels stecken; Öffnungen von Hand schließen.

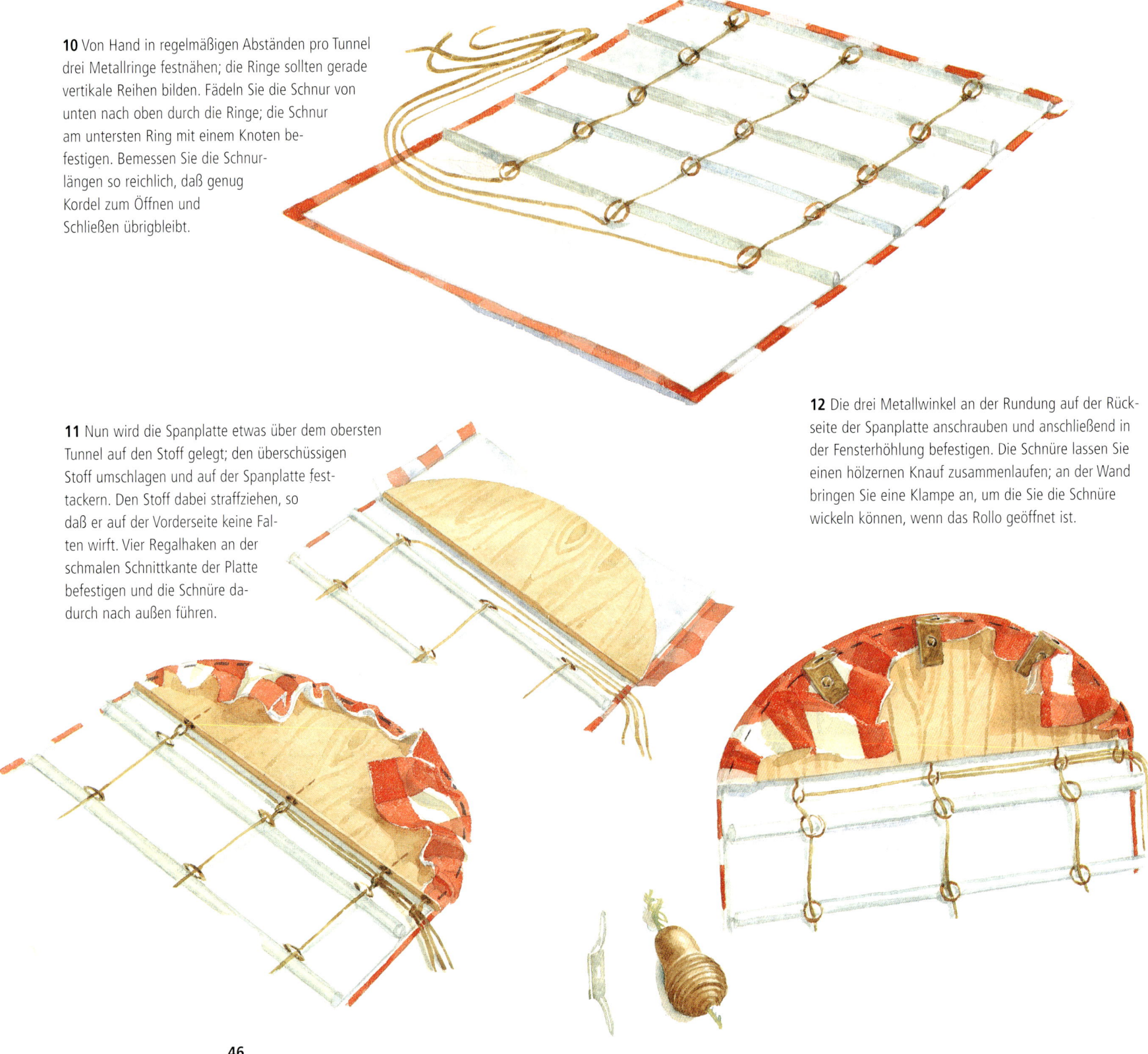

10 Von Hand in regelmäßigen Abständen pro Tunnel drei Metallringe festnähen; die Ringe sollten gerade vertikale Reihen bilden. Fädeln Sie die Schnur von unten nach oben durch die Ringe; die Schnur am untersten Ring mit einem Knoten befestigen. Bemessen Sie die Schnurlängen so reichlich, daß genug Kordel zum Öffnen und Schließen übrigbleibt.

11 Nun wird die Spanplatte etwas über dem obersten Tunnel auf den Stoff gelegt; den überschüssigen Stoff umschlagen und auf der Spanplatte festtackern. Den Stoff dabei straffziehen, so daß er auf der Vorderseite keine Falten wirft. Vier Regalhaken an der schmalen Schnittkante der Platte befestigen und die Schnüre dadurch nach außen führen.

12 Die drei Metallwinkel an der Rundung auf der Rückseite der Spanplatte anschrauben und anschließend in der Fensterhöhlung befestigen. Die Schnüre lassen Sie einen hölzernen Knauf zusammenlaufen; an der Wand bringen Sie eine Klampe an, um die Sie die Schnüre wickeln können, wenn das Rollo geöffnet ist.

Messingstangen sind in der Regel lackiert, so daß sie nicht anlaufen. Auch bemalte Metallstangen sowie Kunststoffstangen sind erhältlich.

Die Vorhänge sind mit Ringen an der Stange befestigt; die Ringe weisen kleine Ösen auf, an denen die Gardinenhaken befestigt werden. Die Stange besitzt dekorative Endstücke, die aufgesetzt werden, wenn sich die Ringe an der Stange befinden. Auf diese Weise können die Ringe nicht von der Stange rutschen. Die Stange ist über Eisenwinkel an der Wand befestigt. Eine lange Stange sollte an mehreren Stellen mit der Wand verbunden sein, da sie sonst durchhängen könnte. Holzstangen können mit entsprechenden Metallzwischenstücken so befestigt werden, daß sie um ein oben gerundetes Fenster herumführen. Es gibt auch spezielle Metallstangen, die auf der Rückseite eine verdeckte Schiene aufweisen und mit Überlappungsschiene und Schließmechanismus erhältlich sind. Sehr dünne Vorhangstangen eignen sich für Caféhausgardinen sowie für sehr leichte Vorhänge aus Schleierstoff oder Tüll. Sie bestehen aus lackiertem oder mit Kunststoff überzogenem Metall oder aus Messing. Die Vorhänge können mit Ringen, durch Schleifen oder einen Tunnel an der Stange befestigt werden; den Tunnel kann man tiefer anbringen, so daß etwas Stoff angekraust über der Stange stehenbleibt. Diese dünnen Stangen werden ebenfalls über Eisenwinkel mit der Wand verbunden, mit Häkchen direkt am Fensterrahmen befestigt oder mit einer Klemmstange mit einem Spiralfedermechanismus in der Fensterhöhle fixiert.

DRAHTSEILE bestehen aus dehnbarem Metall und sind oftmals mit Kunststoff überzogen. Das Seil wird mit Spannklemmen an der Wand befestigt. Solche dünnen Drahtseile sollten nur für Vorhänge aus leichten Stoffen wie Tüll und Schleier gebraucht werden.

① Das Schlafzimmerfenster wird von einem Raffrollo aus bedrucktem Leinen verziert. Der Farbton verleiht dem Stoff den Anschein verblichener Eleganz.
② Ein in klarem Schwarz-Weiß-Muster bedruckter Baumwollstoff schmückt Wand (Anleitung siehe Seite 55) und Fenster.
③ Der blaßviolette gequiltete Matelassé ist mit einer Rüschenkante verziert.
④ Der in kräftigem Gelb gefärbte Toile de Jouy wirkt besonders mit dem bloßen Holzboden gut.

Frühe Formen von Wand- und Bodendekorationen bestanden aus Teppichen, Behängen und einfachen Bespannungen oder Belägen aus Wolle, Leinen und anderen Naturfasern. Damit wurden die Wände und Böden von Burgen, Schlössern und Herrenhäusern ausgestattet; diese Textilien sorgten in ihrer Funktion als Dämmmaterial in erster Linie für Wärme, hatten aber auch schon eine Schmuckfunktion.

Im 17. Jahrhundert dekorierte man die Wände mit geprägtem und vergoldetem Leder; man bevorzugte kräftige, leuchtende Farben, die den Räumen eine elegante Atmosphäre verliehen. Viele der Farben und Dekorationstechniken hatten die Mauren aus Marokko nach Spanien, Frankreich und Italien mitgebracht, von wo aus diese Stilrichtung weiter in den Norden Europas vordrang. Mit wertvollen Stoffen wie Damast, Seide und Brokat schmückte man die Wände; oft betrachtete man Wände und Fenster als Einheit und dekorierte sie mit demselben Stoff. Auch die Betten waren mit Behängen ausgestattet. Später importierte man aus dem Osten, vor allem aus China, Chintz, den man in erster Linie als Wandschmuck verwendete. Der

berühmte Toile de Jouy hingegen wurde sowohl als Deckenbespannung als auch für Wände und Fenster eingesetzt. Als die Trompe-l'oeil-Malerei aufkam, täuschte man auf diese Art wertvolle Dekorationen vor. Besonders beliebt waren Marmoreffekte; aufgemalter Stuck, Nischen und Statuen verleihen Wänden und Decken eine dreidimensionale Wirkung. Manchmal wurden diese »Augentäuschungen« auf Kanevas gemalt, das man auf an der Wand befestigte Holzrahmen gespannt hatte. So konnte man die Dekoration auch an andere Orte bringen. Die ersten Tapeten imitierten die Stoffarten, die zuvor als Wandbespannung gedient hatten. Spätere Dekorationsstoffe wiesen Moiré-Effekte auf, und mit der Einführung von Velour bekamen die Wände eine samtige Struktur. Velour wurde hergestellt, indem man mit Klebstoff ein Muster auf Kanevas oder dickes Papier malte oder schablonierte und anschließend Woll-, Leinen-, Baumwoll- oder Seidenfasern daraufgab. Heute gibt es Tapeten aus Vinyl, anderen synthetischen Materialien oder strukturiertem Papier, die das kostbare Aussehen von Samt mit pflegeleichten Eigenschaften verbinden.

Die Wände machen einen großen Teil der Räume aus und werden in Verbindung mit allen anderen Oberflächen gesehen. Wände werden häufig von Türen, Kaminen und Alkoven unterbrochen, und in manchen Räumen besteht die Wand fast nur aus Fenstern. Das sollte man bei der Entscheidung für ein bestimmtes Arrangement und der Auswahl der Fensterdekoration berücksichtigen.

In vielen Fällen ist es ratsam, sich bei der Wahl der Fenster- und Wanddekoration für eine gewisse Einheitlichkeit zu entscheiden und dieselbe Farbe, denselben Stoff oder aufeinander abgestimmte Stoffe und Tapeten zu wählen. So kann man einen Raum größer erscheinen und ein unschönes Fenster in den Hintergrund treten lassen. Wenn Sie hingegen die Fenster betonen möchten, sollten sie sich von den Wänden abheben.

Auch die Wahl des Bodenbelags sollte gut durchdacht werden. Bodenbeläge sind meistens eine teure Angelegenheit und beeinflussen das Erscheinungsbild eines Raumes beträchtlich. In den meisten Wohnräumen wird ein Teil des Bodens von Teppichen oder Möbelstücken ver-

Wände, Böden und Decken

Gegenüber **Der safrangelbe Wollstoff wird von Messingraffrosetten gehalten, die an der Wand befestigt sind. Er fällt in weichen Falten und bietet einen einladenden Hintergrund für das Bett. Die Blende des Bettüberwurfs zeigt in der Mitte eine Springfalte; er ist mit dem gleichen Stoff gesäumt.**

deckt; trotzdem ist aber immer ein Teil zu sehen, der die Wirkung der Wände und der Möbel ergänzen sollte.

Häufig vergißt man bei der Planung der Interieurs die Zimmerdecken. Aber auch sie können ein wichtiges dekoratives Element darstellen und müssen nicht gezwungenermaßen in traditionellem Weiß getüncht sein. Wenn Sie die Decke höher erscheinen lassen wollen, dann wählen Sie eine etwas hellere Schattierung als für die Wände; zu groß sollte der Unterschied allerdings nicht sein. Wenn Sie eine hohe Decke niedriger erscheinen lassen wollen, dann entscheiden Sie sich am besten für eine warme, kräftige Farbe, die sich von den Wänden abhebt und in Einklang mit der Farbe des Bodens

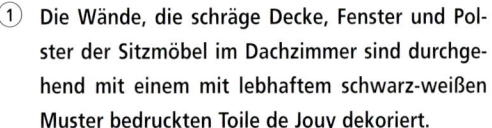

① Die Wände, die schräge Decke, Fenster und Polster der Sitzmöbel im Dachzimmer sind durchgehend mit einem mit lebhaftem schwarz-weißen Muster bedruckten Toile de Jouy dekoriert.

② Detailaufnahme der ebenfalls mit Toile de Jouy bespannten Tür, deren Kante mit einer Reihe flacher Biesen abschließt.

③ Bodenbeläge sind in den verschiedensten Naturfasern erhältlich. Abgebildet ist ein Seegrasbelag in Kombination mit einem weißen Baumwollteppich mit Jutefransen.

④

⑤

⑥

steht. Auch mithilfe von Stoff kann man eine Decke niedriger erscheinen lassen und eine warme, gemütliche Atmosphäre schaffen.

Es gibt viele verschiedene Arten, Wände mit Stoff zu dekorieren; viele Stoffe sind mit Papier hinterlegt und können wie eine Tapete angebracht werden. Bevor Sie die Wanddekoration in Angriff nehmen, sollten Sie sich davon überzeugen, daß die Wände in gutem Zustand sind, denn Textilien können Unebenheiten und Spalten erst richtig zum Vorschein bringen. Beheben Sie also derartig Schäden, bevor Sie die Wanddekoration anbringen; entfernen Sie abblätternden Putz, und kümmern Sie sich um feuchte Stellen.

⑦

④ Die gefütterten Vorhänge aus Toile de Jouy passen zu der Wandbespannung. Die Vorhange sind an Portierenstangen befestigt, die zur Seite geklappt werden können, um mehr Licht in den Raum eindringen zu lassen.

⑤⑥ Auf dem Holzboden des Kinderzimmers liegt ein Teppich aus Leinenstoff, der mit einer gebogten Kante aus gelbem Stoff eingefaßt ist.

⑦ Ein einfacher Sisalteppich erhält durch eine klassische Tapisserieneinfassung Eleganz. Auf diese Weise kann man aus einem günstigen Stück etwas Besonderes machen.

51

TACKERN. Man kann Stoffe an vertikalen Flächen befestigen, indem man sie mit Metallklammern antackert. Der Stoff kann glatt angebracht werden, was besonders gut wirkt, wenn er ein großes Muster aufweist, oder in Falten gelegt werden, was weicher und fließender wirkt. Durch die Wände dringen Staub, Schmutz und Feuchtigkeit. Deshalb sollte die Wand zuerst mit einer großen Plastikfolie bespannt werden, bevor man den Stoff anbringt, den man zusätzlich unterfüttern kann. Auf diese Weise werden Schmutz und Feuchtigkeit abgehalten, und Sie haben länger Freude an der Wandbespannung. Nähen Sie die Bahnen mit der Nähmaschine zusammen, und verkleiden Sie jede Wand separat. Ecken und unschöne Abschlüsse um Türen oder Fenster herum können mit Borten oder Besätzen verziert werden.

BESPANNEN. Eine andere Methode ist das Bespannen. Dazu werden an den Wänden horizontale Holzleisten angebracht; bei sehr großen Flächen empfehlen sich auch einige vertikale Leisten. Der Stoff wird angelegt und an den Holzleisten festgetackert. Die Kanten, an denen die Stoffbahnen zusammentreffen, sollten zuvor sauber umgenäht bzw. gesäumt werden. Die Ansatzstellen lassen sich mit Borten oder Besätzen hübsch kaschieren, die der Dekorationen oft noch eine besondere Wirkung verleihen.

SCHIENEN. Diese Art der Befestigung setzt voraus, daß an den Wänden spezielle Schienen (Galerieleisten) angebracht werden. Mit einem besonderen Werkzeug klemmt man dann den Stoff zwischen die Schiene, wobei er glattgezogen oder in Falten gelegt werden kann. Zieht man den Stoff glatt, sieht man natürlich die Nähte; kräuselt man ihn hingegen leicht, fallen die Nähte nicht auf. Für Wandbespannungen sind allerdings auch extra breite Dekorationsstoffe erhältlich.

STANGEN UND DRAHTSEILE. Stangen und Drahtseile können ebenso wie über Fenstern auch über die ganze Wandbreite befestigt werden.

Vorteilhaft ist in jedem Fall eine Zierleiste oder Schabracke, eine Blende oder ein Gesims. Der Stoff kann in große Falten gelegt werden; ebenso wie Vorhänge befestigt man ihn mit Ringen oder Haken an der Stange oder dem Draht. Man kann den Stoff locker herabhängen lassen oder ihn am unteren Ende mit Klammern befestigen. Man kann am unteren Saum den oberen Abschluß wiederholen (Borte, Besatz, Rüschen etc.) oder den Stoff unten an der Fußleiste auf dieselbe Weise wie oben befestigen.

SCHNÜRE UND KORDEL. Diese Befestigungsmethode muß nicht dauerhaft sein. Man schlägt

①

Ösen in die obere Kante des Stoffes und fädelt das Seil oder die Kordel hindurch; selbst normale Schnur kann man dafür verwenden, wenn der Stoff nicht zu schwer ist. Das Seil oder die Kordel wird dann mit Spannklemmen an der Wand befestigt. Auf diese Weise kann man auch Raumteiler, Baldachine und Dekorationen im Markisenstil herstellen.

Wenn Sie eine zurückhaltende Dekoration bevorzugen, dann eignen sich dafür Wandbehänge; diese werden nur an der Oberkante befestigt, entweder an einer Stange oder einer

Leiste, und hängen dann lose vor der Wand herab. Wenn Sie nicht die ganze Wand verkleiden möchten, können Sie auch kleinere, mit Stoff bespannte Rahmen anbringen; auf diese Weise lassen sich hübsche Stoffreste zur Schau stellen. Besonders wertvolle oder attraktiv gemusterte Tücher oder Schals kann man auch in einem Rahmen wie ein Bild aufhängen. Die einfachen rahmenlosen Halter sind eine kostengünstige und unkomplizierte Möglichkeit, schöne Stoffe zu präsentieren.

Wandverkleidungen aus Stoff können sowohl exotisch als auch praktisch sein, denn zum einen kann man eine unschöne Oberfläche verschwinden lassen, um zum anderen sorgt eine Wandverkleidung aus Stoff für eine warme, behagliche Atmosphäre und hält die Kälte ab – besonders wenn man einen dicken Stoff wählt. Aber nicht nur Wände, sondern auch Zimmerdecken lassen sich mit Stoff verkleiden. Dabei kann man nach dem »Zeltprinzip« vorgehen und den Stoff kuppelartig von einem Punkt aus weich drapieren, wobei die Wirkung eines Zeltdaches entsteht; der Stoff wird dann mit Klammern oder Nägeln an den umgebenden Wänden befestigt. Zusätzlich kann man auf der Nahtstelle zwischen Stoff und Wand Zierleisten anbringen. In hohen Räumen wirkt ein unter der Decke drapierter Schleierstoff wie ein »durchsichtiges Dach«. Der zentrale Punkt, von dem der Stoff ausgeht, kann mit einer Rosette aus demselben Stoff verziert werden. Diese Zelttechnik eignet sich auch für Bettdrapierungen. Um eine opulente orientalische Atmosphäre zu erzeugen, können Sie schwere folkloristische Stoffe wie etwa grob gewebte indische Baumwolle, Rohseide, Kelimdrucke oder Stoffe mit türkischen Mustern verwenden, die sowohl für den Baldachin als auch für die seitlichen Drapierungen eingesetzt werden. Legen Sie den Stoff in weiche Falten, die Sie mit Nadeln oder einigen Stichen fixieren können, und integrieren Sie Kordeln und Quasten.

① Die glatten, mit Haken und Öse am Fensterrahmen befestigten Leinenvorhänge bilden einen Kontrast zu der Wandbespannung.

②③ Mit Stoff bespannte und Crewelstickerei verzierte Türen eines Wandschranks. Im unteren Teil der Türen sind die Holzpaneele zu sehen.

④ Das blau-weiße Tischtuch schmückt die große Wand. Die drapierten Falten in der Mitte und an beiden Seiten machen den Behang plastischer.

⑤ Altmodische schmale Baumwollhandtücher sind mit Haken und Öse an der Küchenwand befestigt.

⑥ Dieses Zimmer ist eine Symphonie der Muster, Farben und Texturen. Die Wände sind mit einer Crewelstickerei bespannt, Bett und Wandschirm wurden in blau-weiß karierten Baumwollstoffen gehalten. Den Boden ziert ein gemusterter Baumwollchintz.

⑦ Der mit gemustertem Baumwollchintz bezogene Boden in Nahaufnahme. Der Stoff wurde direkt auf die Dielenbretter geklebt und anschließend mit mattem Speziallack versiegelt, so daß der Eindruck einer Malerei entsteht.

① Die karierte Leinenbespannung ist mit einer Borte versäubert.

②③ Schwarz-weißer Matzratzenstoff aus Baumwolle schmückt die Wände eines Schlafzimmers. Die Vorhänge aus demselben Stoff verdecken das unschöne Fenster. Die Detailaufnahme zeigt den in Falten gelegten oberen Abschluß.

Wenn Sie eine weniger üppige, eher schlichte Wirkung bevorzugen, können Sie die Decke auch im Markisenstil dekorieren. Dazu befestigen Sie unterhalb der Decke Stangen, über die Sie den Stoff drapieren. Diese Art der Dekoration macht sich auch gut über Betten; in kombiniert genutzten Räumen kann man so den Schlafbereich von dem Wohnbereich optisch abgrenzen.

Mit Dekorationsstoffen lassen sich problemlos kahle Wände und häßliche Decken verkleiden. Schwierig wird es erst, wenn unterschiedliche Muster ins Spiel kommen; Sie sollten daher eher ungemusterte oder höchstens sehr dezent gemusterte Stoffe wählen – gut geeignet für große Flächen sind gestreifte, karierte oder kleingemusterte Stoffe. Wenn Sie den Stoff an der Wand glatt anbringen wollen, müssen Sie, wie beim Tapezieren, auf den Musteranschluß achten. Aber selbst wenn Sie den Stoff ankrausen oder in Falten legen möchten, sollten Sie beim Zusammennähen der Bahnen den nahtlosen Musteranschluß berücksichtigen.

Die Art des Bodenbelags hängt meistens von der Funktion des jeweiligen Raumes ab. Stark gemusterte Böden erschweren die Raumgestaltung. Ungemusterte Böden hingegen – gleichgültig, ob sie eine glatte Oberfläche aufweisen wie etwa Holz- oder Steinböden, strukturiert sind wie zum Beispiel Sisal- oder Seegrasbeläge oder neutral erscheinen wie ein Teppichboden in einer dezenten Farbe – bieten sich als Untergrund für individuelle Teppiche, Matten oder Läufer geradezu an.

Die geschickte Wahl eines solchen zusätzlichen Elements kann dabei helfen, die unterschiedlichen Bestandteile eines Raumes miteinander zu verbinden und die Gesamtwirkung abzurunden. In einem Raum, in dem schlichte, ungemusterte Dekorationen und Stoffe vorherrschen, kann ein reich gemusterter Teppich den notwendigen Akzent setzen oder dazu beitragen, eine bestimmte Möbelanordnung zu betonen. Indem man verschiedene Materialien miteinander kombiniert, kann man die Aufmerksamkeit auf den Boden lenken. So lassen sich beispielsweise Matten aus Naturfasern wie Kokos oder Jute mit einem Stoffbesatz sowie mit aufgemalten oder schablonierten Borten verzieren. Flachgewebte Teppiche, Stoffläufer und Beläge aus Rupfen, Juteleinen oder schwerem Leinen können mit Stoffbesätzen in kontrastierenden Farben, mit Fransen oder Borten verziert werden; so greift auch der Boden Elemente der Raumdekoration auf und dient als verbindendes Element.

② ③

Die Wandbespannung aus schwarz-weißem Matratzendrillich wird von einer doppelten Paspelierung umgeben.

4 Für einen Schrägbesatz schneidet man einen diagonalen Streifen von 10 cm Breite zu (siehe Seite 181), der über die gesamte Wand verläuft. Falls nötig, Streifen zusammensetzen.

5 Den Streifen mit der linken Seite nach oben ausbreiten und an jeder Seite 2,5 cm einschlagen; festbügeln.

WANDBESPANNUNG

Materialien

Grundausstattung (siehe Seite 176)
Große Kunststoffolie
Polyester-Wattierung
Tacker, Hauptstoff
Paspelschnur, Stoffkleber

Um den Stoffbedarf festzustellen, messen Sie jede Wand separat. Rechnen Sie aus, wie viele Stoffbahnen Sie für jede Wand benötigen; berechnen Sie in der Weite pro Seite 2,5 cm Nahtzugabe. Bei der Längenberechnung addieren Sie zu jeder Bahn sowohl unten als auch oben 5 cm Stoffreserve zum Tackern. Die Wand sollte eben, sauber und trocken sein.

1 Tackern Sie zunächst die Kunststoffolie an die Wand, schneiden Sie die Kanten zurück. Diese Maßnahme schützt den Stoff vor Staub und Schmutz aus der Wand.

2 Tackern Sie nun die Wattierungsschicht darüber; achten Sie darauf, daß die Wattierung keine Lücken aufweist.

3 Nähen Sie nun entsprechend der Wandfläche die Stoffbahnen aneinander; Nähte ausbügeln.

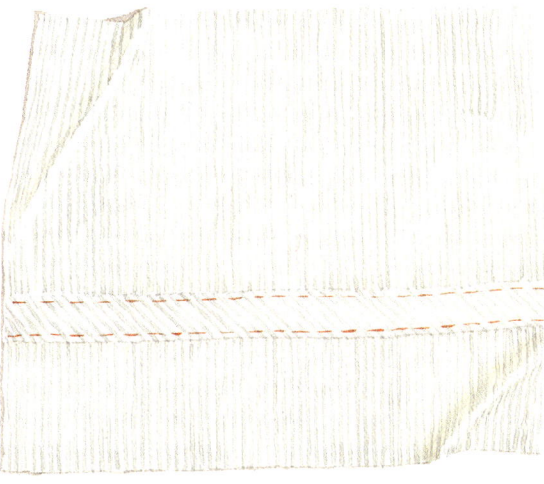

6 Den Bespannungsstoff mit der rechten Seite nach oben flach ausbreiten und den Streifen auf der gewünschten Höhe auflegen.

7 Den Streifen an beiden Kanten aufsteppen.

8 Dann den Stoff an die Wand tackern. Beginnen Sie in der Mitte der oberen Kante, und arbeiten Sie sich nach außen und unten vor. Achten Sie ständig darauf, daß der Stoff gerade liegt und keine Falten wirft. Nach dem Tackern überstehenden Stoff abschneiden. Befindet sich in der Wand eine Tür oder ein Fenster, lassen Sie ringsum genug Stoff stehen.

9 Stellen Sie ausreichend Paspel her, damit Sie jede bespannte Wand zweimal damit umgeben können (siehe Seite 181).

10 Fertigen Sie eine Doppelpaspel an, indem Sie die beiden bezogenen Schnüre dicht aneinanderlegen und unter den Schnüren zusammensteppen.

11 Entfernen Sie den an den Schnittkanten überschüssigen Stoff, und befestigen Sie die Doppelpaspel mit Stoffkleber um die Bespannung herum, so daß die Klammern dahinter verschwinden. Kleben Sie so, daß die Schnittkante hinter der Paspel verschwindet und nur die runde Seite zu sehen ist.

Ein unmöbliertes Haus ist leer und öde; seine Räume sind kahle Bereiche, die aus Wänden, einer Decke, Fenstern und Türen und vielleicht noch aus einem architektonischen Element wie einem Kamin bestehen. Um diese leeren Räume in ein wirkliches Heim zu verwandeln, müssen Sie Farben, Komfort und Stil hinzufügen und so Atmosphäre, Stimmung und Charakter schaffen, den bloßen Mauern den Stempel Ihrer Persönlichkeit aufdrücken. Jeder Raum – Wohnzimmer, Eßzimmer, Küche, Schlafzimmer und Bad – muß so gestaltet werden, daß er der Anzahl der Menschen, die ihn nutzen, sowie der jeweiligen Funktion gerecht wird. Die Farben, Muster und Strukturen der von Ihnen für die Gestaltung der Wände, für die Fensterdekorationen, für die Polster und Bezüge, für die Böden, Drapierungen und Accessoires ausgewählten Dekorationsstoffe werden wichtige stilistische Akzente setzen und Ihnen als vielfältige »Gestaltungswerkzeuge« dienen.

Die Räume

Im Wohnzimmer trifft die Familie zusammen, dort empfängt man Freunde oder ruht sich einfach nur aus. Aus diesem Grund empfiehlt es sich, dieses Zimmer einladend zu gestalten, zugleich aber auch praktische Aspekte zu berücksichtigen – was nicht bedeutet, daß man sich für dunkle, großgemusterte Stoffe entscheiden muß, nur damit man keinen Schmutz oder andere Spuren der Benutzung sieht.

Polsterbezüge sollten so pflegeleicht wie nur möglich sein; lose, leicht abnehmbare Bezüge sind hier eine sehr praktische Lösung, die außerdem den Vorteil hat, daß man sie je nach Jahreszeit wechseln kann. Die dafür verwendeten Stoffe sollten nicht einlaufen und lichtecht sein. Achten Sie auch darauf, daß Reißverschlüsse und andere Zutaten ebenfalls nicht einlaufen sowie lichtecht und rostfrei sind; auch Knöpfe, einfache Schleifen und Kordel sind eine attraktive Befestigungsalternative für lose Bezüge und stellen darüber hinaus ein eigenes Gestaltungselement dar. Wenn Sie sich für einen gemusterten, karierten oder gestreiften Stoff entscheiden, sollten Sie beim Zusammennähen der Bahnen darauf achten, daß keine unschö-

nen Übergänge entstehen. Große geometrische Muster, vorherrschende formale Motive und auffällige Blumenmuster eignen sich für große, dominante Sofas und Sessel. Feste Bezüge sollten schmutzabweisend sein bzw. mit einer speziellen Imprägnierung versehen werden. Kauft man fertig bezogene Polstermöbel, ist das meistens bereits der Fall.

Die Größe, der Schnitt und die Helligkeit des Raumes, der grundlegende architektonische Stil sowie besondere Details sollten die Gestaltung beeinflussen. Wenn Sie diese Faktoren berücksichtigen, können Sie dem Raum einen speziellen Charakter, eine bestimmte Atmosphäre verleihen. Die Fensterdekoration sollte sich in jedem Fall dem architektonischen Stil des Raumes anpassen; handelt es sich um ein vielbenutztes Wohnzimmer, empfiehlt sich ein waschbarer Stoff und maßgeschneiderte Rollos. Üppige, fließende Vorhänge mit Fransenbesatz, die sich bis auf den Boden ergießen, eignen sich weniger für das vielstrapazierte Wohnzimmer einer mehrköpfigen Familie als vielmehr für ein Zeichenzimmer. In einem eleganteren Wohnzimmer, das nur selten von Kindern und

Haustieren betreten wird, kann man sich für hellere Farben, feinere und teurere Stoffe, wertvollere, weniger robuste Möbel und eine ausgefallenere Fensterdekoration entscheiden.

Da man im Wohnzimmer in der Regel Besucher empfängt, wollen Sie diesen Raum vielleicht besonders stilvoll gestalten. Schauen Sie sich die Architektur des Raumes genau an – registrieren Sie sowohl seine Plus- als auch seine Minuspunkte. Beziehen Sie die Stuckdecke, den Kamin, unterteilte Fenster, attraktive Läden oder die Holzvertäfelungen in die Gestaltung mit ein. Berücksichtigen Sie in jedem Fall den individuellen historischen Stil des Raumes, und betonen Sie die jeweiligen architektonischen Elemente.

Licht spielt bei der Auswahl von Stoffen hinsichtlich ihrer Farbe und Struktur eine bedeutende Rolle. Berücksichtigen Sie bei Ihrer Entscheidung in jedem Fall die Wirkung des Tageslichts. Eine schimmernde Oberfläche, etwa im Fall einer Wandbespannung aus Seide oder einer glänzenden Wandfarbe, reflektiert das Licht und macht den Raum dadurch heller. Eine solche Oberfläche läßt den Raum zwar größer erscheinen, bringt aber auch alle Unebenheiten

Wohnzimmer

Vorangehende Seite
Links **Die cremefarbenen Leinen- und Baumwollstoffe hellen den mit dunklen Deckenbalken und Wandpaneelen ausgestatteten Raum auf.**
Rechts **Die antiken Betten wurden mit schwarz abgesetzten Musselinbaldachinen und hellen Leinentagesdecken dekoriert. Der ganze Raum ist in Schwarz-Beige gehalten.**
Gegenüber **Vorhänge aus Kaliko schmücken das Fenster hinter der roten Sitzbank, auf der etliche mit Baumwolle bezogene Kissen drapiert sind.**

① ②

②

und Macken der jeweiligen Oberfläche ans Tageslicht und eignet sich deshalb nicht für schlecht verputzte Wände und Decken, ramponierte Holzflächen, unebene Böde und durchgesessene Polster. In solchen Fällen kann man das einfallende Tageslicht durch Rollos oder schleierartige Vorhänge abmildern.

Dagegen eignen sich matte, gebrochene Texturen gut für nicht ganz einwandfreie Oberflächen, da sie Licht absorbieren und bei Wänden, Decken und Böden eine optisch glättende, ausgleichende Wirkung haben. Eine rauhe Struktur läßt die jeweilige Oberfläche immer dunkler und den Raum kleiner erscheinen.

③

① ② **Zum Sofa umgewandeltes Bett mit Metallrahmen. Als Sitzfläche dient die gesteppte Matratze, die mit zahlreichen schwarz und weiß bezogenen Kissen verziert ist. Im unteren Teil bildet weiße Baumwolle eine Schabracke.**

③ **Loser Baumwollbezug über einem asymmetrischen Stuhl.**

④ **Lange Schleifen bilden das elegante und attraktive Detail eines maßgeschneiderten Tischüberwurfs aus Baumwollkaliko, der einen niedrigen Beistelltisch ziert.**

Die Dekoration der Fenster, der Wände und der Böden sowie die Beleuchtung spielen bei der Gestaltung eines Wohnzimmers eine große Rolle – noch wichtiger aber sind einladende Sitzmöbel wie Couchs, Sofas, Stühle, Sessel, Hocker oder Chaiselonguen. Die Form der jeweiligen Stücke und die Art der Gruppierung bzw. die Kombination mit anderen Möbelstücken wie einem Tisch sollten sich auf die Farben, Muster und Texturen der Bezüge auswirken. Betrachten Sie die Sitzmöbel als Einheit, was nicht bedeuten muß, daß alle Stücke gleich aussehen – die Kombination verschiedener Formen, Größen, Stilrichtungen und Materialien macht einen Raum abwechslungsreicher.

④

⑤

⑥

⑤ Traditionelle Polstersessel bekommen durch die Bezüge aus frischer weißer Baumwolle, die einfach zu waschen ist, ein modernes, freundliches Aussehen.

⑥ Harte Flächen – hier der gestrichene Betonboden, die glatte Tischplatte und die weiß gekalkten Wände – bieten einen guten Hintergrund für Dekorationsstoffe. Ein antiker Stuhl mit samtbezogenem Kissen steht neben einer Bank mit schwarzen Baumwollpolstern, die mit verknoteten Bändern befestigt sind.

1 Messen Sie die Breite des Sofas von der unteren Kante einer Seite, die Armlehne hinauf, über die Sitzfläche, die gegenüberliegende Armlehne hinauf und hinunter zur unteren Kante. Im vorgestellten Beispiel beträgt die Breite 284,5 cm. Dann vermessen Sie die Tiefe des Sofas von der unteren Kante der Rückenlehne über die Vorderseite der Rückenlehne und die Sitzfläche bis zur vorderen unteren Kante; im Beispiel beträgt die Tiefe 259 cm.

3 Saum ringsum doppelt auf 1,25 cm einschlagen und absteppen. Ecken auf Stoß nähen (siehe Seite 180); ausbügeln.

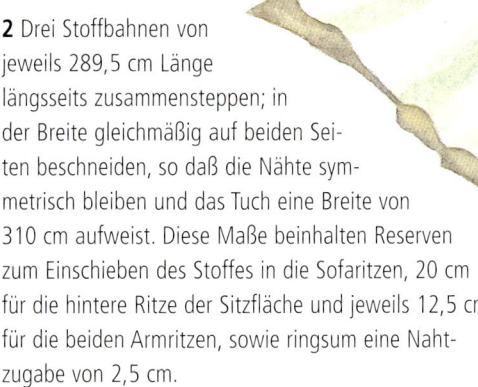

2 Drei Stoffbahnen von jeweils 289,5 cm Länge längsseits zusammensteppen; in der Breite gleichmäßig auf beiden Seiten beschneiden, so daß die Nähte symmetrisch bleiben und das Tuch eine Breite von 310 cm aufweist. Diese Maße beinhalten Reserven zum Einschieben des Stoffes in die Sofaritzen, 20 cm für die hintere Ritze der Sitzfläche und jeweils 12,5 cm für die beiden Armritzen, sowie ringsum eine Nahtzugabe von 2,5 cm.

ÜBERWURF FÜR EIN SOFA

Materialien

Grundausstattung (siehe Seite 176)
Etwa 12 m Stoff für ein zweisitziges Sofa von etwa
1,5 m Länge und 1 m Tiefe; Stoffbreite 122 cm.

4 Das fertige Tuch rechtsseitig über das Sofa drapieren; den Stoff fest in die Ritzen stecken, so daß der Überwurf ringsum gleichmäßig auf dem Boden aufstößt.

Lose Baumwollüberwürfe verleihen dem Wohnzimmer eine Atmosphäre zwangloser Eleganz.

5 Bänder: Acht Streifen à 7,5 cm Breite und 60 cm Länge zuschneiden. Jeden Streifen in der Mitte der Länge nach rechts auf rechts knicken und festbügeln. Enden 0,75 cm einschlagen, festbügeln. Offene Längskante und ein Ende mit Steppnaht schließen.

6 Streifen verstürzen und glattbügeln. Das noch offene Ende einschlagen und von Hand schließen.

7 An der Vorderseite der Armlehnen den Stoff in Falten legen und zwei Streifen feststecken. Streifen von Hand festnähen und locker zusammenbinden; an der anderen Armlehne wiederholen, ebenso an den beiden Verbindungsstellen von Arm- und Rückenlehne.

① Die auf Seide aufgedruckten Bienen fühlen sich wohl neben der schmalen Rolle, die aus verschiedenfarbigen Rechtecken aus Rohseide besteht.

② Die vergoldeten Füße im antiken Stil schauen unter dem lose herabhängenden Bezug heraus. Die Zickzack-Kante (ein Detail des Sofas aus Abbildung 5) ist mit demselben Stoff abgesetzt, was ihr Schwere verleiht.

③ Die antike französische Sitzbank ist mit einem eleganten gestreiften Seidenrips bezogen. Einen Kontrast bilden die mit Seide bezogene Rolle und das Seidendamastkissen.

④ Der helle Bezug mit den applizierten schwarzen Rauten läßt den Stuhl von Charles Rennie Mackintosh in einem ganz anderen Licht erscheinen.

Die Sitzmöbel müssen nicht alle mit demselben Stoff bezogen sein, aber bei zwei sehr unterschiedlichen Stücken kann derselbe Stoff verbindend wirken.

In der Regel ist eine Kombination verschiedener Stoffe – gemusterter und ungemusterter, vielleicht verbunden durch Karos oder Streifen – interessanter und verleiht dem Raum eine besondere Note, solange die Farben zusammenpassen. Kissen, Besätze oder Querbehänge können als Bindeglied zwischen verschiedenen Stoffen dienen. Einen Sessel oder ein Sofa kann man auf die unterschiedlichen Arten dekorieren: mit einem engen, festen Bezug, mit einem anliegenden, aber abnehmbaren Bezug oder mit einem weiten Bezug, der nur lose über das Möbelstück drapiert wird. Diese Bezüge lassen sich wiederum ganz unterschiedlich verzieren: mit Paspeln, Biesen, Fransen, Rüschen oder Borten.

Bei der Herstellung eines losen Überzugs geht man wie ein Modedesigner vor; der Haute-Couture-Modeschöpfer schneidet beim Entwerfen eines neuen Schnitts traditionellerweise die Grundform des Entwurfs zunächst aus einem einfachen Stoff wie Musselin oder Kaliko zu, um Fall und Sitz zu prüfen und noch nicht von dem Muster des endgültigen Stoffes abgelenkt zu werden. Auch Sie können sich diese Technik zu

5. Das traditionelle Wohnzimmer ist ganz in Weiß gehalten. An den Fenstern kann man Behänge aus angekrauster Seide sehen, die Sitzmöbel sind mit schwerer Baumwolle mit Webmuster bezogen; den Boden ziert ein stark strukturierter Wollteppich.

6. Der Sofabezug aus cremefarbenem Jacquardstoff setzt sich gegen die mit gestreifter Seide bespannte Wand ab.

7. Neben dem Vorhang aus dünner Seide, der auf den schablonierten Fußboden fließt, steht ein französisches Sofa, das mit einem Baumwolldamast bezogen und mit cremefarbener Borte abgesetzt ist. Einer der beiden Kissenbezüge ist in einem dunkleren Farbton abgesetzt.

8. Der Baumwolldamast paßt gut zu dem antiken französischen Sofa; auf Seite 4 sehen Sie den Stoff im Detail.

9. Ein zweifarbiges Arrangement in der Ecke eines sonnigen Zimmers; der Sessel ist mit einem losen Baumwollbezug ausgestattet. Ein Detail des Sofas sehen Sie in Abbildung 8.

(7)

(8)

(9)

1 Für die Stuhlvorderseite die Höhe der Rückenlehne (A), die Tiefe der Sitzfläche (B) und die Breite der Sitzfläche (C) ausmessen; ringsum Nahtzugabe von 6,25 cm addieren; den Stoff dementsprechend zuschneiden.

2 Für die Stuhlrückseite die hintere Höhe der Rückenlehne (D) und die obere Breite der Rückenlehne ausmessen (E); ringsum Nahtzugabe von 2,5 cm addieren; den Stoff dementsprechend zuschneiden.

3 Für das Sitzpolster die vordere Länge der Sitzfläche sowie die beiden Seitenlängen des Sitzes ausmessen; die Höhe des Polsterbezugs beträgt 10 cm. Rings um den Streifen 2,5 cm Nahtzugabe berechnen; dementsprechend zuschneiden.

4 Addieren Sie die vordere Länge der Sitzfläche und die beiden Seitenlängen, und schneiden Sie einen Streifen zu, der anderthalbmal so lang wie die errechnete Zahl ist; Breite 20 cm. Dieser Streifen wird für den Volant der drei Seiten benötigt.

5 Messen Sie die untere Kante der Rückenlehne, dort wo sie auf den Sitz trifft, aus; anderthalbmal so langen Streifen von 20 cm Breite zuschneiden; dies wird der vierte Volant.

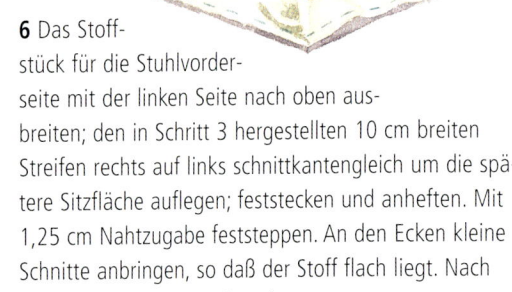

6 Das Stoffstück für die Stuhlvorderseite mit der linken Seite nach oben ausbreiten; den in Schritt 3 hergestellten 10 cm breiten Streifen rechts auf links schnittkantengleich um die spätere Sitzfläche auflegen; feststecken und anheften. Mit 1,25 cm Nahtzugabe feststeppen. An den Ecken kleine Schnitte anbringen, so daß der Stoff flach liegt. Nach rechts wenden und ausbügeln.

7 Vorder- und Rückseite des Bezugs rechts auf rechts aufeinanderlegen; feststecken und über die Stuhllehne ziehen, um den Sitz zu prüfen. 10 cm über dem Sitz zwei kleine Schnitte in der Nahtzugabe anbringen, um die spätere Öffnung zu markieren.

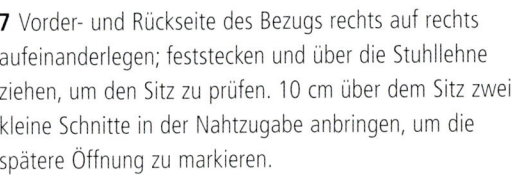

8 Bezug wieder abnehmen und an den drei Seiten von Schnitt zu Schnitt zusammensteppen. Auf rechts wenden und ausbügeln. Die unteren Kanten des Sitzbezugs 1,25 cm breit nach innen bügeln und wieder ausklappen; dort wird in den Schritten 11 und 12 der Volant angesetzt.

9 Den in Schritt 4 zugeschnittenen Streifen zur Hand nehmen, mit der linken Seite nach oben ausbreiten. Die untere Kante des Streifen doppelt auf 1,25 cm einschlagen und festbügeln; mit den beiden Schmalseiten ebenso verfahren. Die Umschläge feststeppen.

10 Den oberen Rand des Streifens 1,25 cm einschlagen und festbügeln. Wieder ausklappen und von Hand mit kleinen Heftstichen reihen (siehe Seite 178). Anschließend den Streifen auf die Länge der Vorder- und der beiden Seitenkanten des Sitzes zusammenkräuseln.

11 Zur Befestigung des Volants den Sitzbezug auf die rechte Seite drehen; den Volant rechts auf rechts schnittkantengleich an der in Schritt 8 markierten Kante feststecken und heften. Mit 1,25 cm Nahtzugabe zusammensteppen.

13 Schleifen: Vier Stoffstreifen à 50 cm Länge und 3,75 cm Breite zuschneiden, Kanten ringsum 0,75 cm einschlagen. Ecken auf Stoß nähen (siehe Seite 180); ausbügeln.

Der Länge nach in der Mitte rechts auf rechts knicken; offene Seite schließen.

Der cremefarben gestrichene Stuhl trägt einen losen Bezug aus fester Baumwolle, der mit Schleifen geschlossen wird.

12 Ebenso befestigt man das zweite Volant an der Rückseite des Bezugs.

LOSER STUHLBEZUG MIT VOLANT

Materialien

Grundausstattung (siehe Seite 176)
Etwa 1,5 m Stoff pro Stuhl
Holzstuhl mit hoher, gerader Rückenlehne

14 Die beiden Nahtzugaben an der Öffnung von Hand mit dem Saumstich versäubern (siehe Seite 178). Von Hand an jeder Seite der Öffnung ein Band festnähen.

①

eigen machen, indem Sie die Wirkung des Bezugs auf diese Weise prüfen. Diese Methode eignet sich auch für Fensterdekorationen, Bett- und Tischdrapierungen, eigentlich für alle Stoffdekorationen. Dieser Probegang mit einem billigen Stoff, der zuerst wie eine Zeitverschwendung erscheint, erweist sich als sehr nützlich, denn er hilft Ihnen dabei, Fehler beim Zuschnitt des teureren Stoffes zu vermeiden.

Neben dem Aussehen des Stoffes sollten Sie jedoch seine praktischen Eigenschaften nicht aus den Augen verlieren. Er sollte leicht waschbar, fleckenabweisend, robust und leicht zu bügeln sein und nicht einlaufen; dasselbe gilt für die Verzierungen. Reißverschlüsse, Ösen etc. müssen rostfrei sein. Aber ebenso wichtig ist der Punkt, daß der Stoff für Möbelbezüge und Vorhänge auch weich genug ist, um in schönen Falten zu fallen.

Überwürfe und lose sitzende Bezüge erfordern weiche, fließende Stoffe, die dekorative Falten werfen; für enganliegende Bezüge hingegen eignen sich feste, steifere Stoffe. Der Stoff muß jedoch in jedem Fall auch den praktischen Anforderungen gerecht werden; so sehen Taft und Seide als Fensterdekoration entzückend aus, sind aber in der Regel zu dünn und empfindlich für lose Möbelbezüge, können jedoch wiederum als Kissenbezug verwendet werden. Leinen ist ein herrlicher Dekorationsstoff, der sich aber in erster Linie für Vorhänge und Kissenbezüge eignet, da er als Bezugstoff für Sitzmöbel zu leicht knittert.

Die Brennbarkeit ist ein weiterer Punkt, der bei Dekorationsstoffen eine Rolle spielt. So gibt es Vorschriften hinsichtlich der Entflammbarkeit von Dekorations- und Bezugstoffen. Leicht entflammbare Stoffe müssen besonders behandelt sein; andere Materialen wie etwa Wolle sind von Natur aus nur schwer entflammbar. Einige schwer entzündliche Materialien sind steif und unbequem und scheinen als Dekorationsstoffe eher ungeeignet, wohingegen man leicht ent-

②

⑥

③

④

⑤

hellen Pastelltöne der Kissenbezüge aus Seide mildern die Strenge etwas.

② Die klare Linie der gesteppten Chaiselongue wird durch die verschiedenen Kissen aufgelockert.

③ Kellerfalten zieren die Kanten des losen cremefarbenen Damastbezugs.

④ Einfache Einrichtung bringt den großzügigen Raum erst zur Geltung. Hier überwiegen helle Farben. Die cremefarben bezogene Couch hat lange Fransen; die durchscheinenden Vorhänge lassen ein Maximum an Licht in den Raum fluten. Der schablonierte Sisalteppich bringt ein geschwungenes Element in den sonst von geraden Linien beherrschten Raum.

⑤ Die moderne Form des Sessels wird durch den schlichten Leinenbezug unterstrichen.

⑥ Die Raffrollos zerstreuen das eindringende grelle Tageslicht. Auf dem Parkettboden liegt ein weicher Wollteppich.

① Strenge, architektonische Linienführung ist der Schlüssel dieses Arrangements. Der ovale Sisalteppich mit der schablonierten Kante, die weißen Kassettenwände und die betont einfachen Bezüge bilden ein klassisch-modernes Interieur. Die

① ③ ④ ②

zündbare weiche Stoffe feuerfest machen kann, indem man sie mit einem flammenfesten Material unterlegt. In jedem Fall empfiehlt es sich, für enganliegende Möbelbezüge speziell zu diesem Zweck hergestellte Stoffe zu verwenden, denn sie haben entsprechende Kontrollen durchlaufen und erfüllen die notwendigen Kriterien.

Aber trotzdem gibt es Stoffe, die robust genug sind, um als Bczüge oder Überwürfe verwendet zu werden, wie etwa Köper, oder bestimmte Wollstoffe wie zum Beispiel Flanell, die nicht offiziell als Bezugstoffe ausgewiesen sind und nicht die oben beschriebenen Kontrollen durchlaufen haben. Manche Kleiderstoffe eignen sich für lose Bezüge oder Überwürfe; man darf nur nicht erwarten, daß sie Jahre halten.

⑤ Die Rückenlehnen von Polstermöbeln werden traditionell mit Gurtband verstärkt. In diesem Fall stellt die Tapisserie-Verstärkung des französischen Sessels ein dekoratives Element dar.

① Der Sessel mit knopfgehefteter Rückenlehne ist mit einem feinen beigen Wollstoff bezogen. Die Schabracke mit der Kellerfalte wird von Polsternägeln gehalten.

② Stoff aus Kamelhaarwolle ist herrlich weich. Der Kindersessel hat eine bodenlange Schabracke und ist mit einem Ton-in-Ton bezogenen Kissen verziert.

③④ Sanfte Braun- und Beigetöne lassen dieses Wohnzimmer einladend wirken. Der im gleichen Stoff paspelierte Sessel sowie das Sofa tragen Bezüge aus Kamelhaarwolle.

⑥ Von Hand aufgenähte Perlen zieren den Leinenbezug. Der daneben drapierte Überwurf aus Samtchenille verleiht dem Ganzen ein Hauch von Luxus.

⑦ Das mit Seide bezogene halbmondförmige Sofa schmiegt sich um den runden Beistelltisch. Seine Eleganz wird durch die tiefen Kellerfalten der Schabracke und die weichen Falten an den Armlehnen betont.

Aber schließlich haben ja gerade lose Bezüge und Überwürfe den Vorteil, daß man sie nach Belieben, zum Beispiel mit den wechselnden Jahreszeiten, austauschen kann. Solche Kleiderstoffe sind jedoch nicht flammenbeständig und verschleißen schneller als spezielle Bezugstoffe.

Aber bei der Auswahl spielen neben den praktischen Erwägungen auch die ästhetischen Gesichtspunkte eine Rolle. Soll der Stoff gemustert oder ungemustert, bedruckt oder mit Webmuster dekoriert, glatt oder strukturiert, geblumt oder geometrisch, gestreift oder kariert, modern oder historisch sein? Allzu oft glaubt man, bestimmte Konventionen einhalten zu müssen: Chippendale-Sessel werden mit vermeintlich traditionellen Regency-Streifen bezogen (obwohl

diese Stoffart zur Zeit des Regency überhaupt nicht verwendet wurde), Chaiselonguen in Samt, Plüsch oder gestreiften Stoffen, Chesterfield-Sofas, Arm- oder Ohrensessel in Leder. Aber es sind viel aufregendere Kombinationen möglich. So kann man eine Chaiselongue sowohl mit einem ungemusterten, robusten, leuchtend gefärbten Stoff als auch mit Drillich, einem Tartan-Stoff oder einem orientalisch gemusterten Stoff beziehen; auch ein Streublümchen-Stoff ist denkbar, wobei man die Ränder mit einem anderen Stoff paspelieren und kontrastierende Kissen und Rollen einsetzen kann. Ein Chesterfield-Sofa wirkt weniger massiv, wenn man es mit einem hellen, freundlichen Bezug dekoriert; hübsch wirkt in diesem Fall ein Blumenmuster, meiden sollte man Karos und Streifen, da die tiefe Knopfheftung das Muster verzerrt. Arm- und Ohrensessel wirken sehr interessant mit einem Bezug aus Tweed. Stühle im Regency-Stil mit sichtbaren Holzrahmen und gepolsterten Rückenlehnen und Sitzflächen kann man im »Muster-Mix« beziehen: Sitzfläche und Vorderseite der Rückenlehne bekommen einen klassischen geblumten Bezug im Petit-Point-Stil, während die Rückseite der Lehne mit einem farblich dazu passenden, ungemusterten Stoff, mit einem Streifen- oder Karostoff versehen wird. Auf diese Art lassen sich viele Arten von Stühlen mit Holzrahmen und Rückenlehne dekorieren. Man kann beispielsweise auch ein Sofa mit Tartan-Stoff und ein anderes mit einem farblich passenden gestreiften Stoff beziehen; diese Muster lassen sich dann in den Rückenlehnen der zu der Sitzgruppe gehörigen Stühle oder Sessel wiederholen. Das Arrangement kann man mit entsprechend bezogenen Kissen komplettieren.

Korbsofas und -sessel kann man exklusiver erscheinen lassen und außerdem sehr viel bequemer machen, indem man sie mit dicken

⑤

rechteckigen Polstern ausstattet. Meiden Sie jedoch in einem solchen Fall Blumenmuster, die hier schnell sehr konventionell aussehen. Entscheiden Sie sich lieber für einen in kräftigen Farben gestreiften Kanevas, der zusätzlich noch in einer Kontrastfarbe paspeliert werden kann, für ein großzügiges Paisleymuster oder ein geometrisches Muster. Wenn die Korbmöbel allerdings in einem Wintergarten stehen, ist natürlich ein Blumenmuster passend und naheliegend; auf diese Weise fügt sich die Sitzgruppe in die Umgebung ein. Sie können durch den geblumten Stoff auch eine Verbindung zum Garten jenseits der Glasscheiben herstellen, indem das Muster die dort blühenden Blumen aufgreift oder mit den Bezügen der Gartenmöbel in Einklang steht.

Es fällt natürlich immer schwer, sich die Wirkung eines Möbelstücks mit einem bestimmten Bezug vorzustellen, besonders dann, wenn man in einem Möbelhaus ein Ausstellungsstück in einem anderen als dem gezeigten Bezug bestellt. Bei losen Bezügen oder Überwürfen kann man einen eventuellen Irrtum relativ leicht beheben; bei einem festen Bezug ist die Sache schon schwieriger. Bemühen Sie sich, sich in der Vorstellung vom vorhandenen Bezug zu lösen, und betrachten Sie statt dessen die gesamte Form des Möbelstücks; stellen Sie es sich in einem anderen Muster oder in einer anderen Farbe vor, und spielen Sie dabei verschiedene Möglichkeiten durch. Versuchen Sie, ein möglichst großes Probestück des in Frage kommenden Stoffes zu erhalten, und drapieren Sie es dann entsprechend, so daß Sie sich die Gesamtwirkung vorstellen können.

Bei der Auswahl eines gemusterten Stoffes spielt die Größe des Musters eine bedeutende Rolle; sie sollte in einem Verhältnis zu der zu dekorierenden Oberfläche stehen. Auch die Form des Möbelstücks ist für die Auswahl des Musters von Bedeutung. Fließende Blumenmuster können an ebenfalls geschwungenen Möbelstücken gut aussehen oder aber auch die strengen Linien eines eckigen Designs auf-

① Die vier antiken Motive bilden einen klassischen Hintergrund für das bodenlange Seidentischtuch.

② Gewöhnlich Tischdecken wirken durch Fransen ausgefallener und eleganter.

③ Ein seidenes Tischtuch mit Fransen aus merzerisierter Baumwolle.

④ Eine harmonische Kombination verschiedener Stoffe verleiht diesem Wohnzimmer Eleganz. Die üppigen Vorhänge aus Rohseide lassen sich vor den Rollos aus cremefarbenem lichtdurchlässigen Stoff schließen. Die in neutralen Farben gehaltenen Kissen bringen Abwechslung. Der Teppich besteht aus einem Jute-Wolle-Gemisch.

⑤ Ein kastenförmig genähter Tischüberwurf mit kräftigem Blumenmuster. Die Sitzflächen der Stühle sind mit Drillich bezogen.

⑥ Die Vorhänge aus bedrucktem Leinen sind mit Baumwollfransen verziert.

⑦ Neben dem mit cremefarbenem Chenille bezogenen Sofa wirkt das Leinentischtuch sehr elegant; es ist mit einer Baumwollkordel eingefaßt.

1 Die Innenseite der Rückenlehne ausmessen und aus dem Hauptstoff ein entsprechendes Stück ausschneiden, wobei ringsum 10 cm zugegeben werden. Achten Sie darauf, daß der Fadenlauf sowie das Muster gerade ausgerichtet sind. Das Stoffstück mit der rechten Seite nach oben mit extralangen Stecknadeln an der Rückenlehne befestigen; dabei das Muster zurechtziehen. Dann den Stoff bis auf 1,25 cm oben und an den Seiten und 10 cm an der unteren Kante, wo die Lehne auf die Sitzfläche trifft, zurückschneiden.

3 Die Kanten jedes Keils rundum 0,75 cm nach links umschlagen; festbügeln und auf der linken Seite absteppen.

4 Auf jeden der im Schritt 2 angebrachten Schnitte einen Keil legen und an den beiden langen Kanten rechtsseitig aufsteppen. Das Stück wiederum mit der rechten Seite nach oben auf den Sessel stecken. Damit dieser Bezug

2 Das Stück wieder vom Sessel abnehmen und in gleichmäßigen Abständen an der unteren, 10 cm breiten Stoffzugabe drei vertikale Schnitte von je 8 cm Länge anbringen. Dann drei Keile zuschneiden, deren Grundseite 3,75 cm und deren beide andere Seiten jeweils 8,75 cm messen.

perfekt sitzt, muß man exakt ausmessen. Messen Sie zuerst den zu beziehenden Teil des Sessels aus; schneiden Sie dann mit reichlicher Zugabe den Stoff zu, und stecken Sie das Stück auf; dann entfernen Sie den überschüssigen Stoff, was von Teil zu Teil unterschiedlich ausfällt.

5 Armlehnen: Entsprechend den Maßen des Innenteils und der Vorderseite der Armlehne zwei Teile mit jeweils ringsum 10 cm Zugabe zuschneiden und rechtsseitig feststecken; dabei das Muster gerade ausrichten. An den vorderen Kanten der Armlehnen jeweils einen Abnäher abstecken, der in Schritt 16 vollendet wird. Nach dem Feststecken ringsum den Stoff bis zu 1,25 cm Nahtzugabe zurückschneiden; nur an der Kante zur Sitzfläche bleiben 10 cm stehen. Die Stoffteile werden nicht abgenommen.

ABNEHMBARER BEZUG FÜR EINEN LEHNSESSEL

Materialien

Grundausstattung (siehe Seite 176)
Etwa 6 m Hauptstoff, 6 m fertige Paspel aus einem kontrastierenden Stoff, zahlreiche extralange Stecknadeln, Schneiderkreide, 10 m Baumwollband, 1 m kontrastierender Stoff

8 Bezug für die Außenseite: Messen Sie den Sessel genau ab, und schneiden Sie für die äußeren und rückwärtigen Sesselflächen mit ringsum 15 cm Zugabe zwei spiegelverkehrte Teile zu, je eines für eine Hälfte. Stecken Sie sie rechtsseitig auf, wobei Sie das Muster glattziehen. An der rückwärtigen vertikalen Kante des einen Teils geben Sie für eine überlappende Naht zusätzlich 10 cm Stoff zu, an der gerundeten Rückenlehne und der Armlehne 1,25 cm, an der unteren Kante 7,5 cm, da diese Kante später unter den Sessel geschlagen wird. Der Stoff bleibt aufgesteckt.

6 Sitzfläche: Entsprechend der Größe der Sitzfläche und mit ringsum 10 cm Nahtzugabe ein Stück Stoff zuschneiden; achten Sie auf geraden Fadenverlauf. Dieses Stück stecken Sie rechtsseitig auf die Sitzfläche auf, wobei Sie immer wieder das Muster geradeziehen. Die vordere Kante auf 1,25 cm Nahtzugabe zurückschneiden; an den Seiten und hinten 10 cm stehenlassen. Der Stoff bleibt aufgesteckt.

7 Vordere Fläche: Die vordere Fläche des Sessels unterhalb der Sitzfläche ausmessen und mit ringsum 10 cm Zugabe ein entsprechendes Stück Stoff zuschneiden. Das Stück rechtsseitig aufstecken, wobei auf gerade Ausrichtung des Musters geachtet wird. Die Stoffkanten auf 1,25 cm zurückschneiden; nur die untere Stoffkante, die später unter dem Sessel befestigt wird, bleibt 7,5 cm breit stehen.

9 Das seitenverkehrte Stoffteil wird nun auf die andere Seite aufgesteckt, wobei man das Muster geradezieht. Geben Sie an der rückwärtigen vertikalen Kante 15 cm zu, 1,25 cm an der gerundeten Rückenlehne und der Armlehne sowie 7,5 cm entlang der unteren Kante, die später unter den Sessel geschlagen wird. Die rückwärtige vertikale Kante 5 cm einschlagen und feststecken; die Überlappung beträgt nun noch 10 cm – hier wird sich die Öffnung des Bezugs befinden. Der Stoff bleibt aufgesteckt.

10 Stecken Sie nun mit normalen Stecknadeln entlang der Nahtzugaben alle Schnittkanten der noch auf dem Sessel befindlichen Teile zusammen, die anschließend zusammengenäht werden müssen. Wenn der Bezug gut sitzt, machen Sie durch Aufklappen der Nahtzugaben die zu nähenden Kanten kenntlich; markieren Sie die inneren Seiten der Nahtzugabe, also die linke Stoffseite, mit Schneiderkreide; die kurzen Stecknadeln nicht entfernen. Schneiden Sie in beide Lagen der 1,25 cm breiten Nahtzugabe alle 10 cm kleine Keile; verfahren Sie an allen Schnittkanten so.

11 Nun entfernen Sie die extralangen Nadeln, mit denen der Stoff noch auf dem Sessel befestigt ist. Die kleinen Stecknadeln, die Kreidemarkierungen und die Einschnitte zeigen Ihnen, welche Teile Sie nach dem Abnehmen vom Sessel nun zusammensteppen müssen.

12 Nehmen Sie den Bezug vom Sessel ab. Da Sie ja von links steppen müssen, arbeiten Sie sich um die zusammengesteckten Kanten herum und kehren die Nahtzugabe um. Dazu entfernen Sie Stecknadel für Stecknadel, drehen die Nahtzugabe auf die andere Seite und stecken sie auf der anderen, der linken Seite wieder zusammen. Die Schneiderkreide und die kleinen Einschnitte helfen Ihnen dabei, den Stoff wieder wie vorher zu positionieren. Nachdem Sie alle Nähte herumgedreht haben, können Sie sie zusammensteppen.

13 Der Bezug liegt nun auf der linken Seite vor Ihnen. Heften Sie nun alle Nähte, die nicht paspeliert werden, zusammen – das sind alle Nähte außer der horizontalen Naht, die die Sitzfläche abschließt, und der Naht, die vom rechten vorderen Fuß die rechte Armlehne hinauf über die Rückenlehne und die linke Armlehne hinunter zum linken vorderen Fuß verläuft (siehe Foto oben). Die Heftnähte absteppen.

14 Stellen Sie eine 6 m lange Paspel her (siehe Seite 181), und fügen Sie sie in die beiden noch gesteckten Nähte ein, so daß eine Paspel horizontal als Abschluß der Sitzfläche und die andere vom rechten zum linken Fuß über die Armlehnen und die Rückenlehne (siehe Foto oben) verläuft. Entfernen Sie einige Stecknadeln, fügen Sie die Schnittkante der Paspel zwischen die beiden Stofflagen, und positionieren Sie die Paspel dabei so, daß sie exakt auf der Naht sitzt; verschließen Sie dann die Naht wieder mit Stecknadeln, wobei 1,25 cm Nahtzugabe stehenbleiben. Anschließend heften Sie die Nähte und entfernen dabei die Stecknadeln. In Rundungen bringen Sie kleine Schnitte in der Nahtzugabe an, so daß sich die Naht der Rundung anpaßt.

15 Steppen Sie dann linksseitig und mit 1,25 cm Nahtzugabe die Heftnähte, bewegen Sie sich dabei möglichst nah an der Paspelierung.

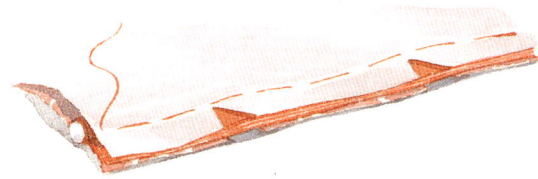

16 Die beiden Abnäher an der Vorderseite der Armlehnen schließen Sie nun an der in Schritt 5 linksseitig markierten Linie mit einer Steppnaht. Überflüssigen Stoff abschneiden und die Kanten mit einer übersteppten Naht (siehe Seite 180) versäubern.

17 Den Bezug auf die rechte Seite wenden und ausbügeln. Dann kommt die rückwärtige Öffnung an die Reihe: Schlagen Sie die innere lange Naht doppelt 2,5 cm breit um; den in Schritt 9 gemachten Einschlag der äußeren Stofflage ebenfalls doppelt 2,5 cm breit umschlagen; beide Nähte von Hand mit dem Saumstich schließen; ausbügeln. Streifen Sie den Bezug über den Sessel, und stopfen Sie die Nähte um die Sitzfläche herum in die Polsterritzen.

18 An den Füßen beschneiden Sie den Stoff so, daß eine 2 cm breite Zugabe stehenbleibt.

19 Legen Sie den Stuhl auf den Rücken, so daß Sie die Unterseite sehen. Ziehen Sie den überhängenden Stoff straff, und stecken Sie an den Rundungen des Sesselrahmens 7,5 cm lange Abnäher ab.

20 Nehmen Sie den Bezug wieder ab, und schlagen Sie ringsum an der Unterkante 1,25 cm Stoff nach innen um; festbügeln und absteppen, so daß die Kante nicht franst. Auch die Abnäher von Hand anbringen.

21 Von der an den vier Füßen noch verbleibenden Stoffkante schlagen Sie weitere 1,25 cm Stoff ein und schließen die Naht von Hand.

22 Von dem Baumwollband schneiden Sie nun 13 2 cm lange Stücke ab, die Sie von Hand in regelmäßigen Abständen als Schlaufen an der Unterkante des Bezugs festnähen. Den Bezug wieder über den Sessel ziehen.

24 Rückwärtige Öffnung verschließen: Zehn Streifen à 30 cm Länge und 6,25 cm Breite aus dem kontrastierenden Stoff zuschneiden. Jeden Streifen längsseits in der Mitte rechts auf rechts falten und 1,25 cm von der Schnittkante entfernt die Längs- und eine der Schmalseiten zusammensteppen. Den Streifen verstürzen und bügeln; das offene Ende von Hand mit kleinen Stichen schließen. Von Hand und in regelmäßigen Abständen

23 Schneiden Sie ein langes Stück von dem Baumwollband ab, und fädeln Sie es über Kreuz durch alle 13 Schlaufen; auf diese Weise wird der Bezug immer straffgehalten.

jeweils zwei Bänder einander gegenüber entlang der Öffnung festnähen; ein Paar sitzt in jedem Fall am unteren Ende der Öffnung. Die Schleifen schließen.

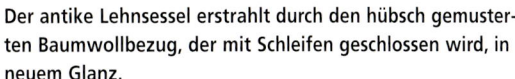

Der antike Lehnsessel erstrahlt durch den hübsch gemusterten Baumwollbezug, der mit Schleifen geschlossen wird, in neuem Glanz.

lockern. Gestreifte, karierte und geometrische Stoffe hingegen stellen bei gerundeten Armlehnen und gekurvten Rückenlehnen das Problem einer exakten Ausrichtung. Große geschwungene Muster wirken am besten zentriert auf einer großflächigen Rückenlehne, während sich Muster mit einer klaren Ausrichtung gleichmäßig über die Sitzpolster und die Armlehnen ziehen sollten. Auch das Muster einer Blende oder einer gefälteten Schabracke muß bei zusammengesetzten Stoffbahnen nahtlos anschließen; mit einem streng ausgerichteten Muster ist das jedoch sehr schwierig und kostspielig, da man dafür viel Stoff benötigt. Besser eignet sich in diesem Fall zur Verzierung ein passender einfarbiger Stoff. Häufig bietet sich für Möbelbezüge auch eine Applikation auf einfarbigem Stoff an; so läßt sich der Stoffverbrauch minimieren. Auch die Nähte von karierten und gestreiften Stoffen sollten sich in jedem Fall an dem Musteranschluß orientieren. Mit losen Bezügen können Sie die Wirkung der verschiedenen Muster an den Möbeln testen; entscheiden Sie sich jedoch für enganliegende, feste Bezüge, dann wählen Sie, wenn Sie im Nähen noch nicht so geübt sind, im Zweifelsfall einen ungemusterten Stoff. Im nächsten Schritt können Sie

① Eine außergewöhnliche Kombination: die Rahmenteile von Sofa und Sessel sind mit einfarbigem Leinen bezogen, die Sitzpolster mit kariertem.

② Ausschnitt der Decke aus Abbildung 1: handgewebtes Leinen im Schachbrettmuster.

③ Leinenstoff mit eingewebtem Karo ziert ein Sofa.

④ Bezug aus dickem Baumwollmatelassé. Über die Armlehne ist eine Leinendecke drapiert.

⑤ Vor den paneelierten Wänden und dem dunklen Holzboden bieten zwei mit cremefarbenem Baumwollmatelassé bezogene Sofas großzügige Sitzflächen um den Holztisch.

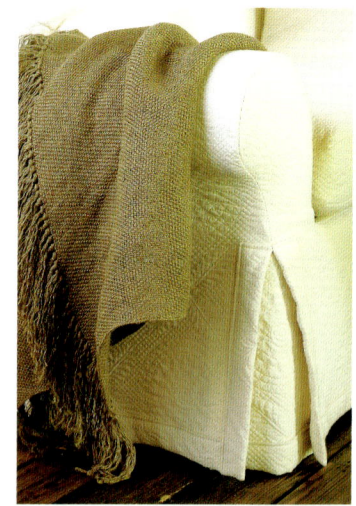

es mit einfachen, ungerichteten Mustern versuchen, bevor Sie sich an karierte oder gestreifte Stoffe wagen. An große geschwungene Muster sollten Sie sich erst heranttrauen, wenn Sie über etwas Erfahrung verfügen.

Lose Bezüge oder Überwürfe eignen sich hervorragend, um das Leben des darunterbefindlichen Bezugs zu verlängern; auch kann man je nach Lust und Laune das Muster oder die Farbe verändern. Allerdings sollte man sich bewußt sein, daß man ein abgenutztes, durchgesessenes Möbelstück auf diese Weise nicht verstecken kann, da sich die unschönen Stellen schnell durch den losen Bezug hindurch abzeichnen werden. Im schlimmsten Fall bohren sich heraustretende Sprungfedern ihren Weg

durch den losen Bezug. Diese Art von Bezügen wird aus mehreren Stücken zusammengesetzt. Große rechteckige Stoffstücke in der Form des ursprünglichen Bezugs werden mit entsprechender Zugabe, so daß der lose Bezug locker fällt, zusammengenäht; große Flächen, die die Stoffbreite überschreiten, müssen zusammengesetzt werden. Die Stoffzugabe nimmt man an den Kanten der rechteckigen Teile vor, so daß man diese in die Ritzen der Polster stecken kann, um dem losen Bezug Form, Halt und ein strafferes Aussehen zu verleihen. Die unteren Kanten des Bezugs können unter dem Sitzmöbel umgeschlagen und befestigt werden, so daß das Ganze fest sitzt. Alternativ dazu läßt sich der Bezug aber auch mit einer Art Schabracke ab-

schließen, die an den Ecken oder im Verlauf der Vorderseite Kellerfalten aufweist oder insgesamt angekraust wird. Eine Paspelierung der Säume sorgt für Spannung und bewirkt eine Unterbrechung zwischen den zusammengesetzten Teilen; sie kann aber auch nur als dekoratives Element dienen, das entweder mit dem Hauptstoff in Einklang oder in Kontrast steht oder die Form des Möbelstücks unterstreicht.

Es sind die unterschiedlichsten Schnittmuster für lose Bezüge erhältlich, aber die Wahrscheinlichkeit, daß die fertiggekauften Schnittmuster exakt zu Ihrem Möbelstück passen, ist doch eher gering; ebenso verhält es sich mit fertiggekauften Bezügen, selbst wenn sie aus Stretch-Material bestehen. Vielmehr empfiehlt es sich, den Bezug maßzuschneidern, indem man Stück für Stück entsprechend den Abmessungen des Möbelstücks aus dem gewählten Stoff zuschneidet, die Stücke aneinanderheftet und so dem Möbelstück anpaßt. Die Bestimmung des Stoffverbrauchs erfordert akkurates Abmessen und ein entsprechendes Schnittmuster. So läßt sich die Anzahl und die Größe der benötigten Stücke bestimmen; auf Millimeterpapier können Sie die Teile am genauesten aufzeichnen.

Wenn Sie über wenig Näherfahrung verfügen, fertigen Sie zuerst einen Probebezug aus einem billigen Stoff, alten Laken oder ausgedienten Tischtüchern an. Testen Sie das Ganze an dem entsprechenden Möbelstück. Haben Sie die richtigen Abmessungen festgestellt, können Sie den Probebezug als Schnittmuster verwenden. Tragen Ihre Möbel bereits lose Bezüge, dann benutzen Sie diese als Muster. Beim Zuschneiden des Stoffes werden Sie viel Platz benötigen; breiten Sie den Stoff aus, und legen Sie die Muster obenauf. Wenn Ihnen kein großer Tisch zur Verfügung steht, können Sie auch den Boden als Unterlage benutzen. Achten Sie jedoch darauf, daß der Boden sauber und absolut eben ist und daß Sie mit der Schere keinen Schaden an

① Der Tisch unter der Treppe trägt einen maßgeschneiderten Überzug: Die Schürzen aus größer kariertem Stoff sind mit kleinkariertem Stoff gesäumt; in den Kellerfalten an den Ecken ist ebenfalls Kleinkariertes zu sehen.

② Dunkelblau-weiße Karos beherrschen das Familienwohnzimmer, das unmittelbar in die Küche übergeht. Die große kastenförmige Couch, die Sessel und der Hocker passen zu dem Rollo; das strenge Schema wird durch kontrastierende Kissen aufgebrochen.

③ Der lose Karobezug des zierlichen Sessels wird durch Schleifen an der Rückseite befestigt. Die Schabracke ist paspeliert.

④ Gewöhnlicher schwarz-weißer Drillich ziert den Sessel mit der knopfgehefteten Rückenlehne.

⑤ Die »Knöpfe« sind in Wirklichkeit kleine Schleifen aus demselben Stoff.

⑥ Der lose Bezug dieses Sessels besteht aus frischem blau-weißen Karoleinen; das Kissen ist mit Filz verziert, der von Hand auf den kontrastierenden Hintergrundstoff genäht wurde.

⑦ Anstelle einer traditionellen Paspelierung wird der rot-weiß gestreifte Leinenstoff des Kissen von einer flachen, an der Ecke gefältelten Biese gesäumt.

⑧ Die in Abbildung 9 gezeigten rot-weiß gestreiften Polsterbezüge aus Leinen sind traditionell paspeliert.

⑨ In dem legeren Wohnzimmer im Landhausstil kontrastieren die rot-weißen Polster vorzüglich mit dem blau-weißen Porzellan in dem hohen Regalschrank. Die mächtigen Korbsessel und das große Sofa sind mit fröhlichen Leinenbezügen und etlichen mit Toile de Jouy bezogenen Kissen dekoriert, die die Streifen aufbrechen. Das Fenster schmücken einfache rot-weiße Karo-Vorhänge, die an einer dünnen Stange befestigt sind und das Schema aufgreifen.

80

⑦

⑧

der Unterlage anrichten können. Verwenden Sie eine scharfe Polsterer- oder Schneiderschere. Die zugeschnittenen Teile werden alle ähnlich aussehen; damit Sie Ihnen nicht durcheinandergeraten, sollten Sie sie direkt nach dem Zuschneiden auf der Rückseite mit einem kleinen Klebeschild versehen, das Ihnen sagt, um welches Stück es sich handelt. Das ist besonders dann zu empfehlen, wenn Sie ein Florgewebe wie etwa Samt verwenden, bei dem der Gewebeflor stets in derselben Richtung verarbeitet werden muß. Bei einem gemusterten Stoff sollte das Muster durch eine Naht natürlich keine Unterbrechung zeigen und auf dem Möbelstück in dieselbe Richtung verlaufen.

Accessoires gehören in jeden Raum. Mit ihnen können Sie Ihre persönliche Gestaltung unterstreichen und besondere Blickfänge schaffen, Kontraste in der Textur, in der Farbe oder im Muster erzielen. Sie können antike Textilien zur Geltung bringen, indem Sie sie als Kissenbezüge oder Drapierungen in Ihre Gestaltung einbeziehen; sie lassen sich aber auch effektvoll mit modernen Textilien unterfüttern, die allerdings ungefähr dieselbe Stärke aufweisen sollten, um dem alten Stück als Hintergrund zu dienen.

Vorsicht mit empfindlichen, feinen oder brüchigen Stoffen; sie sollte man mit einem anderen Stoff unterlegen oder unter Glas zur Schau stellen – vielleicht unter einer gläsernen Tischplatte oder in einem passenden Rahmen an der Wand. Wenn Sie Fragen zum richtigen Umgang mit einer alten wertvollen Stickerei, einem antiken Webstoff oder einem Patchwork haben, sollten Sie sich an einen Fachmann,

einen Textilrestaurator, wenden. Alte Kelims oder andere Teppiche, die schon spröde geworden sind und sich nicht mehr als Bodenbelag eignen, kann man als attraktive Wandbehänge zu neuen Ehren kommen lassen. Man kann sie aber auch auseinanderschneiden und zu Kissenbezügen weiterverarbeiten oder zur Bespannung einer Sitzfläche eines Sessels oder Stuhls verwenden. Natürlich sollten Sie keinen kostbaren Orientteppich in Stücke schneiden, wenn man ihn restaurieren und zu neuem Glanz verhelfen könnte. Auch in diesem Fall sollten Sie besser den Rat eines Fachmannes einholen.

⑨

LOSER STUHLBEZUG MIT APPLIKATION

Materialien

Grundausstattung (siehe Seite 176)
4,5 m karierter Stoff
2,5 m geblumter Stoff zum Applizieren
Paspelschnur
2 m kontrastierender Stoff für Paspel und Schrägbesätze
Stickgarn in kontrastierender Farbe
Sticknadel

1 Rückwärtiger Bezug: Die Höhe des Stuhls vom Boden bis zum Abschluß der Rückenlehne (A) sowie die Breite der Rückenlehne (B) messen.

2 Zum Maß A 1,25 cm und zum Maß B 20 cm Nahtzugabe addieren; dementsprechend ein Stück Stoff zuschneiden. Dieses Stück der Länge nach in der Mitte durchschneiden. Sollten Sie einen Stoff mit breitem Rapport benutzen, schneiden Sie entsprechend größer zu, um das Muster nahtlos wieder ansetzen zu können.

3 Die beiden Teile mit der rechten Seite nach unten ausbreiten, so daß die Karos passend zusammenstoßen. Die beiden langen Schnittkanten 5 cm breit umschlagen und festbügeln. Im Bruch eine 15 cm lange Steppnaht anbringen, um die Teile zu verbinden. Die Naht ausbügeln.

4 Immer noch auf der linken Seite die beiden Nahtzugaben zu einem 2,5 cm breiten doppelten Saum umschlagen; vom Hand mit dem Saumstich befestigen (siehe Seite 178).

5 Die Mittelnaht oben einklappen und rechtsseitig bügeln. Mit einigen Heftstichen fixieren.

Den karierten losen Bezug ziert eine Blumen-Applikation aus Chintz, die mit Schlingstichen angebracht wurde.

6 Vorderseite des Bezugs: Die Tiefe der Sitzfläche und die Höhe der Lehne messen (C); zu diesen Maßen 5 cm addieren, um den Stoff in die Ritze zwischen Sitz und Lehne schieben zu können. Die Länge der hinteren Sitzflächenkante messen (D). Ringsum eine Nahtzugabe von 1,25 cm einkalkulieren und ein entsprechendes Stück Stoff zuschneiden; dieses zunächst beiseite legen.

7 Blende: Die beiden Seiten- und die Vorderkante des Sitzes (E) sowie den Abstand von der Oberkante der Sitzfläche zum Boden (F) messen. Zu allen Teilen 1,25 cm Nahtzugabe addieren und ein entsprechendes Stück Stoff zuschneiden; dieses zunächst beiseite legen.

8 Einsätze an den rückwärtigen Stuhlecken: Den Abstand zwischen der Unterkante des Sitzflächenrahmens und dem Boden messen (G). Die Breite jedes Einsatzes beträgt 15 cm. Dementsprechend zwei Einsätze aus dem Applikationsstoff zuschneiden.

9 Beziehen Sie die 6 m Paspelschnur mit dem kontrastierenden Stoff (siehe Seite 181); zunächst beiseite legen.

10 Aus dem kontrastierenden Stoff fertigen Sie ausreichend Schrägbesatz zum Einfassen der Unterkanten der Blende und der Eckeinsätze an. Dazu schneiden Sie einen 4 m langen und 5 cm breiten Streifen zu; falls nötig Streifen zusammensetzen (siehe Seite 181); Schrägbesatz zunächst beiseite legen.

11 Schleifenbänder für den rückwärtigen Verschluß: Sechs Streifen à 15 cm Länge und 3 cm Breite aus dem kontrastierenden Stoff zuschneiden. Die Kante ringsum 0,75 cm auf die linke Seite umschlagen; die Ecken sollten 45 Grad betragen, also abgeschrägt sein. Festbügeln und steppen; Schleifenbänder zunächst beiseite legen.

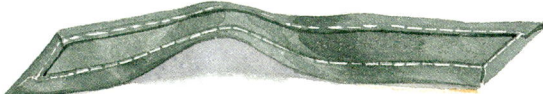

12 Applikation: Aus dem geblumten Stoff einen Streifen der Länge E zuschneiden; die Applikation kann eine beliebige Höhe haben. Einen zweiten Streifen beliebiger Höhe mit der Länge der oberen Kante der Rückenlehne (D) zuschneiden. Zwei weitere Streifen in der Länge der beiden rückwärtigen Stoffteile (die Hälfte von B) zuschneiden; bei jedem dieser Streifen in der Länge 1,25 cm Nahtzugabe zuschlagen.

13 Je nach Muster aus den Streifen des Applikationsstoffes die gewünschte Form ausschneiden. In diesem Fall bestimmen die Blüten die Umrisse.

14 Blende applizieren: Die in Schritt 7 zugeschnittene Blende mit der rechten Seite nach oben ausbreiten, den in Schritt 12 zugeschnittenen Applikationsstoff ebenfalls rechtsseitig und schnittkantengleich darauflegen; feststecken und aufheften.

15 Die ausgeschnittenen Musterumrisse des Applikationsstoffes mit Sticknadel und Stickgarn im Schlingstich (siehe Seite 179) auf dem karierten Hauptstoff befestigen.

16 Rückenlehne applizieren: Die in Schritt 6 zugeschnittene Vorderseite des Bezugs mit der rechten Seite nach oben ausbreiten; den in Schritt 12 zugeschnittenen Applikationsstoff ebenfalls rechtsseitig und schnittkantengleich darauflegen; wie in Schritt 15 befestigen.

17 Rückseite applizieren: Die in Schritt 5 angefertigte Rückseite mit der rechten Seite nach oben ausbreiten; die beiden in Schritt 12 zugeschnittenen Stoffteile schnittkantengleich jeweils auf eine Hälfte auflegen; feststecken und heften. Applikation wie in Schritt 15 beschrieben mit dem Schlingstich befestigen. Der Musteranschluß der Applikation sollte passen; zum Versäubern der Öffnung in der Mitte den Applikationsstoff umschlagen und von Hand festnähen; dann das Stück beiseite legen.

18 Rückseite paspelieren: Das rückwärtige Stoffteil rechtsseitig ausbreiten. Die in Schritt 9 hergestellte Paspel 1,25 cm von der Schnittkante entfernt an beiden Seiten und der Oberkante auflegen; feststecken und anheften. Die Schnittkanten der Paspel und des Stoffteils zeigen nach außen. Paspel möglichst dicht neben der Paspelschnur feststeppen. Die beiden spitzen Ecken abrunden; das Ganze beiseite legen.

19 Blende an der Vorderseite des Bezugs anbringen: Die Vorderseite linksseitig ausbreiten, die Blende an den drei Seiten der Sitzfläche mit 1,25 cm Nahtzugabe feststecken und anheften, anschließend mit der Maschine absteppen. Nach rechts wenden und ausbügeln.

20 Die Rückseite mit der Vorderseite verbinden: Beide Teile rechts auf rechts zusammenlegen. Feststecken und zusammenheften. Außerhalb der in Schritt 18 an der Rückseite befestigten Paspel beide Teile entlang der Ober- und der Seitenkanten mit 1,25 cm Nahtzugabe zusammensteppen. An der Stelle, wo in der Blende die Applikation beginnt, innehalten. Achten Sie darauf, daß alle Schnittkanten nach außen weisen. Auf die rechte Seite wenden und ausbügeln.

Gewebefäden, so daß die Stiche auf der Vorderseite nicht sichtbar werden.

24 Schrägbesatz an der Unterkante anbringen: Die in Schritt 10 angefertigten Schrägstreifen entlang der Unterkante der Blende auf die rechte Stoffseite auflegen. In 1,25 cm Entfernung von der Unterkante feststeppen.

21 Die beiden unversäuberten Kanten der Blende mit Paspelierung versehen; ausbügeln und eventuell überstehenden Stoff abschneiden.

22 Die beiden in Schritt 8 aus dem Applikationsstoff zugeschnitten Teile zur Hand nehmen und alle Kanten der beiden Teile von Hand versäubern (siehe Seite 180), um ein Ausfransen zu verhindern.

23 Breiten Sie den Bezug auf der linken Seite vor sich aus, und ziehen Sie die Vorder- und die Rückseite des Bezugs so auseinander, daß die Blenden V-förmig auseinanderklaffen; legen Sie das Applikationsstoffstück darauf, und nähen Sie es 1,25 cm über dem Beginn des Spalts von Hand fest. Fassen Sie mit der Nadel nur wenige

25 Die über der Steppnaht verbleibenden 3,75 cm des Besatzes nach unten umschlagen, so daß die bis dahin noch offene Schnittkante dazwischen verborgen wird. Auf der Rückseite der Blende einen doppelten Saum von 1,25 cm Breite einschlagen; feststecken und heften. Von Hand mit dem Saumstich befestigen. Separat auf die gleiche Weise auch die Unterkanten der beiden Eckeinsätze versäubern.

26 Die in Schritt 11 angefertigten Schleifenbänder werden paarweise in regelmäßigen Abständen und von Hand rechts und links der rückwärtigen Öffnung festgenäht; zu Schleifen binden.

Kissen und Posterrollen aller Art, aller Größen und aller Formen können Sessel, Stühle, Sofas, Fenstersitze, Bettcouchen, Chaiselonguen und Ruhebetten zieren; oft spielen sie eine wichtige Rolle, indem sie als verbindende Elemente zwischen verschiedenen Polstermöbeln eines Raumes dienen oder auch ein Bindeglied zwischen den Vorhängen und der restlichen Raumgestaltung darstellen. Beim Kauf von Stoff für Vorhänge oder Polsterbezüge sollten Sie immer noch etwas mehr für Kissenbezüge nehmen.

In manchen Räumen spielen Kissen sogar eine besonders wichtige Rolle – sie wirken weich und einladend; große Kissen lassen sich, wenn man sie direkt auf den Boden legt, auch als zusätzliche Sitzmöglichkeit nutzen. In anderen Zusammenhängen können Kissen eine reine Schmuckwirkung haben; sie sind dann mit Applikationen verziert, bestickt oder zeigen eine maschinengenähte Dekoration. Sie setzen Akzente oder verleihen der Dekoration einen Hauch von Luxus.

Leuchten und Lampenschirme sind weitere wichtige Wohnzimmer-Accessoires. Sie lassen sich zur Abrundung der Raumgestaltung zu der Hauptbeleuchtungsquelle hinzufügen. Lampenschirme setzen der Dekoration das i-Tüpfelchen auf; sie sollten sich bezüglich der Farbe und des Stils in die Raumgestaltung einfügen. Viele Anregungen für Kissen und Lampenschirme finden Sie im Kapitel »Accessoires« auf den Seiten 148 bis 173.

① In einem Landhaus vom Beginn des Jahrhunderts ziert eine mit Leinen bezogene Chaiselongue das Wohnzimmer. Ein geknotetes Baumwolltischtuch stellt einen attraktiven Tischschmuck dar; auf dem Boden ist ein blau-weißer Teppich zu sehen.

② Der mit cremefarbenem Leinen bezogene Lehnstuhl steht neben einem Fenster, durch das die Sonne in den Raum fällt. Paneele aus blauem Leinen, eingefaßt mit blau-weißem Karostoff, schützen die Rückenlehne und die Sitzfläche. Dank der Schleifen sind sie einfach abzunehmen. Die blauweiß karierten Vorhänge wurden durch einen Einsatz aus blauer Häkelspitze verlängert.

③ Kleine abnehmbare Bezüge werden mit Schleifen an dem Möbelstück befestigt und schützen es vor Abnutzung. Hier bedeckt bedrucktes Leinen die Armlehne eines Stuhls.

④⑤ Dem chinesischen Rattansessel wird von dem Polster aus gequiltetem Toile de Jouy die Strenge genommen. Das Polster ist zusätzlich mit kleinen Quasten gesteppt. Die Wand ist mit passendem Stoff bespannt; ein weißer Baumwollteppich mit Leinenfransen schmückt den Sisalbelag.

Das Eßzimmer kann ein eigener Raum sein, der nur diesem Zweck dient, oder einen abgeteilten Bereich der Küche oder des Wohnzimmers einnehmen. Vielleicht nutzt man das separate Eßzimmer nur für formalere Anlässe wie Einladungen oder Familienfeiern, während die alltäglichen Mahlzeiten in der Küche eingenommen werden. In jedem Fall aber treffen im Eßzimmer Freunde und Familie zusammen, um in entspannter Atmosphäre gemeinsam zu speisen. Also sollte die Gestaltung dieses Raumes sowohl einladend und bequem sein als auch gewissen praktischen Anforderungen entsprechen. Ist die Eßecke im Wohnzimmer oder in der Küche untergebracht, werden Sie diese beiden Bereiche hinsichtlich der Gestaltung in einen optische Einklang bringen müssen. So lassen sich etwa besondere Elemente der Tischdekoration in anderen Teilen des Raumes wiederaufgreifen; das ist besonders wichtig, wenn sich der Eßbereich in der Küche befindet, die sich in der Regel durch die von den glänzenden Oberflächen der Schränke, der Kachelflächen und der Geräte hervorgerufene kühle Atmosphäre auszeichnet. So kann man beispielsweise ein terrakotta- oder apricotfarbenes Tischtuch und ebensolche Servietten sowie einen kupferfarbenen Lampenschirm über dem Eßtisch in der Küche durch irdene Töpfe, in denen man Kräuter aufbewahrt, und Kupferpfannen aufgreifen. Ein rot-weiß kariertes Tischtuch sowie dazu passende Servietten und Sitzkissen könnten ihre Entsprechung in der Küche in einer ebenso gemusterten Caféhausgardine finden. Streicht man die Wände des gesamten Küchen- und Eßbereichs gelb, so läßt sich die Küche mit blauen Küchenutensilien und Töpfen ausstatten, während man die Eßecke mit gelb-blau gemustertem Stoff dekoriert. Durch gelb-blaue Fensterdekorationen in beiden Teilen des Raumes schafft man wiederum eine Verbindung. Befindet sich die Eßecke im Wohnzimmer, sollte man die Dekorationsstoffe aufeinander abstimmen. So kann man beispielsweise ein rosafarbenes Tischtuch neben einem elegant eingerichteten Wohnzimmer verwenden, wenn die kühle Gestaltung des Wohnzimmers den wärmeren Rosaton in Kissen oder den Paspelierungen des Sofas und der Sessel aufgreift oder ihn als dominierende Farbe in Drapierungen aus Stoffen mit Blumenmuster wiederholt. Es gibt endlos viele Möglichkeiten der Farbgestaltung benachbarter Bereiche – wobei der Umgang mit Farben in jedem Fall eine äußerst subjektive Angelegenheit ist.

Bei der Auswahl des Stoffes sollten Sie bedenken, daß im Eßbereich verwendete Textilien

Eßzimmer und Küche

Gegenüber **Lose Bezüge mit kurzen, angekrausten Volants zieren die Eßzimmerstühle; die Bezüge bestehen aus waschbarem Baumwollpiqué und sind mit Schleifen befestigt.**

①② Ein skulpturaler Metalltisch und klarlinige Holzstühle vor einer schlichten getäfelten Holzwand. Die Stühle sind mit Baumwollstoff mit eingewebtem Rautenmuster bezogen, der an den Ecken mit Abnähern in Form gebracht wurde.

③ Die verschränkten Rückenlehnen der Stühle passen gut zu den gewürfelten Sitzbezügen. Das Würfelmotiv erscheint auch in der Paneelierung der Wände und in den Vorhängen.

④ Das Würfelmuster der Seidenvorhänge findet sich in der Wandtäfelung wieder. Die Vorhänge sind mit Ringen an einer zierlichen Stange befestigt.

④

①

②

③

regelmäßig gewaschen werden müssen. Diese praktischen Erwägungen gelten auch für die Stuhlbezüge, die gleichzeitig strapazierfähig und leicht zu waschen sein sollten. In jedem Fall sollten Sie sich für fleckenabweisende, lichtechte Stoffe entscheiden, die gleichzeitig vorgekrumpft, das bedeutet gegen Einlaufen vorbehandelt sind. Empfehlenswert für Eßzimmerstühle sind lose Bezüge, die man jederzeit mühelos abnehmen und waschen kann.

Ist der Eßbereich in der Küche untergebracht oder wird er auch von Kindern benutzt, empfehlen sich robuste Stühle aus festem Holz, die man mit lose aufliegenden oder festgebundenen Sitzkissen versehen kann. Ratsam ist ein zweiter Kissensatz zum Auswechseln.

Zwei weitere Faktoren spielen bei der Gesamtwirkung der Gestaltung eine bedeutende Rolle: die Beleuchtung und der Bodenbelag. Der Eßtisch sollte in sanftem Licht erscheinen; Kerzenlicht zum Beispiel schafft eine freundliche, entspannende Atmosphäre. In der Küche hingegen übernimmt das Licht eine funktionale Rolle. Wenn Sie sich aus praktischen Gründen für

⑤ Seidenstoff in zartem Rosé und Creme ziert das antike französische Sofa, während die dunklen Holzstühle mit gelbem Baumwollsatin bezogene, schwarz applizierte Sitzkissen aufweisen.

⑥ Eine zitronengelb-cremefarben gewürfelte Patchworkdecke aus Baumwollpopelin ziert den runden Tisch.

⑦⑧ Ein schlichter Eßzimmerstuhl mit ovaler Lehne hat einen eleganten Bezug aus schwarz paspeliertem Baumwollrips bekommen.

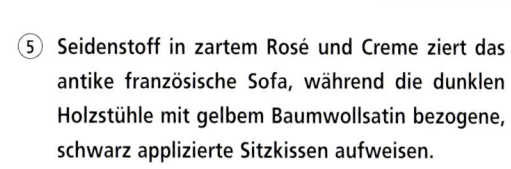

1 Ein Stück Stoff für die Tischplatte zuschneiden; in diesem Fall mißt es 152,5 cm x 102,5 cm, da ringsum 2,5 cm Nahtzugabe berechnet wurde.

2 Blende: Sechs Stoffbahnen à 80 cm Länge zuschneiden (zwei pro Breitseite, eine pro Schmalseite des Tisches).

3 Für die Blende einer Breitseite zwei der sechs Bahnen an der kürzeren Kante rechts auf rechts zusammensteppen; für die andere Breitseite wiederholen. Nähte ausbügeln.

4 Kellerfalte in der Mitte der Breitseite: Das zusammengesteppte Stoffstück mit der rechten Seite nach oben flach ausbreiten. An der Nahtstelle rechts der Naht eine breite Falte von 10 cm und ebenso links der Naht eine breite Falte von 10 cm legen; die Naht befindet sich also in der Mitte. Festbügeln.

5 Um die Kellerfalte zu fixieren, legt man den Stoff rechtsseitig aus und klappt die rechte Falte über die linke. Eine 7,5 cm lange vertikale Naht im zentralen Bruch anbringen; die rechte Falte wieder zurückschlagen. Dasselbe mit der linken Falte wiederholen.

TISCHDECKE MIT KELLERFALTEN

Materialien

Grundausstattung (siehe Seite 176)
Für einen 72,5 cm hohen Tisch mit einer Platte von
1,5 m x 1 m benötigt man:
7 m Stoff, der 135 cm breit liegt
Stecknadeln
6 Zierspangen

6 Die Blende für die Breitseite mit der rechten Seite nach oben ausbreiten; zu beiden Seiten der zentralen Falte mit Stecknadeln 0,75 m Entfernung markieren.

7 An jedem Ende der Stoffbahn jeweils eine Kellerfalte legen; die Stecknadel markiert den Beginn der ersten Falte. Dazu schlagen Sie zuerst eine 10 cm breite Falte ein, daneben dann eine 11,25 cm breite Falte, die bereits 1,25 cm Nahtzugabe enthält. Eventuell überstehenden Stoff wegschneiden. Festbügeln.

8 Die Schritte 4 bis 7 an der zweiten Breitseite wiederholen; dieses Stück zunächst weglegen und eine der beiden in Schritt 2 angefertigten Schmalseiten zur Hand nehmen, rechtsseitig ausbreiten und in der Mitte falten. Markieren Sie mit Stecknadeln die beiden Punkte, die jeweils rechts und links 43 cm von der Mittelfalte entfernt liegen.

9 An der Stecknadelmarkierung beginnend, wird die Doppelfalte angesetzt; das gilt für beide Seiten. Die obenliegende Falte ist 10 cm breit, die darunterliegende 11,25 cm, da darin bereits die Nahtzugabe von 1,25 cm enthalten ist. An jeder Seite die überstehenden 1,25 cm abschneiden. Die Falten festbügeln.

Elegante Tischdecke mit tiefen Kellerfalten aus bedrucktem Fortuny-Stoff.

11 Wie in Schritt 5 gezeigt, wird auch die Eckfalte mit einer 7,5 cm langen vertikalen Naht fixiert. Dies wiederholt man an den drei übrigen Ecken. Entsprechend den Schritten 8 bis 11 werden alle anderen Teile der Blende zusammengefügt.

10 Legen Sie rechts auf rechts die Schmalseite auf die Breitseite, so daß die Falten aufeinandertreffen und die 1,25 cm breiten Nahtzugaben übereinanderliegen. Feststecken, heften und absteppen.

12 Oberseite mit der Blende verbinden: Sowohl die Oberseite als auch die Blenden auf die linke Seite drehen; beginnen Sie an einer Ecke, und stecken Sie die beiden Teile mit 1,25 cm Nahtzugabe aneinander, dann zusammenheften und absteppen. Eventuell noch überstehenden Stoff zurückschneiden; die Schnittkanten mit der übersteppten Naht versäubern (siehe Seite 18Q).

13 Die Blende säumen: Die Unterkante der Blende 7,25 cm nach innen umschlagen und festbügeln. Umschlag wieder aufklappen und die Hälfte einschlagen, den Saum mit dem Saumstich befestigen. Zum Schluß bringen Sie von Hand am oberen Ende einer jeden der sechs Kellerfalten die Zierspangen an.

① Das Eßzimmer ist mit einem Sofa mit hoher Rückenlehne sowie dazu passenden Stühlen ausgestattet. Die Sitzmöbel sind einheitlich mit cremefarbenem Baumwollmatelassé bezogen. Das Licht wird durch Rollos gefiltert; Vorhänge aus bedrucktem Chintz vervollständigen die Fensterdekoration.

② Ungewöhnlich lange Bänder halten die gestreiften Sitzpolster der antiken Stühle.

③ ④ Das Frühstückszimmer ist mit bemalten Kiefernpaneelen aus dem 18. Jahrhundert, mit einem hochbeinigen Shaker-Stuhl, wuchtigen Korbsesseln und einem mit Kerzen bestückten Kronleuchter ausgestattet. Die Tischdekoration besteht aus einem Texturen-Mix aus grobem Juteleinen oder Rupfen und feinem weißen Leinen, das eine besondere Note in die Gestaltung bringt.

②

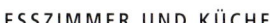

einen harten Bodenbelag entscheiden, so läßt sich der Eßbereich immer noch durch einen Teppich gemütlicher gestalten. Wählen Sie einen Teppichboden, dann empfiehlt sich in jedem Fall ein fleckenunempfindlicher, da beim Essen, gerade mit Kindern, öfter mal etwas »danebengeht«. Zu diesem Zweck eignen sich kleingemusterte oder melierte Böden im Tweed-Look, ein festes Florgewebe und eine pflegeleichte Faser mit einer speziellen Imprägnierung. In Küchen mit Eßbereich oder sehr stark beanspruchten Eßzimmern können nur ausgesprochen strapazierfähige und pflegeleichte Textilien eingesetzt werden. Die in Küche und Eßbereich verwendeten Stoffe sollten Fettdünsten, Hitze und Wasserdampf standhalten, die beim Kochen unweigerlich entstehen. Auch häufiges Waschen darf den Stoff nicht beeinträchtigen, denn bei ungezwungenen Mahlzeiten im Kreis der Familie wird sich der eine oder andere Fleck nicht vermeiden lassen. Die Stoffdekorationen sollten in einer hauptsächlich von der Familie genutzten

STUHLBEZUG MIT SONNENBLUMEN-APPLIKATION

Materialien

Grundausstattung (siehe Seite 176)
Etwa 2 m Stoff pro Stuhl
Kontrastierender Stoff für die Paspel und das applizierte
Motiv
Paspelschnur
Aufbügelbares Haftvlies

1 Die Höhe des Stuhls vom Boden bis zur Oberkante der Rückenlehne (A) und die Breite der Rückenlehne (B) abmessen. Mit ringsum 1,25 cm Nahtzugabe ein entsprechendes Stoffstück zuschneiden.

2 Auf der Stuhlvorderseite die Tiefe der Sitzfläche und die Höhe der Rückenlehne von der Sitzfläche aus abmessen; mit ringsum 1,25 cm Nahtzugabe entsprechendes Stoffstück zuschneiden.

3 Für die Blenden die Länge und Breite der seitlichen Kanten sowie der Vorderseite des Stuhls unterhalb der Sitzfläche ausmessen; Abstand zwischen Sitzfläche und Boden (C) sowie zwischen den Außenkanten der beiden Stuhlbeine (D) abmessen. Mit ringsum 1,25 cm Nahtzugabe entsprechend diesen Maßen drei Teile zuschneiden.

4 Ausreichend Paspel anfertigen (siehe Seite 181), um das in Schritt 2 zugeschnittene Teil sowie die Blenden einzufassen.

5 Das Applikations-Motiv auf das Haftvlies bügeln und anschließend ausschneiden.

6 Das Motiv in der Mitte des rückwärtigen Bezugs feststecken und von Hand festnähen.

7 Bei dem in Schritt 2 zugeschnittenen Teil die Nahtzugabe einschlagen und festbügeln. Entlang des gefalteten Bruchs die Paspel schnittkantengleich feststecken und anheften; anschließend von Hand festnähen.

Gelb-weißer Baumwollstoff paßt ausgezeichnet zu den weiß gestrichenen Rattan-Sesseln; ein einfacher Holzstuhl bekommt durch den losen Leinenbezug mit applizierter Sonnenblume ein elegantes Aussehen.

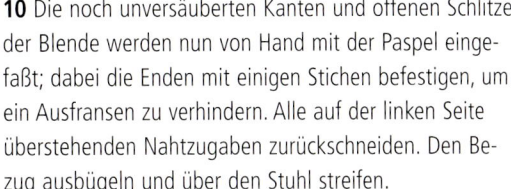

9 Die vordere mit den beiden seitlichen Blenden rechts auf rechts zusammenfügen, feststecken und heften; bis zur halben Höhe aneinandersteppen. Die offenen Schlitze werden in Schritt 10 mit der Paspel eingefaßt. Dann verbindet man die Blende mit der Vorderseite des Bezugs, indem die beiden Teile rechts auf rechts entlang des Bruchs der Nahtzugabe aufeinandergesteckt und zusammengeheftet werden. Die Naht mit der Maschine ein winziges Stückchen neben der Steppnaht der Paspel schließen; auf die rechte Seite wenden und Naht ausbügeln.

10 Die noch unversäuberten Kanten und offenen Schlitze der Blende werden nun von Hand mit der Paspel eingefaßt; dabei die Enden mit einigen Stichen befestigen, um ein Ausfransen zu verhindern. Alle auf der linken Seite überstehenden Nahtzugaben zurückschneiden. Den Bezug ausbügeln und über den Stuhl streifen.

8 Vorder- und Rückseite des Bezugs rechts auf rechts aufeinanderlegen; feststecken und heften. Bis zu dem Punkt, wo Rückenlehne und Sitzfläche zusammentreffen, feststeppen; nach rechts wenden und Nähte ausbügeln.

①

②

③

④

⑤

Wohnküche weniger aufwendig als in einem eleganten Speisezimmer ausfallen; so lassen sich kurze Gardinen schneller abnehmen und waschen als bodenlange Vorhänge. Üppige Wolkenrollos und aufwendige Drapierung oder Querbehänge sind hier nur Staubfänger; praktischer sind einfache Falt- oder Springrollos aus speziell beschichtetem, abwaschbarem Material. Rollo oder Vorhang sollten nicht länger als das Fensterbrett sein und nie in die Nähe der Herdplatten gelangen können.

Aber neben der Fensterdekoration und Tischtüchern gibt es in Küche und Eßzimmer noch viele andere Möglichkeiten, mit Stoffen zu gestalten. Stoffe bringen Kontraste in der Textur in einen Bereich, der von harten Oberflächen beherrscht wird. Mit Stoffen lassen sich oft dringend notwendige Farbakzente setzen, die die Gestaltung entweder kontrastieren oder optisch zusammenführen. Geschickt ausgewählte Blickfänge können einem leblosen, neutralen Look Leben einhauchen, einer trüben Atmosphäre Glanzlichter aufsetzen, Ruhe in einen zu lebhaften Raum bringen, ein kühl wirkendes Arrangement wärmer gestalten oder einer warmen Gestaltung Kühle verleihen. Bei der Planung der Farbgestaltung von Küche und Eßbereich sollte man neben den allgemeinen Erwägungen bezüglich der Größe, der Form und des Stils des Raumes noch ganz spezielle Punkte berücksichtigen.

Planen Sie eine komplett neue Küche oder Eßzimmer, dann bedenken Sie, daß Sie damit eine ganze Zeitlang leben müssen. Einbauteile, Arbeitsflächen und freistehende Möbel wie etwa Anrichten werden eine große Rolle spielen. Bedenken Sie, daß dunkle Möbelstücke, die sich über eine gesamte Wand ziehen, leicht erdrückend wirken; auch an wuchtigen Regalwänden hat man sich schnell sattgesehen. Mit Stoffen lassen sich solche Flächen auflockern und freundlich gestalten.

In einer Wohnküche herrscht durch den Herd meistens wohlige Wärme. Deshalb eignen

sich in diesem Bereich kühle Farbtöne für die größeren Flächen; warme Farben lassen sich dann als Kontrast für kleinere Flächen einsetzen. Handelt es sich um einen kleinen Raum, den man größer erscheinen lassen möchte, wählt man ebenfalls kühle, zurückhaltende Farben; die Stoffe sind Ton-in-Ton gehalten; Boden, Wände und Fensterdekoration sollten ebenfalls Ton-in-Ton sein. Auf diese Weise wirkt der Raum größer. Allerdings sollte man mithilfe kontrastierender Texturen den Eindruck von Uniformität vermeiden. Möchte man hingegen einen großen Raum kleiner und gemütlicher

(8)

(6)

(7)

① Der rustikale Eßtisch in einem alten Landhaus wird von einem Tischtuch mit Spitzenborte geziert.

② Mit strapazierfähigem bedrucktem Baumwollstoff kann man auch Regale und Vitrinen auskleiden. Der Stoff bietet einen idealen Hintergrund für das antike Geschirr und Glas.

③ Die bequemen Ohrensessel tragen lose Bezüge aus cremefarbenem Leinen.

④ Der in satten Grüntönen gemusterte Leinenbezug schmückt den einfachen Eßzimmerstuhl. Die Vorhänge bestehen aus Jacquard-Webstoff.

⑤ Die Wollvorhänge im Tartan-Look sind an einer schmiedeeisernen Stange befestigt und zieren das Eßzimmerfenster eines Landhauses. Die Stühle im Windsor-Stil sind mit im selben Stoff bezogenen Sitzpolstern ausgestattet.

⑥ Die Serviette aus grobem Webstoff wird ganz im Landhausstil mit einem aus dünnen Zweigen geflochtenen Ring zusammengehalten.

⑦ Karierter Baumwollstoff sieht immer appetitlich frisch aus. Die ebenfalls blau-weißen Servietten haben einen gefransten Rand.

⑧ Viele unterschiedliche Servietten und Geschirrtücher sind unter dem Küchenregal drapiert, auf dem blau-weißes Porzellan zur Schau gestellt ist.

97

erscheinen lassen, verwendet man dunklere, warme Farben; der Bodenbelag kann durchaus gemustert und die Wände können schabloniert sein; die Fensterdekoration sowie die Accessoires dürfen als Blickfang dienen.

Bei der Entscheidung für einen bestimmten Stil kann ein besonderer Ausgangspunkt sehr hilfreich sein: etwa ein interessantes Accessoire oder ausgefallene Küchenutensilien. Vielleicht entscheiden Sie sich für eine monochrome moderne Gestaltung, in der Schwarz, Weiß und Grau vorherrschen; dazu passen Küchenmöbel mit glänzenden Oberflächen, ein genoppter Gummiboden, Regale im Industriedesign, Edelstahlaccessoires, ein verchromter Servierwagen und Alu-Jalousetten an den Fenstern. Zusätzlich setzt man Farbakzente und bricht die harten Oberflächen mit Accessoires auf. Um einen skandinavischen Stil zu erzeugen, wählen Sie Schränke oder Arbeitseinheiten mit gutem Design aus einer Kombination von glänzendem Laminat und warmem Holz. Als Farbakzente sollten Sie Blau-Gelb in Erwägung ziehen; Stoffe – ein Karo- oder Streifenmuster paßt ausgezeichnet in eine solche Gestaltung – können Sie bei der Fensterdekoration und anderen Accessoires einsetzen. Eine mediterrane Wirkung erzielen Sie durch Terrakottafliesen, rauh verputzte Wände und Möbel aus naturbelassenem Holz. Farbakzente lassen sich durch Terrakottagefäße schaffen, in denen Kräuter aufbewahrt werden.

Die Fensterdekoration sollte man schlicht halten; innen angebrachte Holzläden sind geeignet, ebenso Springrollos oder ganz glatt aufgehängte Bahnen von Musselin, Kaliko oder einem anderen offenmaschig gewebten, lichtdurchlässigen Stoff, der einfach über eine Stange drapiert wird. Auch geeignet sind gebleichter Kanevas, Naturleinen oder karierter Seersucker.

Bevorzugt man den Landhausstil, entscheidet man sich gegen Einbauelemente und für freistehende Möbelstücke, vielleicht aus verschiedenen Holzarten, die sich ausgezeichnet mit allen

natürlichen Texturen sowie neutralen oder pastelligen Farben kombinieren lassen. Sowohl bemaltes als auch naturbelassenes Holz kann in einer Küche hervorragend aussehen; die verschiedenen Elemente einer solchen Gestaltung lassen sich auf viele unterschiedliche Arten miteinander verbinden: So kann man Küchenstühle sowohl mit einem Sitzkissen als auch mit einem Rückenpolster ausstatten; lose Bezüge lassen den ganzen Stuhl verschwinden. Glasscheiben in Schranktüren können mit gefälteten Gardinchen versehen werden; auch Schubladen, Besteckkästen und Körbe lassen sich mit Stoff auskleiden.

In der Küche werden eine Vielzahl von Textilien benötigt: Schürzen, Topflappen, Geschirrtücher, Ofenhandschuhe, Kaffeekannenwärmer, Eierwärmer, Servietten, Auskleidungen von Brotkörben, Klammerbeutel, Bezüge von Bügelbrettern und viele Accessoires mehr kann man mit dem Porzellan, dem Glas, den Töpfen, den Arbeitsflächen, den Vorratsbehältern und so weiter in Einklang bringen. Dabei kann man alles genau aufeinander abstimmen oder sich bewußt für eine kunterbunte Mischung der unterschiedlichsten Farben, Muster und Texturen entscheiden.

① **Attraktive Tischdecke bestehend aus zwei Lagen. Die feine spitzengesäumte Unterdecke dient als Blickfang und wird von dem robusteren karierten Ginghamtuch geschützt.**

② **Cremefarbene Leinenvorhänge in Kombination mit einer gebogten Schabracke aus rosafarbenem Toile de Jouy. Die beiden Farben treffen sich in der karierten Tischdecke wieder.**

③ **Bogenförmige Terrassentüren zieren einen achteckigen Frühstückserker. Die beigefarbenen Leinenvorhänge werden an einer Holzstange geführt.**

④⑤ Das hohe Eßzimmer beherbergt vier separate Tische. Sie alle sind mit Tischtüchern aus rohem beigefarbenen Leinen und rotkariertem Leinen-Gingham gedeckt. Das Tischtuch im Vordergrund besteht aus einem Raffiabast-Quadrat, das mit Leinen eingefaßt wurde. Auch die Serviettenringe sind aus Bast gefertigt.

⑥ Dicke Kissen, bezogen mit bedrucktem Leinen, füllen den Fenstersitz eines alten Landhauses. Die rotkarierten losen Bezüge wirken frisch und einladend.

⑦ Ein kräftig kariertes Tischtuch dominiert die mit Toile de Jouy bezogenen Stühle. Die gestreiften Baumwollvorhänge finden sich in den Schranktüren wieder.

④

⑥

⑤

⑦

1 Die Tischplatte ausmessen und an allen vier Seiten beliebig Stoff für den Überhang zugeben. Für die Kante benötigen Sie vier Stoffstreifen; kalkulieren Sie so, daß jeder Streifen beidseitig mit einem halben Bogen abschließt, der mit dem halben Bogen des jeweils angrenzenden Streifens auf Stoß zusammengenäht wird.

2 Um eine Kante anzufertigen, legen Sie rechts auf rechts zwei Stoffstreifen aufeinander; an einer Längsseite zusammenstecken. Achten Sie darauf, daß der Muster-anschluß paßt. Mit Stift und Lineal längsseits in der Mitte des Streifens einen Strich anbringen. Auf diese Weise auch die drei anderen Kanten anfertigen.

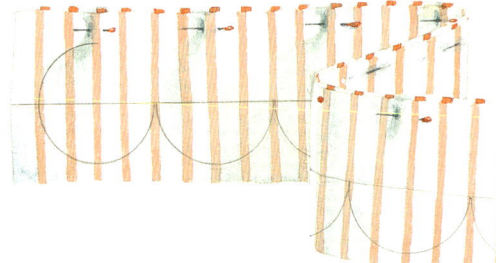

3 Mithilfe einer runden Schablone wie einer Tasse oder einem Glas zeichnen Sie die Bogen auf die Stoffstreifen; der in Schritt 2 angebrachte Strich dient dabei der Orientierung.

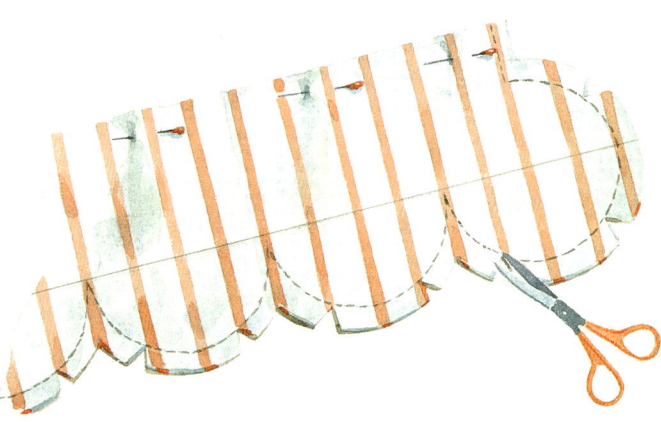

4 Schneiden Sie die Bogen mit 1,5 cm Nahtzugabe aus; an den Rundungen bringen Sie Schnitte an, damit der Stoff sich nicht wellt. Jede Kante endet mit einer dreiviertel Rundung. Feststecken und entlang der Linie absteppen.

Ein altes Leinentuch mit Monogramm wird mit der gebogten Kante aus gestreifter Baumwolle zu einer eleganten Tischdecke.

5 Die Kante nach rechts wenden und ausbügeln. Für die anderen Kanten wiederholen.

6 Kanten zusammensetzen: Die Kanten zweier dreiviertel Rundungen auf Stoß zusammennähen, wobei das überflüssige Viertel der Rundung umgeschlagen wird. Achten Sie darauf, daß der Musteranschluß paßt, und nähen Sie die beiden Teile von Hand zusammen (siehe Seite 180); Naht ausbügeln.

TISCHDECKE MIT GEBOGTER KANTE

Materialien

Grundausstattung (siehe Seite 176)
Hauptstoff für die Tischdecke
Kontrastierender Stoff für die gebogte Kante
Schablone für die Bogen (z.B. ein Glas,
eine Tasse oder ein Teller)
Langes Lineal, Filzstift

7 Der Hauptstoff sollte nun ringsum 1,5 cm größer sein als die Fläche innerhalb des Kantenrechtecks. Stecken Sie den Hauptstoff zwischen die beiden Stofflagen der Kante, die noch offen sind, wobei Sie gleichzeitig die Schnittkante der Randverzierung nach innen umschlagen; an allen vier Seiten feststecken und heften. Nähen Sie mit kleinen Stichen auf beiden Seiten die Randverzierung und das Tischtuch zusammen.

101

Das Schlafzimmer befindet sich in der Regel abseits des familiären Trubels und wird auch weniger beansprucht als die meisten anderen Räume; deshalb kann man bei der Gestaltung dieses Zimmers die praktischen Erwägungen ein wenig in den Hintergrund stellen. Im Schlafzimmer kommen empfindliche, feine Stoffe, zarte Farben und opulente Drapierungen besonders gut zur Geltung. Für die meisten von uns ist das Schlafzimmer mehr als nur der Ort zum Schlafen; es ist ein friedlicher Winkel, in den man sich zurückziehen kann und wo man Ruhe findet. Und gerade weil es sich um einen so persönlichen Raum handelt, sollte auch die Gestaltung die ganz persönlichen Bedürfnisse und Vorlieben des Benutzers widerspiegeln.

Manche Schlafzimmer sind mit dem Badezimmer oder einem Ankleideraum verbunden. In diesem Fall kann man die beiden Bereiche optisch ineinander übergehen lassen, um den Eindruck von Weitläufigkeit und Kontinuität zu erwecken. Diese Wirkung erzielt man etwa durch die Verwendung eines durchgängigen Bodenbelags, den man je nach Bereich mit individuellen Teppichen versehen kann. Man kann ebenso den Stoff der Bettwäsche für die Vorhänge des Schlafzimmers und des Bads verwenden oder die Tapete des Schlafzimmers als schmales Fries im Bad wiederholen.

Das Schlafzimmer dient in erster Linie der Erholung und Entspannung, und deshalb sollte die Gestaltung nicht zu anregend sein. Vermeiden Sie leuchtende Farben, lebhafte Muster und glänzende Oberflächen; wählen Sie statt dessen harmonische Farbklänge wie etwa Blau-, Grün- oder Lavendeltöne in Verbindung mit Weiß für ein elegantes Interieur, Apricot-, Gelb-, Grün- oder Blautöne für einen fröhlichen mediterra- nen Look oder Pink- und Pfirsichtöne zusammen mit Creme für eine warme, intime Atmosphäre. In jedem Fall eignen sich für Schlafzimmer monochrome Ton-in-Ton-Abstufungen einer Grundfarbe. Bedenken Sie dabei, daß dunkle Farben Licht schlucken und bestimmte Farbtöne wie etwa gelbgrüne Schattierungen abends bei schlechter Beleuchtung stumpf und düster aussehen. In der Regel verfügen Schlafzimmer nur über eine reduzierte Hintergrundbeleuchtung, die durch einzelne, bewußt plazierte Lichtquellen wie etwa die Nachttischlampe unterstützt wird.

Bei der Auswahl der richtigen Farbe sollten Sie sich der Farbpalette Ihres Malers bedienen. Haben Sie sich für die Grundfarbe entschieden, wählen Sie für den Boden eine dunklere Schattierung, für die Wände eine mittlere Schattierung, für die Decke eine ein bis zwei Abstufun-

Schlafzimmer

Gegenüber **Das imposante amerikanische Bett aus dem 18. Jahrhundert wird von einem einfachen Baldachin aus feinem Leinen geschmückt.**

①

① Detail des Vorhangs, der das eichene Bett ziert. Das grobe Juteleinen ist mit feinem weißen Leinen mit Hohlsaum unterlegt, das mit Knöpfen an dem Hauptstoff befestigt ist und auf diese Weise leicht zum Waschen abgenommen werden kann.

② Die Vorhänge aus grobem Rupfen oder Juteleinen umschließen das rustikale Eichenbett.

③ Das einzige Muster in diesem Schlafzimmer ist das gemalte braun-cremefarbene Schachbrett an den Wänden, das die Wirkung eines strengen altertümlichen Freskos erzeugen soll. Die Bettbezüge bestehen aus feinem weißen Leinen mit Hohlsaum, ebenso das Tischtuch im Vordergrund. Die Strenge der Gestaltung wird von dem Kerzenleuchter aus dem 18. Jahrhundert unterstrichen.

④ Das ländlich wirkende karierte Tuch ist an einem Zweig befestigt und schmückt das Betthaupt. Die weiße, mit blauen Streifen verzierte Decke aus indischer Baumwolle dient im Sommer zum Zudecken.

②

③

gen hellere Schattierung als für die Wände und für zu bemalendende Holzflächen die hellsten Töne.

Sie können bei den Vorhängen, den Bettdrapierungen und der Bettwäsche die Grundfarbe mit Stoffen ergänzen, die in ihrem Muster verschiedene Abstufungen dieser Grundfarbe aufweisen, oder sich für ein Muster in kontrastierenden Farben entscheiden, die je nach Grundfarbe warm, kalt oder neutral sind. Dieser Kontrast sollte sich auch in den Accessoires wiederfinden.

Eine neutrale Grundfarbe sorgt in jedem Fall für eine entspannende Atmosphäre. In ein helles Schlafzimmer passen weiße Wände, weißes Holz, eine weiße Decke und ein stark strukturierter, gequilteter oder gesteppter Bettüberwurf in gebrochenem Weiß. Die Fenster lassen sich in solch einem Interieur mit Rattanrollos und Vorhängen dekorieren, während der Boden aus Sisal oder Binsen bestehen könnte. Um Akzente zu setzen, sollte man einige Möbelstücke in einem hellen Grünton anmalen.

In einem großen Raum kann das Bett den Mittelpunkt darstellen. Die Gesamtwirkung der

Gestaltung hängt dann stark von der Dekoration des Bettes ab. Um das Bett zu betonen, sollte es sich farblich von seiner Umgebung absetzen. Wählen Sie zum Beispiel für die Bettwäsche und die Drapierungen ein großzügiges Muster, während Boden und Wände einfarbig gehalten werden. Oder kehren Sie das Prinzip um, und verwenden Sie für Bettwäsche und Drapierungen einen ungemusterten Stoff, den Sie mit einem gemusterten einfassen oder paspelieren; auch Boden und Wände können dann ein zartes Muster aufweisen. In einem kleinen Raum sollten Sie sich auf wenige Farben beschränken, so wirkt er größer. Kontraste können durch unterschiedliche Texturen geschaffen werden.

Bei der Gestaltung des Schlafzimmers sollten Sie auch die Decke berücksichtigen. Wollen Sie einen Raum höher erscheinen lassen, dann sollten Sie die Decke einen oder zwei Töne heller streichen als die Wände oder eine zarte Farbe aus dem Muster der Tapete wiederholen. Haben Sie für die Wände ein kleines Muster gewählt, dann können Sie damit auch die Decke tapezieren oder bespannen; das wirkt ganz besonders gut bei schrägen Wänden. Allerdings sollte es sich um ein ungerichtetes Muster handeln; bei einem ausgerichteten Muster wird die Sache sehr viel komplizierter. Vermeiden Sie bei schrägen Wänden Bordüren und ähnliche Verzierungen, es sei denn Sie wollen ganz bewußt gerade diese Besonderheit hervorheben.

Der Vorteil von Stoffen, die zu Bettdrapierungen verwendet werden, besteht darin, daß sie nicht so teuer, lichtecht, fleckenabweisend und strapazierfähig sein müssen wie die anderen Dekorationsstoffe; auch Kleiderstoffe eignen sich in vielen Fällen. So kann man aus günstigem Futterstoff, der in vielen Farben erhältlich ist, Vorhänge herstellen. Futterstoff verfügt über einen wunderschönen Schimmer, der das Licht reflektiert. Aus günstigen Laken lassen sich herrliche Drapierungen schaffen; Laken sind in vielen Farben und in allen nur erdenklichen

④

Nach der folgenden Anleitung werden sowohl die Vorhangschals als auch der Baldachin angefertigt. Der Baldachin ist mit Schleifen am Rahmen, die Vorhangschals sind mit Schlaufen am Rahmen befestigt.

1 Für den Baldachin messen Sie Länge und Breite des Bettes und addieren ringsum 4,5 cm Nahtzugabe. Dementsprechend Stücke aus beiden Hauptstoffen zuschneiden. Stoff zusammensteppen, falls die Breite nicht ausreicht.

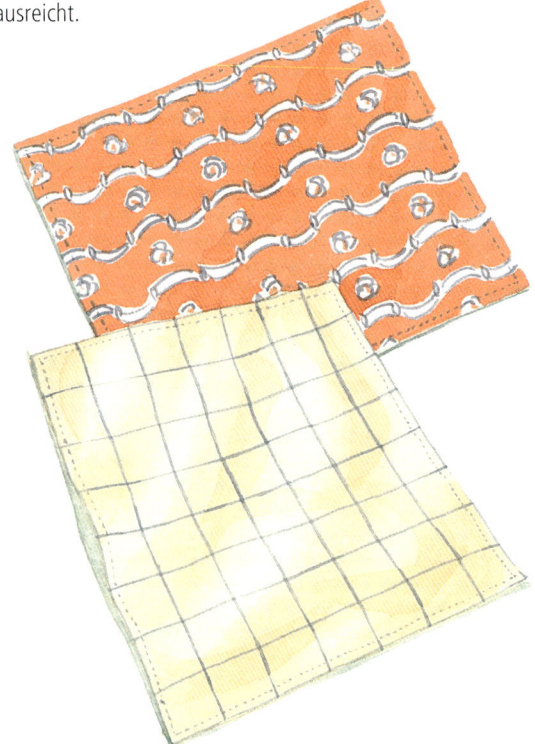

2 Für die sechs Vorhangschals und den rückwärtigen Schal die entsprechende Bettseite ausmessen und jeweils ringsum 4,5 cm Nahtzugabe addieren. Entsprechende Stücke aus beiden Hauptstoffen zuschneiden.

3 Für den Besatz des ersten Vorhangschals aus den kontrastierenden Stoff einen 5 cm breite Schrägstreifen zusammensetzen, der zum Einfassen des Schals ausreicht. Den Streifen längsseits in der Mitte links auf links knicken, festbügeln.

Große Karos werden mit einem gemusterten Stoff kombiniert.

4 Für die Schlaufen des ersten Vorhangschals aus dem kontrastierenden Stoff fünf Streifen à 20 cm Länge und 4,5 cm Breite zuschneiden; entlang der langen Kanten 0,75 cm einschlagen und festbügeln. Dann die Streifen längsseits in der Mitte links auf links knicken; festbügeln und absteppen. Ebenso fertigt man die 16 Schleifen an, mit denen der Baldachin am Rahmen befestigt wird. Jede Schleife 70 cm lang und 3,75 cm breit zuschneiden; das offene schmale Ende doppelt einschlagen und von Hand schließen.

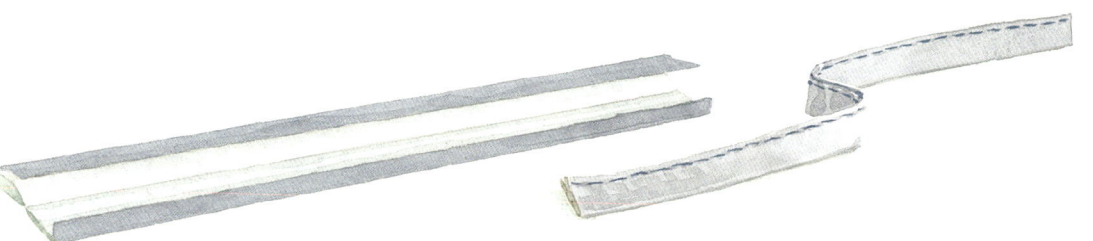

5 Den gemusterten Hauptstoff mit der rechten Seite nach oben ausbreiten und die kontrastierende Verzierung mit dem Stoffbruch nach außen entlang der Kanten auflegen; feststecken und anheften. (Die Zeichnung unten zeigt den Baldachin. An jeder Ecke auf der Schmalseite je eine Schleife plazieren; die restlichen Schleifen gleichmäßig an allen Seiten verteilen.) Die Schleifen durch die Verzierung fädeln (siehe Detailzeichnung unten links); feststecken und heften. Die Schlaufen der seitlichen Vorhangschals und des rückwärtigen Schals nur an der Oberkante befestigen (siehe Zeichnung unten rechts).

BALDACHIN UND BETTVORHÄNGE

Materialien

Grundausstattung (siehe Seite 176)
Gemusterter Stoff für sechs Vorhangschals, einen rückwärtigen Schal und einen Baldachin
Karierter Stoff für sechs Vorhangschals, einen rückwärtigen Schal und einen Baldachin
Etwa 5 m kontrastierender Stoff zum Einfassen der Kanten und Anfertigen der Schleifen

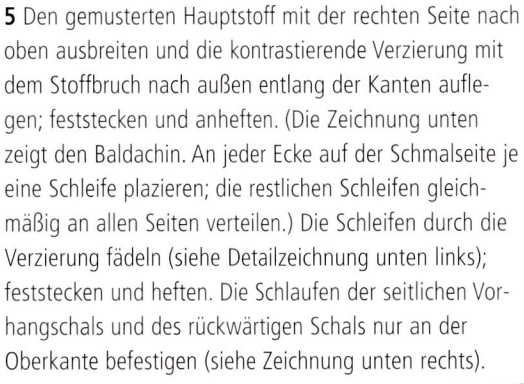

6 Das karierte Stück aus dem Hauptstoff rechts auf rechts auf das gemusterte legen, entlang der vier Kanten einschließlich der kontrastierenden Verzierung feststecken, heften und zusammensteppen, wobei eine Öffnung zum Wenden auf die rechte Seite erhalten bleibt. Die Schleifen oder Schlaufen befinden sich zwischen den beiden Stofflagen. Nach rechts wenden, verbliebene Öffnung von Hand schließen und das Ganze ausbügeln.

7 Binden Sie den Baldachin mit den Schleifen am Rahmen fest; die Schlaufen der Vorhangschals und des rückwärtigen Schals werden auf die abmontierte Stange gefädelt.

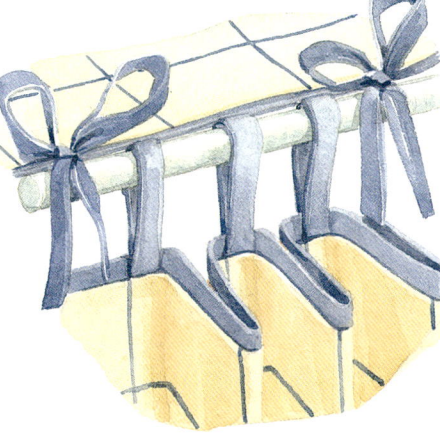

① Der gestreifte Baumwollstoff ist mit roten Bändern an den in die Wand geschlagenen Raffrosetten befestigt. Die niedrige Bank im Vordergrund schmückt ein antiker Toile de Jouy.

② Ein hohes Schlafzimmerfenster wurde mit ungefütterten Schalvorhängen dekoriert. Die Baumwolle ist in kontrastierenden Farben gemustert. Eine Tagesdecke aus Baumwolle und Spitzen liegt über dem dicken Federbett.

③ Der Unterbau des Bettes ist mit kariertem Gingham bezogen; so wird aus dem eher unschönen Detail ein attraktiver Blickfang. Der Himmel besteht aus feinem Musselin, der an einer Bekrönung befestigt ist.

(4)

(4) Der Schlafzimmerstuhl trägt einen losen Bezug aus gestreiftem Drillich. Gehalten wird der Bezug von kontrastierendem rosaroten Geschenkband.

(5) Altes Leinen ist heute wertvoll. Hier ziert ein gut erhaltenes Geschirrtuch den Nachttisch.

(6) Ein gewöhnliches rosa-weiß kariertes Tischtuch ist hier kombiniert mit einem antiken bestickten und kunstvoll mit Spitze gesäumten Bettuch aus Schweden.

(7) Das Licht durchdringt die herabhängende Tischdecke aus feinem Musselin; der lose Bezug des bequemen Armsessels besteht aus paspeliertem Drillich.

(6)

Mustern erhältlich: mit Blumenmustern, Pünktchen, unregelmäßigen Tupfen und kleinen geometrischen Mustern. Auf diese Weise erhalten Sie eine zu der Bettwäsche passende Drapierung.

Selbst wenn Ihnen Drapierungen und Baldachine ein wenig zu dramatisch erscheinen, gibt es noch viele andere Möglichkeiten, das Bett auf schlichtere Weise in Szene zu setzen. Während viele von uns heute wieder von einem Pfostenbett mit opulenten Baldachinen und Vorhängen träumen, sind unsere Wohnungen so klein, daß ein solches Bett in den meisten Fällen gar nicht zur Geltung käme – von dem Kaufpreis eines solchen Stückes ganz zu schweigen! Aber wir können unserem Traum trotzdem näherkommen: mit einer zierlichen Lattenkonstruktion, die an den vier Ecken des Bettes befestigt wird. Sie können aber auch den Stoff Ihrer Wahl von an der Decke befestigten Stangen oder Schienen herabhängen lassen. Allerdings müssen die Schienen akkurat entsprechend der Form und Ausrichtung des Bettes positioniert werden, damit das Ganze nicht schief und krumm wirkt.

Sie können auch einen Halbhimmel in Form einer Schabracke mit einer an der Wand oder an der Decke befestigten Doppelschiene anbringen – nach demselben Prinzip wie bereits bei den Fensterdekorationen beschrieben. Die Schabracke dient dazu, die Befestigung der Gardine oder des Vorhangs zu kaschieren. Alternativ dazu läßt sich die Drapierung auch an zwei an der Wand verankerten Stangen befestigen – eine verläuft dabei parallel zum Fußende, die andere parallel zum Kopfende. Die Stangen können bei einem schmalen Bett auch parallel der Längsseiten verlaufen. Auf diese Weise läßt sich ebenfalls die Wirkung der alten Baldachinbetten nachahmen.

Eine hübsche Variante für einen kleinen Raum mit einem schmalen Bett – die übrigens bei Kindern sehr beliebt ist – besteht darin, ein Schrankbett zu bauen. Errichten Sie an einer Wand des Raumes zwei Schrankwände mit der

(5)

(7)

①

②

Tiefe des Bettes; dann schließen Sie die beiden Wände oben mit einer dritten Platte, so daß eine Art Alkoven entsteht. Befestigen Sie an der Querabdeckung eine Schiene oder Gardinenleiste, die sich durch eine Schabracke gut verbergen läßt. An dieser Leiste hängen Sie einen Vorhang oder eine Gardine auf. Auf diese Art kann man sich einen komplett abgeschirmten Schlafplatz schaffen. Diese Konstruktion läßt sich auch als Duschkabine abwandeln, wobei die Vorhänge allerdings wasserbeständig sein sollten. Weitere Ideen für das Badezimmer finden Sie auf den Seiten 130 bis 137.

Es gibt viele unterschiedliche Möglichkeiten, opulente Baldachine und Himmel zu schaffen. Besonders gut kommen solche Arrangements zur Geltung, wenn das Bett an einer großen durchgehenden Wand steht – entweder mit der Längsseite oder mit der Kopfseite. Handelt es sich um einen quadratisch oder rechteckig geschnittenen Raum ohne weitere Blickfänge, kann eine üppige Drapierung über dem Bett für eine aufregende Wirkung sorgen. Die vergangenen Jahrhunderte bieten uns reichlich Inspiration für Bettdrapierungen aller Art. So verfügte

③

① Ein zeltartiger Baldachin aus naturfarbenem Baumwollkrepp, der mit Haken an der Decke befestigt wurde, erhebt sich über dem schmalen Bett, das mit antiken Leinentüchern dekoriert ist.

② Ein Ausschnitt aus den Leinentüchern zeigt wertvolle Stickereien und einen Hohlsaum.

③ Gazeähnlicher Baumwollvoile ziert großzügig die Fenster und das Bett mit dem selbstgebauten Gestell. Der Voile strahlt Kühle aus – gerade das Richtige für einen warmen Raum. Der karierte Matratzenbezug stellt das einzige Muster des Raumes.

das typische Bett im Empire-Stil über ein geschwungenes Kopf- und Fußende und wurde traditionellerweise längs der Wand plaziert. Unmengen von Stoff wurden über die Bettpfosten drapiert oder ergossen sich von einer an der Decke befestigten mächtigen Bekrönung über das Bett. Die Stofffluten wurden oftmals auch von Rosetten, die sich hinter den Kopf- und Fußenden befanden, an der Wand zurückgehalten. Heute lassen sich diese Ideen auf noch einfachere Weise umsetzen: Befestigen Sie über dem Bett eine Stange, eine Schiene oder einfach einen Haken, an dem Sie den mit einer Öse versehenen Stoff fixieren. Der herabfließende Stoff kann an einer Seite des Bettes zusammengehalten werden. Die sogenannten Bekrönungen stellen natürlich eine luxuriöse Variante desselben Prinzips dar. Es handelt sich dabei um an der Wand oder der Decke befestigte, mit Zierleisten versehene Schienen, die die Form eines Halbkreises oder, wie der Name schon sagt, einer Krone aufweisen. Daran werden die Gardinen oder Vorhänge befestigt.

Für welchen Typ von Drapierung Sie sich entscheiden: ein Staubfänger ist es in jedem Fall. Sie werden das Arrangement in regelmäßigen Abständen abnehmen und waschen müssen – bedenken Sie das bei der Wahl der Befestigungsmöglichkeit. Zwischendurch können Sie die Drapierung mit einem speziellen Staubsaugeraufsatz auch absaugen.

Ganz unabhängig davon, wie hübsch man das Bett dekoriert – es muß in erster Linie bequem sein und gesunden Schlaf erlauben. Die Wahl der Bettwäsche ist dem persönlichen Geschmack unterworfen, doch sollte sie sich in jedem Fall auch leicht waschen lassen. Die Laken, Kissen- und Bettdeckenbezüge müssen regelmäßiges Waschen unbeschadet überstehen, während die Bettüberwürfe und Tagesdecken farbecht, formbeständig und speziell für diesen Zweck gedacht sein sollten – Kleiderstoffe eignen sich in diesem Fall weniger.

④

④ Kissen wirken auch auf Betten anheimelnd und gemütlich. Hier eine dicke Rolle und Kissen – mit gestreiftem Seidentaft bezogen und mit blumigen Rüschen versehen – auf einem Laken aus feiner ägyptischer Baumwolle.

⑤ Der französische Fauteuil mit ovaler Rückenlehne trägt einen losen Bezug aus cremefarbener Baumwolle; die Schürze ist paspeliert und angerüscht.

⑥ Der blanke Holzboden und die formalen Stühle mit Metallrahmen stellen einen Kontrast zu der üppigen Drapierung aus bedrucktem Seidentaft dar. Betthaupt und Fußende sind ebenso bezogen.

⑦ Eine mit Quasten versehene Kordel in denselben Pastelltönen hält die opulenten Vorhänge zurück.

⑤

⑦

⑥

①

① Um den Lärm der Stadt aus dem Schlafzimmer zu halten, wurden die Wände dieses Raumes mit Stoff bespannten Paneelen versehen. Die mehr als bodenlangen wollenen Vorhänge mit Futter und Zwischenfutter sowie der dicke Teppichboden aus reiner Schurwolle verstärken die kokonartige Wirkung. Die weiße Bettdekoration wird von den schwarzen Applikationen aufgebrochen.

② Ein raumhoher Vorhang aus beigefarbenem Wollstoff bildet den Hintergrund des Bettes und gibt dem Raum Wärme. Das Betthaupt ist gepolstert und mit demselben Wollstoff bezogen.

③ Das weiße Leinen erzeugt eine moderne Wirkung.

④ Die Schabracke des Bettes in demselben Raum besteht aus feiner ägyptischer Baumwolle, die dreifach mit einer schwarzen Litze abgesetzt wurde. Die doppelte Kellerfalte an der Ecke dient als zusätzliches Schmuckelement.

⑤ Die breiten Nackenrollen auf dem Bett nehmen die Verzierung der Schabracke wieder auf. Auch sie wurden mit der schwarzen Litze dekoriert. Das gepolsterte Betthaupt ist mit weißem Baumwollpopelin bezogen, paspeliert und knopfgeheftet.

②

Schabracken und Staubblenden, die bis zum Boden reichen, eignen sich gut, um häßliche Unterbauten und Gestelle zu verbergen. Häufig dient der Raum zwischen Matratze und Boden ja auch als Stauraum. Da dieser Teil der Bettdrapierung nicht so häufig gewaschen werden muß wie die Bettwäsche selbst, kann er auch aus festerem Stoff bestehen; es gibt viele Möglichkeiten, die Schabracke durch Verzierungen mit der restlichen Bettwäsche in Einklang zu bringen oder sie bewußt zu kontrastieren. Mit Kellerfalten versehene Schabracken wirken sehr elegant, besonders wenn sie andersfarbig eingefaßt oder paspeliert sind. Für die Verzierungen eignen sich festere Stoffe wie Baumwollsatin, Chintz, Drillich, feste Baumwolle, Leinen oder ein Baumwoll-Leinen-Gemisch.

Quilts und Tagesdecken sollten sich dem Stil des Raumes sowie der Form und Größe des Bettes anpassen. Wenn man sich für eine attraktive Bettwäsche entschieden hat, verzichtet man vielleicht auf eine Tagesdecke, doch kann ein Überwurf dem Raum tagsüber eine andere Wirkung verleihen. Hat das Bett Pfosten oder ein festes Kopf- und Fußende, empfiehlt sich ein loser Überwurf. Es gibt auch luxuriösere Varianten, deren Hauptteil aus einer gequilteten Decke besteht, an die eine Schürze oder Schabracke gesetzt wurde, die bis zum Boden reicht und das Bett auf diese Weise komplett versteckt. Die Kanten sind in vielen Fällen paspeliert oder hübsch eingefaßt. Man kann das Bett auch im Schichtenlook dekorieren, indem man gewebte oder gequiltete Überwürfe sowie Wolldecken mit Häkel- oder Spitzendecken und -schals kombiniert und das Ganze mit etlichen Kissen und Nackenrollen dekoriert. Diese Art der Gestaltung verleiht dem Bett eine besondere Wirkung im Raum. Aber für welche Art von Überwurf oder Tagesdecke Sie sich auch entscheiden – Sie sollten immer auch die praktischen Gesichtspunkte der Reinigung berücksichtigen.

③

⑤

④

(1)

(3)

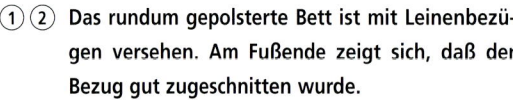

(2)

Für kleine Räume sind schlichte Dekorationen empfehlenswert. Dient ein Bett, etwa im Zimmer eines Jugendlichen, tagsüber auch als Couch, so wählt man am besten ein Tagesdecke aus einem unempfindlichen Stoff, die man tagsüber mit dicken Rollen, die längs gegen die Wand lehnen können, dekoriert; gleichzeitig dienen diese Rollen als Rückenlehne. Außerdem kann man viele bunt bezogene Kissen auf der Bettcouch verteilen. Manchen Betten steht ein Kopf- und/oder Fußende gut; sie sind in vielen Formen und aus vielen Materialien erhältlich. An ein mit Stoff bezogenes Betthaupt lehnt man sich gerne an, und den Bezug kann man an die im Raum bereits vorhandenen Dekorationsstoffe anpassen. Geeignet sind gestreifte, karierte, geometrisch gemusterte oder einfarbige Stoffe, eine Paspelierung betont die Form. Außerdem besteht auch die Möglichkeit, das Betthaupt separat direkt an der Wand hinter dem Bett anzubringen. Oder man befestigt an der Wand in einem gewissen Abstand über dem Bett eine Stange oder Schiene, an der man einen Stoff drapiert, den man entweder glatt hängenlassen, anrüschen, an Ringen oder mit Schleifen anbringen kann. Um sich ein Bild von der geeigneten Form, der Größe und der Wirkung der jeweiligen Drapierung zu machen, ist es empfehlenswert, zunächst eine maßstabsgerechte Skizze des gewünschten Arrangements

(5)

(1) (2) Das rundum gepolsterte Bett ist mit Leinenbezügen versehen. Am Fußende zeigt sich, daß der Bezug gut zugeschnitten wurde.

(3) Detail der gerundeten, mit einer Biese verzierten Ecke einer karierten Baumwolltagesdecke. Die Schabracke erscheint im selben Stoff.

(4) Auch auf dem Betthaupt setzt sich der karierte Stoff fort. Dicke Kissen mit gerüschten Einfassungen vervollständigen das Arrangement.

(5) Die Seesterne und Muscheln wurden auf die Leinenbezüge gestickt. Sie zieren das Schlafzimmer eines Hauses am Meer.

(4)

⑥

⑥ Die Kissen mit den Bezügen aus geblumtem Leinen passen ausgezeichnet zu dem gestreiften Betthaupt.

⑦ Leinen, ein vielseitiger und strapazierfähiger Dekorationsstoff, dient hier als Bezug für den geschwungenen Sessel.

⑧ Beigefarbenes und weißes Leinen beherrscht das helle Schlafzimmer. Die Wände sind mit fein gestreiftem Stoff bespannt, während die üppigen gefütterten und zwischengefütterten Vorhänge einen breiten oberen Faltenabschluß aufweisen.

⑦

⑧

①

②

③

④

① Das Betthaupt eignet sich für alle Arten von Stoffdekorationen. Man kann es mit losen Bezügen versehen oder aufpolstern; es kann sich in das Gesamtarrangement einpassen oder damit kontrastieren. Dieses Betthaupt wurde zu einer originellen Form aufgepolstert und anschließend mit gelb-weißem Karostoff eng bezogen. Die ungewöhnliche Form wird durch die Paspelierung in demselben Stoff betont. Das Kissen ist mit feiner Baumwolle bezogen.

② Dieses Bett ist mit frischen Baumwollaken und einer gewebten Baumwolldecke ausgestattet. Der Vorhang im Hintergrund besteht aus eng gerafftem Musselin an einer weißen Holzstange.

⑤

③ Das Fußende des Bettes aus Abbildung 4. Die schwere Baumwolldecke mit Fransen liegt über dem kariertem Bezug und einem alten Laken mit gestickter Borte, das hier als Staubblende dient.

④ Das Schlafzimmer unterm Dach ist hell und luftig; unterstrichen wird dieser Eindruck von der Rot-Weiß-Kombination und den ländlichen Karos.

⑤ Ein antikes, mit Häkelspitze eingefaßtes Baumwolltuch vor einem mit Hohlsaum bestickten, glatt aufgehangenen Tuch.

⑥ Verschiedene Texturen in weißer Baumwolle.

⑥

anzufertigen. Anschließend sollte man die Drapierung aus einem alten Stück Stoff – einem ausgedienten Laken oder Tischtuch – probeweise herstellen und befestigen, um die Gesamtwirkung zu testen.

Für welchen Stoff Sie sich beim Bezug des Betthauptes auch entscheiden, sollten Sie darauf achten, daß er problemlos zu waschen ist. Ratsam ist in diesem Fall auch ein loser Bezug, den man leicht abnehmen kann. Die Verzierungen und Borten sollten beim Waschen weder ausfärben noch einlaufen, die Haken, Ösen und sonstigen Verschlüsse müssen rostfrei sein, der Stoff sollte in jedem Fall lichtecht sein. In jedem Fall kann man den Bezug des Betthauptes speziell vorbehandeln, so daß er Flecken abweist.

Auch andere Schlafzimmermöbel lassen sich durch Stoff verschönern. So kann man beispielsweise die Glasscheiben eines Kleiderschrankes von innen mit gefälteltem Stoff dekorieren. Versehen Sie dazu ein Stück in Falten gelegten Stoff mit Ösen, und fädeln Sie ihn auf eine Schnur oder einen Draht auf, den Sie an der Innenseite der Schranktür anbringen. Oder befestigen Sie den Stoff einfach mit Reißzwecken im Schrank. Nachttische kann man auf vielerlei Arten mit Stoff dekorieren; kombinieren Sie doch einmal ein bodenlanges gemustertes Tischtuch mit einer kürzeren einfarbigen Tischdecke, und legen Sie darüber wiederum eine Häkeldecke, ein Spitzentuch oder einen transparenten Schleier. Ebenso läßt sich ein Frisiertisch hübsch mit einem gepunkteten Voile, einem feinen Musselin, einem Organza oder einem anderen Schleierstoff dekorieren, den man über einen kräftig gefärbten Chintz drapiert.

Wenn Sie über ein großes Schlafzimmer verfügen, würden Sie vielleicht gern eine gemütliche Sitz- oder Leseecke mit zwei bequemen Sesseln und einem kleinen Tischchen oder einem Ruhebett, einer Chaiselongue oder einer Ottomane – dekoriert mit vielen weichen Kissen – abteilen. Die Kissen sowie die Bezüge der

1 Messen Sie das Betthaupt aus; addieren Sie an der Oberkante und an den Seiten 2 cm, am unteren Ende 4 cm Nahtzugabe. Zwei gleiche Teile aus dem Hauptstoff zuschneiden.

2 Keil für die Tiefe: Die Tiefe und die Kantenlänge des Betthauptes abmessen; mit einer Nahtzugabe von ringsum 2 cm einen entsprechenden Schrägstreifen zuschneiden; falls nötig Streifen zusammensetzen (siehe Seite 181).

3 Ausreichend Paspel (doppelte Kantenlänge des Betthauptes) anfertigen (siehe Seite 181).

4 Ein Stück des kontrastierenden Stoffes auf das Haftvlies bügeln und die Applikation ausschneiden, in diesem Fall ist es ein Stern.

ABNEHMBARER BEZUG FÜR EIN BETTHAUPT

Materialien

Grundausstattung (siehe Seite 176)
Geeignetes Betthaupt
Hauptstoff
Kontrastierender Stoff für die Applikation
Aufbügelbares Haftvlies
Paspelschnur

5 Bringen Sie die Applikation mit kleinen Schlingstichen, die auch gleichzeitig ein Ausfransen des Motivs verhindern, auf der rechten Seite eines der beiden in Schritt 1 zugeschnittenen Teile an.

6 Die Vorderseite des Bezugs an den in Schritt 2 zugeschnittenen Keil rechts auf rechts heften, wobei in die Heftnaht auch gleich die in Schritt 3 angefertigte Paspel gefügt wird. Zusammensteppen und den Vorgang mit der Rückseite des Bezugs wiederholen. Nach rechts wenden.

7 Die Unterkanten des Bezugs 1,25 cm nach innen einschlagen; den Saum von Hand mit dem Saumstich (siehe Seite 178) befestigen. Ausbügeln und über das Betthaupt ziehen.

Das einfache Betthaupt im gotischen Stil ist mit einem Bezug aus strapazierfähigem Baumwollpopelin verkleidet, den ein applizierter Stern schmückt.

① ③

②

① Die geschwungene Form des mit rosa-weißem Baumwolldrillich bezogenen Betthauptes wird durch die Paspelierung betont.

② Beim Beziehen eines gepolsterten Betthauptes muß man den Stoff stets straffziehen, so daß sich das Muster nicht verzerrt. Die Karolinien verlaufen ganz gerade.

③ Kissenbezüge und Laken wirken durch Stickerei persönlicher. Diese Bettwäsche ist mit traditionellen osteuropäischen Kreuzstichmotiven verziert. Das Lavendelsäckchen mit aufgesticktem Herz ist eine gute Geschenkidee.

④ Der leinene Kissenbezug mit der bestickten Rüsche kontrastiert mit dem leuchtenden Gingham.

⑤ Maschinenbestickte Laken und Kissenbezüge werden mit einer applizierten blauen Kante eingefaßt und mit einem antiken Quiltstoff kombiniert.

⑥ Die Farben Rot, Weiß und Blau erscheinen in den verschiedenen Mustern; so schafft man auch bei Muster-Mix Harmonie. Die Staubblende korrespondiert mit dem Rollo, das Rot des mit Rüschen dekorierten Stuhls findet sich in dem Vorleger wieder, das Blau verbindet die schmalen Vorhänge und den gequilteten Bettüberwurf.

④

⑤

⑥

①

③

②

④

⑤

Polster können sich in die Gesamtgestaltung einfügen oder aber kontrastieren und so die kleine Gruppe als einen besonderen Blickfang wirken lassen. Im Kapitel »Accessoires« finden Sie auf den Seiten 148 bis 173 viele weitere Gestaltungsideen für Kissen, Lampenschirme und viele Utensilien mehr, mit denen man dem Schlafzimmer seine ganz persönliche Note verleihen und es in einen besonders anheimelnden, privaten Raum verzaubern kann.

Wenn Sie im Schlafzimmer zusätzlichen Stauraum benötigen, dann sollten Sie die Nischen nutzen, die sich rechts oder links vom Kamin oder in anderen Winkeln des Zimmers befinden können. Von solchen Ecken wird in der Regel viel zuwenig Gebrauch gemacht, obwohl man über zusätzlichen Stauraum eigentlich immer froh ist. Statten Sie diese Nischen ganz einfach mit Regalbrettern aus, und verdecken Sie das Ganze mit einem hübschen Vorhang. Sie können aber auch eine feste Schabracke installieren, an der Sie ein Rollo anbringen. Auch mit einem hübsch bespannten Wandschirm läßt sich eine solche Nische effektvoll kaschieren.

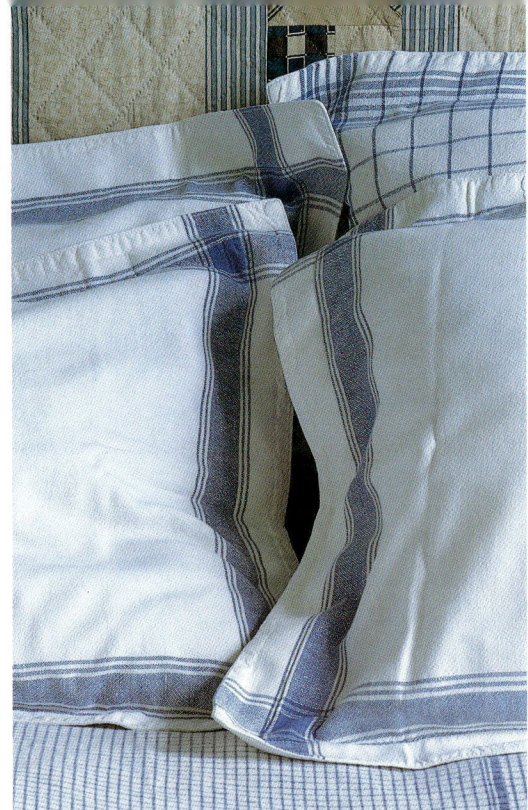

⑧

⑨

⑥

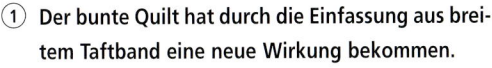

⑦

⑩

① Der bunte Quilt hat durch die Einfassung aus breitem Taftband eine neue Wirkung bekommen.

② Matelassé ist ein schwerer, gequilteter Stoff, der sich auch als Tischdecke eignet.

③ Die Patchwork-Bettdecke harmoniert mit der Baumwoll-Batik, die den Tisch ziert, und dem schweren Baumwollteppich.

④ Ein blau-weiß karierter Kissenbezug mit weißen Schleifen.

⑤ Eine Reihe alter blau-weißer Geschirrtücher hat sich in eine originelle Patchwork-Decke aus gleichgroßen Quadraten verwandelt. Ab und zu sind sogar noch die Fransen zu sehen.

⑥ Der Frisiertisch vor der holzgetäfelten Schlafzimmerwand wird von einer alten, schweren Damastdecke geziert.

⑦ Die Bettwäsche im Stil traditioneller Geschirrtücher wirkt appetitlich und frisch.

⑧ Hier wurden tatsächlich Geschirrtücher zu einer Tagesdecke verarbeitet. Die Schabracke besteht aus gestreifter Baumwolle.

⑨ Die feine Baumwolldecke harmoniert mit der Schabracke, die das Bettgestell verbirgt.

⑩ Ein wunderschöner alter Quilt ziert die Wand dieses ländlichen Schlafzimmers.

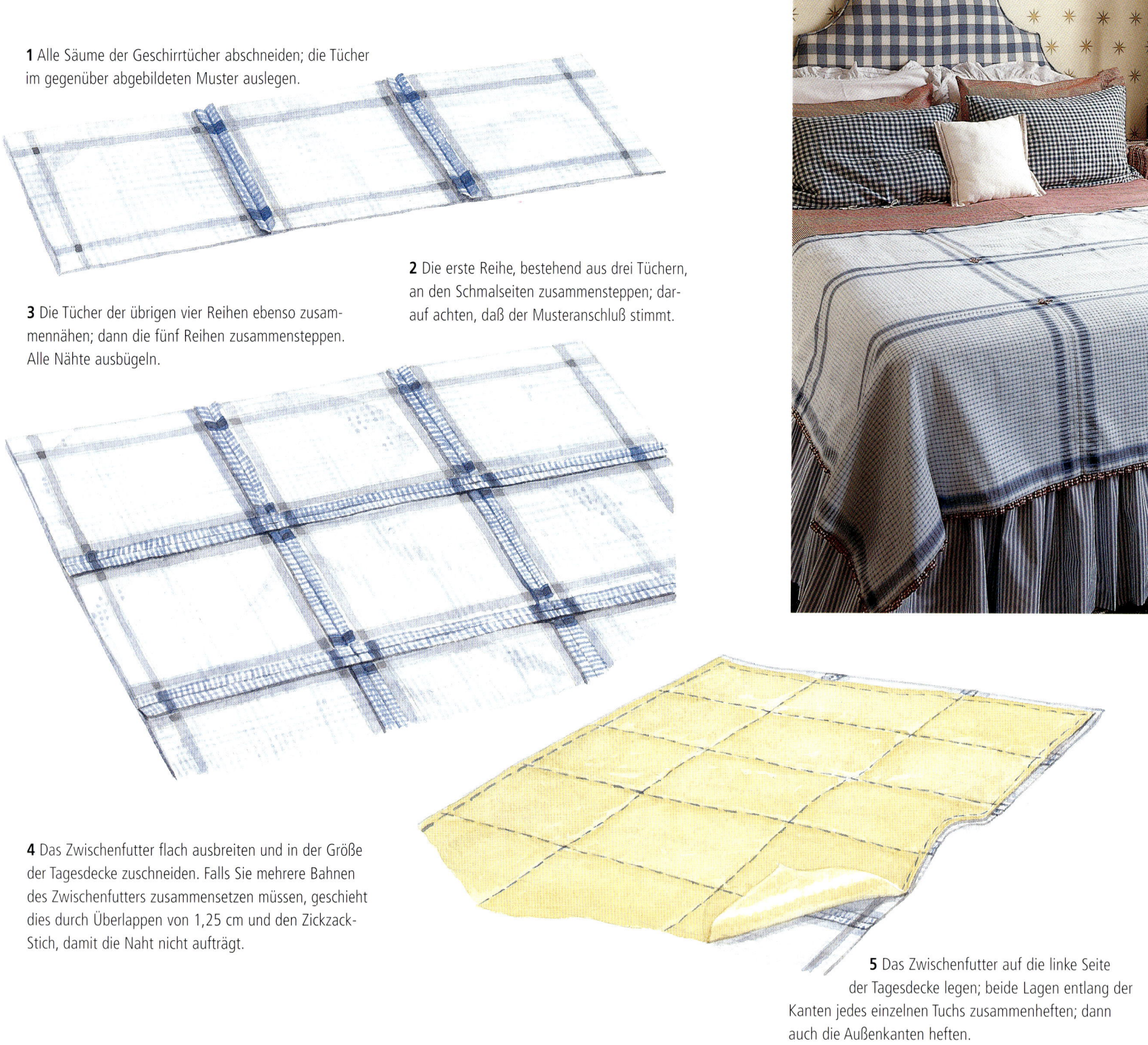

1 Alle Säume der Geschirrtücher abschneiden; die Tücher im gegenüber abgebildeten Muster auslegen.

2 Die erste Reihe, bestehend aus drei Tüchern, an den Schmalseiten zusammensteppen; darauf achten, daß der Musteranschluß stimmt.

3 Die Tücher der übrigen vier Reihen ebenso zusammennähen; dann die fünf Reihen zusammensteppen. Alle Nähte ausbügeln.

4 Das Zwischenfutter flach ausbreiten und in der Größe der Tagesdecke zuschneiden. Falls Sie mehrere Bahnen des Zwischenfutters zusammensetzen müssen, geschieht dies durch Überlappen von 1,25 cm und den Zickzack-Stich, damit die Naht nicht aufträgt.

5 Das Zwischenfutter auf die linke Seite der Tagesdecke legen; beide Lagen entlang der Kanten jedes einzelnen Tuchs zusammenheften; dann auch die Außenkanten heften.

9 Die Tagesdecke mit der rechten Seite nach oben ausbreiten; den gerüschten Streifen entlang der Außenkante auflegen und, wie unten rechts abgebildet, in 0,75 cm Entfernung zur Kante feststeppen.

Karierte Geschirrtücher geben in einem ländlich eingerichteten Schlafzimmer eine wunderschöne Tagesdecke ab.

8 Die offene lange Kante des Streifens mit kleinen Heftstichen schließen (siehe Seite 178); dann den Streifen auf den Umfang der Tagesdecke zusammenkrausen.

10 Als Hintergrund entsprechend der Größe der Tagesdecke plus ringsum 1,25 cm Zugabe den kontrastierenden Stoff zuschneiden; gegebenenfalls Bahnen zusammensetzen. Links auf links die zwischengefütterte Decke und den Hintergrund aufeinanderlegen. Die Nahtzugabe des Hintergrunds einschlagen und gleichzeitig die gerüschte Kante nach außen klappen. Zusammenstecken und heften. Ringsum von Hand entlang der Steppnaht der gerüschten Kante schließen (siehe Detailzeichnung links oben).

6 Entlang der Heftnähte steppen, um die beiden Lagen zu verbinden. Die zusammengehefteten Außenkanten jedoch noch nicht steppen.

11 Für die acht kleinen Schleifen schneiden Sie aus dem kontrastierenden Stoff acht 2,5 cm breite Schrägstreifen zu. Jeden Streifen längsseits in der Mitte rechts auf rechts falten; festbügeln. Lange Kante steppen, wenden und ausbügeln. Jeden Streifen zu einer Schleife binden und mit einigen Stichen auf dem Berührungspunkt der Tuchecken fixieren; dabei alle Stoffschichten durchstechen.

TAGESDECKE AUS GESCHIRRTÜCHERN

Materialien

Berechnet für ein 1,5 m breites Bett
Grundausstattung (siehe Seite 176)
15 Geschirrtücher der üblichen Größe
6 m Zwischenfutter
7 m kontrastierender Stoff

7 Für die Kantenverzierung schneiden Sie aus dem kontrastierenden Stoff Streifen à 5 cm Breite zu; die Streifen zum doppelten Umfang der Decke zusammensetzen; längsseits links auf links falten.

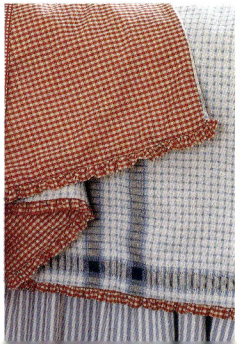

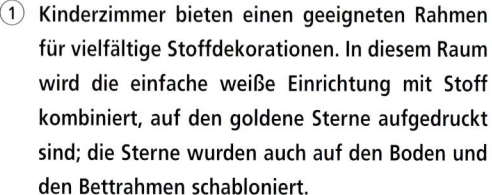

① Kinderzimmer bieten einen geeigneten Rahmen für vielfältige Stoffdekorationen. In diesem Raum wird die einfache weiße Einrichtung mit Stoff kombiniert, auf den goldene Sterne aufgedruckt sind; die Sterne wurden auch auf den Boden und den Bettrahmen schabloniert.

② Das Schlafzimmer umterm Dach beherbergt ein Bett aus heller Kiefer, das mit einem Baldachin im schwedischen Stil verziert ist. Großzügig drapierter baumwollener Toile de Jouy wurde mit rotem Stoff eingefaßt und ergießt sich von der an der Schräge befestigten Bekrönung.

③ Das Bett mit Messinggestell paßt genau unter die enge Schräge des Dachzimmers. Die Wände sind mit Toile de Jouy bespannt.

④ Kleine Möbelstücke wie Fußbänke lassen sich mithilfe einer Heftpistole bespannen; die Klammern werden von der Kordel kaschiert. Der Toile de Jouy greift die Wandbespannung wieder auf.

⑤ Das Babybett ist mit einem losen Bezug aus blauweiß gestreifter Baumwolle mit breitem weißen Saum ausgestattet. Die einzelnen Teile werden mit Schleifen an dem Gitter befestigt.

⑥ Bedruckte Babywindeln sowie eine mit Baumwolle eingefaßte Wolldecke liegen griffbereit über dem Rand des Bettes.

⑦ Detail des Kissenbezugs aus Abbildung 11. Das kleine blau-weiße Karo und die Spitze harmonieren ausgezeichnet.

⑧ Eine auf Kontrasten basierende Raumgestaltung: Die Tapete mit großem Blumenmuster umgibt das Bett, dessen mit weißer Spitze gesäumte Decke sich in dem Baldachin wiederfindet. Das Ende des Baldachins ziert eine alte osteuropäische Stickerei.

⑨ ⑩ Das Metallgestell eines Bettes ist mit losen Bezügen aus altem Leinen dekoriert. Die Stoffteile wurden entsprechend der Form des Betthauptes und des Fußendes ausgeschnitten und nach dem Versäubern mit Schleifen zum Zusammenbinden versehen. Die aufgestickte Initiale gibt dem Bezug den letzten Schliff.

⑪ Das Bett mit der altmodischen Form paßt hervorragend in das anheimelnde Schlafzimmer eines Landhauses. Der schwere karierte Quilt stammt von einem Trödelmarkt; die Schabracke besteht aus einfachem, in Falten gelegtem Baumwollkarostoff; die Tischdecke wurde aus baumwollenen Geschirrtüchern zusammengesetzt. Zuoberst liegt ein altes Leinentuch.

⑧

⑨

⑩

⑥

⑦

⑪

Ein einfaches Holzregal wird durch die Stoffverkleidung zu einem wahren Blickfang und dient in einem Kinderzimmer als Stauraum für Spielzeug und Kleidung.

2 Die drei Stoffstücke zusammensteppen; die vordere Öffnung jedoch nicht verschließen.

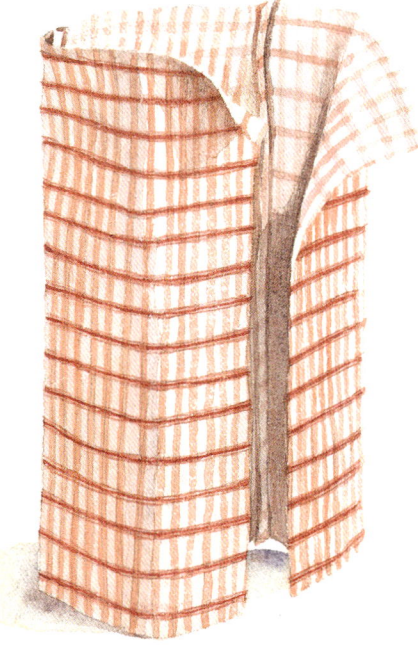

REGALVERKLEIDUNG

Materialien

Grundausstattung (siehe Seite 176)
Holzregal
Etwa 8 m Stoff
Etwa 9 m Borte
Schablone für die Bogen (z.B. ein Glas, eine Tasse oder ein Teller)
Filzstift

3 An der Öffnung beidseitig 1,25 cm Stoff nach außen umschlagen und festbügeln. Die Borte darüberlegen und feststeppen, um die Schnittkante zu verbergen. Borte auch entlang der gesamten Unterkante anbringen.

1 Höhe (A) und Breite (B) des Regals abmessen und mit ringsum 2 cm Nahtzugabe ein entsprechendes Stück Stoff zuschneiden. Zwei weitere Stücke zuschneiden, die jeweils die Seitenwand des Regals und die halbe Vorderseite abdecken (C); 2 cm Nahtzugabe addieren. Die Länge der Stücke entspricht der Regalhöhe. In diesem Fall beträgt die Breite des Stoffstücks 94 cm.

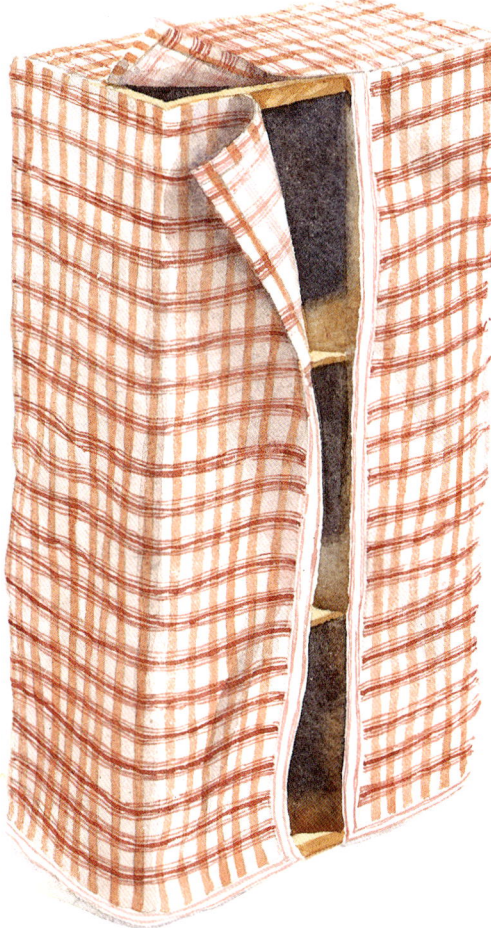

6 Entlang der Rundungen steppen; Stoff bis auf 0,75 cm zurückschneiden und wenden.

7 Bogenkante ausbügeln und von Hand an das Dach des Regals nähen; achten Sie auf die Zentrierung der Bogen.

4 Die Oberseite des Regals abmessen, 2 cm Nahtzugabe addieren und entsprechendes Stück Stoff zuschneiden. Die Nahtzugabe an allen vier Seiten einschlagen und festbügeln. Rechts auf rechts das »Dach« und die Seiten-, Rück- und Vorderwände von Hand zusammensteppen. Ziehen Sie nun den Bezug über das Regal, um den Sitz zu prüfen.

5 Gebogte Kante anfertigen: Streifen von 2,75 m Länge und 45,5 cm Breite zuschneiden. Der Länge nach in der Mitte rechts auf rechts falten; mithilfe der Schablone die Bogen (etwa 23 cm breit und 20 cm hoch) aufzeichnen. Die Rundungen der Bogen liegen in der Nähe der Schnittkante, die offene Seite der Halbkreise näher am Stoffbruch.

8 Schleifen: Vier Streifen à 50 cm Länge und 10 cm Breite zuschneiden. Jeden Streifen längsseits in der Mitte rechts auf rechts falten; an der langen Kante zusammensteppen. Die Schmalseite schräg abschließen und überflüssigen Stoff abschneiden. Nach rechts wenden und

bügeln. Das offene Ende der Schleife einschlagen und von Hand schließen. Schleifen paarweise in gleichmäßigen Abständen entlang der Öffnung anbringen.

Das Badezimmer ist häufig der am meisten vernachlässigte Raum des ganzes Hauses. Nur allzu oft herrscht in Badezimmern, die meistens ohne jede Dekoration und rein funktional ausgerichtet sind, eine kalte, fast klinische Atmosphäre, und sicherlich unterscheidet sich dieser Raum bezüglich der Gestaltungsmöglichkeiten mit Stoffen auch von den anderen. Die Fensterdekoration spielt in den anderen Zimmern eine wichtige Rolle; da Bäder jedoch oft nur über kleine Fenster verfügen, sind hier in der Regel ganz einfache Rollos und kurze, schlichte Vorhänge und Gardinen anzutreffen.

Die sanitären Anlagen warten indes mit immer neuen Möglichkeiten auf, Badewannen und Duschen werden immer raffinierter, so daß man das Badezimmer zunehmend als Ort der Entspannung und des Genusses betrachtet. Da das Bad in der Regel den kleinsten Raum des Hauses darstellt, ist es nach praktischen und ergonomischen Gesichtspunkten geplant. Obwohl man diesen Raum nicht einfach umgestalten kann, weil die meisten »Möbelstücke« fest installiert sind, kann man doch etliche Veränderungen vornehmen, indem man mit Farben arbeitet sowie Muster und Texturen einsetzt. Mit attraktiven Stoffen kann man aber auch die Accessoires wie Ablagen, den Halter für die Kosmetiktücher, den Abfalleimer oder den Behälter für Kosmetik verschönern. Viele Ideen dazu finden Sie in dem Kapitel »Accessoires« auf den Seiten 148 bis 173.

Bäder werden in der Regel von harten, glänzenden Oberflächen beherrscht; da sind die Kacheln, die Armaturen, die Becken und Spiegel. Aus diesem Grund bietet sich hier der Einsatz von Stoffen, die diesen Eindruck abmildern, besonders an; die Farben dürfen ruhig kräftig und die Muster großzügig ausfallen, um eine anheimelnde Atmosphäre zu schaffen.

Wenn Sie Ihr Bad optisch vergrößern wollen, sollten Sie gut planen, um den zur Verfügung stehenden Raum optimal zu nutzen. Zeichnen Sie sich am besten einen maßstabgetreuen Grundriß auf, und tragen Sie sowohl die bereits vorhandenen als auch die neu geplanten Raumelemente in allen Einzelheiten ein. Es gibt verschiedene Möglichkeiten, einen Raum größer wirken zu lassen. Verwenden Sie blasse Farben und lichtreflektierende Oberflächen wie etwa Spiegel – das können eine komplett verspiegelte Wand oder aber auch nur einzelne Spiegelkacheln sein. Wenn Sie den Boden in der Farbe der Wände gestalten, wird der Raum schon dadurch optisch an Größe gewinnen. Suchen Sie sich eine Hauptfarbe aus, und ordnen Sie die Gestaltung um diese Grundfarbe herum an.

Badezimmer

Gegenüber **Die altmodische Badewanne wurde mit einem Baldachin aus rot-weiß kariertem Leinen, unterfüttert mit weißer Baumwolle, verziert. Das lange, schmale Stoffstück ist an der hohen Wand befestigt und fällt elegant über die hölzernen Stangen.**

①

②

③

④

① Der Duschvorhang aus seidenähnlichem Kunststoffmaterial ist mit verchromten Stöpselketten in langen Zipfeln an Haken an der Decke befestigt.

② Der Duschvorhang bringt einen modernen Blickfang in das altmodische Bad.

③ Das Waschbecken wurde mit einer Schabracke aus gestreifter Baumwolle versehen; so entsteht auch zusätzlicher Stauraum. Befestigt ist sie mit einem speziellen doppelseitigen Klebeband, das gut an glatten Oberflächen haftet.

④ Ein weißer Vorhang aus Frottee umgibt die Badewanne. Der zweite Vorhang aus durchsichtigem Plastik hält das Wasser ab.

(5)

Die Auswahl der Farbe für das Badezimmer wird entscheidend bestimmt durch die Farben der bereits vorhandenen Raumelemente wie Badewanne, Waschbecken, Toilette und Bidet. Badezimmer sind sehr häufig in einer kalten Farbe wie Grün oder Blau gehalten; aber auch dunkle Farben wie Bordeaux oder Schwarz trifft man hier an. Dunkle Farben sind für Bäder allerdings eher ungeeignet, da man jeden getrockneten Wasserspritzer sieht. Wenn Sie Ihr Bad von Grund auf neu gestalten, sollten Sie sich in jedem Fall für eine helle Farbe entscheiden. Weiß ist beinahe die klassische Badezimmerfarbe, aber auch Elfenbein- und viele andere sehr zarte Töne eignen sich hervorragend; mit ihnen vermeidet man außerdem die klinische Atmosphäre, die dem Weiß anhaftet. Auch Pastellfarben lassen sich im Badezimmer effektvoll einsetzen. Für welche Grundfarbe Sie sich auch entscheiden – die übrige Gestaltung wird darauf abgestimmt, wobei Sie gleichgeordnete Farben wählen und eine Ton-in-Ton-Gestaltung erzielen oder aber der Grundfarbe durch den Einsatz hellerer bzw. dunklerer Schattierungen zu besonderer Wirkung verhelfen können. Die allgemeinen Prinzipien der Farbgestaltung, die auch für alle anderen Räume gelten, lassen sich gleichermaßen im Badezimmer anwenden.

Vielleicht möchten Sie ja das Badezimmer optisch mit einem anderen Bereich verbinden, etwa mit dem benachbarten Schlafzimmer oder mit der Diele, von der es abgeht. Das bedeutet nicht gezwungenermaßen, daß die verwendeten Farben und Materialien identisch sein müssen, wobei allerdings ein durchgehender Bodenbelag die optische Einheit in jedem Fall verstärkt. Es ist ratsam, zunächst die Kacheln und Becken auszuwählen, bevor man sich an die Gestaltung mit Stoffen begibt. Obgleich harte, glänzende Kachelflächen für Böden und Wände in Badezimmern üblich sind, sollte man sie doch auf ein Minimum beschränken und wirklich nur dort einsetzen, wo die Wand mit Was-

(7)

ser in Berührung kommt. Es gibt zahlreiche Alternativen, die von einfarbigen Vinyl-Anstrichen bis hin zu dreidimensionalen »Gemälden« reichen. Die Wandfarbe sollte jedoch in jedem Fall wasserfest und abwaschbar sein. Und dann können Sie beginnen, den Raum mit Stoffen zu gestalten. Schaffen Sie Kontraste in den Texturen, indem Sie luxuriöse dicke Frotteehandtücher einsetzen, die mit Fransen oder anderen aufwendigen Borten verziert sind. Achten Sie jedoch darauf, daß die Einfassungen aus einer ähnlichen Faser bestehen und beim Waschen nicht ausfärben oder einlaufen.

Die Stoffe, die Sie im Badezimmer einsetzen, sollten hohe Luftfeuchtigkeit und ständigen Kontakt mit Wasser vertragen können – besonders natürlich die Duschvorhänge oder die Fenstervorhänge und Gardinen über der Badewanne oder dem Waschbecken. Oft sieht man Duschvorhänge aus Plastik, die jedoch sehr steif sind und nicht weich fallen. Entwickeln Sie etwas Phantasie und stimmen Sie den Duschvorhang auf die Fensterdekoration oder die Wandgestaltung ab – entweder kontrastierend oder harmonierend. Verwenden Sie dafür waschbare, nicht einlaufende, dichtgewebte, aber weich fallende Stoffe wie Chintz, Moiré,

(5) Ein elegantes Badezimmer mit marmorner Badewanne, Doppelwaschbecken und Terrakottaboden. Die harten Oberflächen werden von den üppigen, überbodenlangen Vorhängen aus Toile de Jouy aufgelockert.

(6) Hocker und Ottomane sind praktische Möbelstücke für ein Bad. Dieser Hocker trägt einen losen Bezug aus besticktem antiken Leinen.

(7) In dem einfachen Bad eines Landhauses sorgt der bemalte Fensterrahmen für einen Blickfang. Das Faltrollo aus grober Baumwolle wurde direkt in den Rahmen eingesetzt.

(6)

①

②

③

④

⑤

Satin, Baumwolle, Kaliko oder Leinen. Versehen Sie diesen Duschvorhang mit einer Art Futter aus durchsichtigem Plastik, das Sie an der oberen Kante mit Klettband an dem Stoff befestigen. Auf diese Weise lassen sich die beiden Schichten zur Reinigung leicht voneinander trennen.

Wenn sich in Ihrem Badezimmer ein altes Waschbecken mit unschönen, aber deutlich sichtbaren Abflußrohren befindet, dann bringen Sie davor doch einen angekrausten oder gefältelten »Sichtschutz« an; auf diese Weise gewinnen Sie dahinter außerdem zusätzlichen Stauraum. Auch mit Stoff bespannte Wandschirme machen sich gut in Badezimmern. Mit ihnen kann man die Toilette und das Bidet vom Rest des Raumes abtrennen. Außerdem dienen sie kurzfristig auch als Handtuchhalter oder Kleiderständer. Bespannen Sie den Wandschirm mit lichtdurchlässigen Stoffen oder auf jeder Seite mit einem anderen Stoff, so daß Sie je nach Wunsch zwei unterschiedliche Wirkungen erzielen können.

Manchem mag die Vorstellung von Sitzmöbeln im Bad ungewöhnlich erscheinen, doch wenn der Raum groß genug ist, wird eine Sitzgelegenheit das Bad in einen gemütlichen Ort der Entspannung verwandeln. So eignet sich dafür

⑥

① Den mit durchsichtigem Plastik unterfütterten Baumwollvorhang schmückt ein karierte Borte.

② Cremefarbenes Leinen ziert den Hocker; der Bezug wird mit langen Schleifen gehalten.

③ Die Scheiben des Hängeschränkchens wurden mit blau-weiß kariertem Gingham bespannt.

④ Die unterschiedlichen Karos verbindet die blau-weiße Farbgebung. Die Vorhänge wurden aus baumwollener Bettwäsche geschnitten und werden von einem angekrausten Querbehang geschmückt.

⑤ Die Fenster dieses modernen Badezimmers, in dem glänzende Flächen vorherrschen, wurden mit einfachen Rollos dekoriert.

⑥ Ein mit Toile de Jouy bespannter Wandschirm verdeckt das Waschbecken. Der Stoff paßt zur Tapete.

⑦ Die feine Kreuzstich-Stickerei ziert die Borte des Handtuchs. Glatten Handtüchern kann man mit Stickereien eine persönliche Note verleihen.

⑧ Ein mit lichtdurchlässigem Baumwollmusselin bespannter alter Wandschirm. Der Stoff filtert das durch das Fenster einfallende Licht und verleiht dem Raum eine intime Atmosphäre. Zur Bespannung von Wandschirmen eignen sich die unterschiedlichsten Stoffe.

beispielsweise eine Chaiselongue, die man mit einem weichen, saugfähigen Stoff wie Frottee, Seersucker oder Baumwollbrokat bespannt. Mit ebenso bezogenen Kissen läßt sich ein Wäschepuff, ein Loom-Chair oder ein Rattansessel dekorieren. Kanevas, Segeltuch, Baumwolldrillich und Kaliko sind eher härtere Gewebe, die das Wasser abperlen lassen; sie eignen sich ebenfalls, um Badezimmer-Sitzmöbel zu beziehen.

Wenn das Badezimmerfenster in einer tiefen Höhlung liegt, kann man eventuell einen Fenstersitz schaffen, der als Ablage für die diversen Badutensilien und Handtücher dient. Die gepolsterte Sitzfläche eines Stuhls, Hockers oder einer Ottomane kann man entweder mit einem zu den anderen Stoffen passenden oder mit einem kontrastierenden Stoff beziehen; der Stoff sollte in jedem Fall imprägniert sein, da sich der Kontakt mit Wasser wohl kaum vermeiden lassen wird. Der Fenstersitz kann auch als Sitzfläche hergerichtet und mit unterschiedlich geformten und bezogenen Kissen ausgestattet werden. Befindet sich vor dem Fenster ein Heizkörper, so können Sie ihn mit einem Holzrahmen umkleiden und auf diese Weise zu einem Fenstersitz umfunktionieren. Die Vorderfront darf allerdings nicht ganz geschlossen sein, so daß die warme Luft austreten kann.

⑦

⑧

BEZUG FÜR EINEN BADEZIMMERHOCKER

Materialien

Grundausstattung (siehe Seite 176)
Runder gepolsterter Hocker
Hauptstoff
Tacker
Kontrastierender Stoff für die Paspel
Paspelschnur

Der braun-weiß gestreifte Baumwollbezug mit der üppig gerüschten Blende ziert einen gewöhnlichen Badezimmerhocker.

1 Sitzfläche des Hockers: Umfang der Sitzfläche abmessen und mit ringsum 5 cm Nahtzugabe entsprechendes Stück Stoff zuschneiden. An der breiten Nahtzugabe wird die gerüschte Blende befestigt. Den Stoff auf die Hockerfläche legen; das Muster muß gerade ausgerichtet sein. Den Stoff dicht an der Kante der Hockerunterseite antackern. Falls Sie keinen gepolsterten Hocker besitzen, können Sie auf einen normalen Hocker Polsterwatte kleben.

2 Gerüschte Blende: Den Abstand zwischen Boden und Unterkante der Sitzfläche messen, 2,5 cm zugeben. Um den Stoff üppig anrüschen zu können, verdoppeln Sie den Umfang der Sitzfläche, entsprechend den Stoff zuschneiden.

3 Rechts auf rechts die beiden Schmalseiten des Stoffes zusammensteppen. Ausbügeln. In geringem Abstand zueinander und 1,25 cm von der Schnittkante entfernt zwei Reihen kleiner Heftstiche anbringen (siehe Seite 178).

4 Zwei Paspeln anfertigen (siehe Seite 181): eine von der Länge des Umfangs der Sitzflächen, die andere für den Saum der Blende im doppelten Umfang der Sitzfläche.

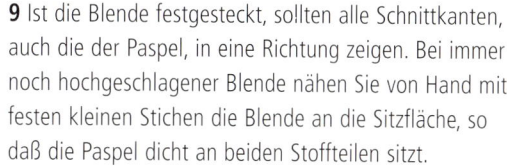

9 Ist die Blende festgesteckt, sollten alle Schnittkanten, auch die der Paspel, in eine Richtung zeigen. Bei immer noch hochgeschlagener Blende nähen Sie von Hand mit festen kleinen Stichen die Blende an die Sitzfläche, so daß die Paspel dicht an beiden Stoffteilen sitzt.

5 Die längere der beiden Paspeln rechtsseitig 1,25 cm über der Schnittkante der Blende feststecken, anheften und feststeppen; die beiden Schnittkanten des Paspelbezugs zeigen dabei in Richtung der Schnittkante der Blende.

7 Die zweite Paspel rechtsseitig und in 1,25 cm Abstand zur Schnittkante auf die gerüschte Blende stecken, heften und dann steppen. Die Schnittkante der Paspel zeigt dabei in Richtung der Schnittkante der Blende. Die beiden Enden der Paspel von Hand zusammennähen.

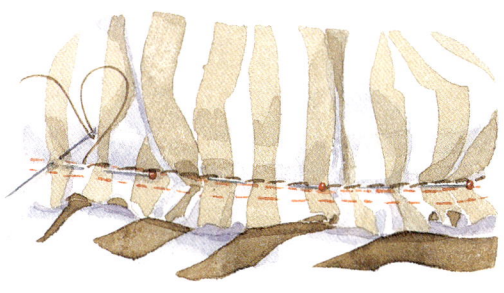

10 Dieser gestreifte Bezug ist einfach anzufertigen und verleiht Ihrem Badezimmer einen eleganten Touch. Der einzige schwierigere Schritt ist das Anbringen der Paspel um die Sitzfläche herum. Näheres zur Paspelierung erfahren Sie auf Seite 181.

6 Die Blende auf die linke Seite wenden und die 1,25 cm breite Nahtzugabe zwischen Unterkante und den beiden Schnittkanten der Paspel nach innen umbügeln. Zum Versäubern der Unterkante von Hand eine Hochstehende Kappnaht (Übersteppte Naht, siehe Seite 180) anbringen. Dann die beiden Heftfäden ziehen, um die Oberkante auf den exakten Umfang der Sitzfläche zusammenzurüschen.

8 Die gerüschte Blende rundum auf die Nahtzugabe der Sitzfläche unmittelbar über die Klammern des Tackers stecken. Legen Sie dabei die Blende über den Sitz, um die gleichmäßige Positionierung der Blende zu prüfen. Arbeiten Sie sehr sorgfältig, so daß die Ansatzstelle wirklich gerade verläuft.

Terrasse
und Garten

Draußen einrichten – das erscheint im ersten Augenblick tatsächlich wie ein Widerspruch, aber mit dem Wiederaufleben von Innenhöfen, mit der neuen Beliebtheit von Mahlzeiten unter freiem Himmel und der Wiedergeburt eleganter Picknicke im Stil der Jahrhundertwende ist auch wieder ein entsprechender Rahmen vonnöten. Die wachsende Popularität von Wintergärten hat zur Folge, daß wir heute zwischen den unterschiedlichsten Arten und Stilrichtungen von Gartenmöbeln sowie den entsprechenden Dekorationsstoffen wählen können. Man legt heute nicht nur großen Wert auf besondere Gartenmöbel, sondern auch auf die dazugehörigen Accessoires. So können Kissen und Polster, Markisen und Sonnenschirme, Tischtücher und Servietten ebenso wie Porzellan, Glas und Leuchter für die besondere farbliche Note sorgen. Wenn Sie im Besitz einer Gartenlaube oder eines Sommerhäuschens sind, dann können Sie ihm, ebenso wie einem Raum im Innern des Hauses, einen besonderen Stil, eine Atmosphäre, eine Stimmung verleihen.

①

Vorangehende Seite

Links **Der karierte Baumwollstoff macht sich gut neben dem Swimmingpool.**

Rechts **Auf der luftigen Veranda wirken die Möbel aus Rutenzweigen sehr natürlich; ihr herber Charme wird von zahlreichen mit Drillich bezogenen Kissen abgemildert.**

① Das Kissen ist mit einem Segeltuchbezug dekoriert, der mit Schleifen geschlossen wird.

② Frisch wirkt der geometrische Muster-Mix aus den karierten und gestreiften Kissen und den gestreiften Polstern der Bank.

③ Weißes Leinen ziert die Rückenlehnen der Schaukelstühle; die Initialen sind mit Stoffarbe schabloniert.

②

③

Mit der Auswahl von Stoffen, Mustern und Farben für den Wintergarten, die Veranda, den Balkon, den Innenhof oder die Terrasse schaffen Sie auch gleichzeitig eine Verbindung zwischen Haus und Garten.

Feste, lichtechte Gewebe wie Kanevas, Segeltuch, Drillich oder Köper eignen sich für Vorhänge von Türen, die ins Freie führen, und schützen nach Süden oder Westen zeigende Eingänge vor der heißen Mittags- und Nachmittagssonne. Diese Vorhänge kann man zuziehen, während die Tür offensteht, so daß eine kühle Brise in den Raum eindringt, während die Sonne keinen Zutritt findet. Kräftige, robuste Markisenstoffe eignen sich für Bezüge und Bespannungen von Liegestühlen, Sonnenliegen, Regiestühlen und Polster für alle Arten von Stühlen und Sesseln. Denken Sie bei der Auswahl der Stoffe daran, daß die Farben und Muster im Außenbereich ruhig viel kräftiger ausfallen können als im Innenbereich. Außerdem wird Ihnen die Auswahl erleichtert, da die Stoffe in der Regel nicht so wie im Innenbereich mit der Umgebung harmonieren müssen. Das Holz oder Metall des Rahmens, das Grün des Grases, die Farbe der Wände im Innenhof oder der Fliesen der Terrasse stellen einen neutralen Hintergrund dar, mit dem die meisten Muster und

⑤

⑥

⑦

Farben automatisch harmonieren. Bestimmte Farben leuchten in der Sonne, während sie im Licht der untergehenden Sonne einen warmen Schimmer annehmen; das gilt beispielsweise für Sonnengelb, Orangetöne, leuchtendes Rot, tiefes Blau und sattes Grün. Eine Kombination aus leuchtenden Farben paßt in der Regel ebenso in einen Innenhof oder auf eine Rasenfläche wie die große Palette der Naturtöne. Man kann im Außenbereich, anders als im Innenbereich, bei der Farbauswahl eigentlich gar nicht danebenlangen.

Natürliche und neutrale Farben können draußen ebenso hübsch wirken wie Pastelltöne. So sehen beispielsweise blasse, verblichen wirkende Pastellfarben oder die Naturtöne von Juteleinen, Rupfen, Hanf, Kanevas und Kaliko als Kissen- oder Polsterbezug zusammen mit geöltem Holz wunderschön aus. Alternativ dazu können Sie aber auch Möbel aus Naturmaterialien wie Peddigrohr, Rattan und Bambus mit leuchtenden Farben wie tiefem Rot oder Jadegrün kombinieren; neutrale Farben und natürliche Texturen hingegen wirken mit Naturmaterialien eher zurückgenommen.

Mit Blumen und Blättern gemusterte Stoffe können als Sitzbezug, Tischtuch oder Markise in

④

④ Eine gewöhnliche Hängematte erhält durch einen Überwurf aus feinem weißen Leinen eine elegante Note.

⑤ Das altmodisch-ländlich wirkende Arrangement unter dem großen, mit Kanevas bespannten Sonnenschirm bekommt durch den gemusterten Teppich den letzten Schliff.

⑥ Im Eingang befindet sich ein glatter Vorhang, der mit Ösen an Haken im Türrahmen befestigt wurde. Ein einfaches Band hält den Vorhang zurück.

⑦ Dicke Polster machen Rohr- und Rattanmöbel bequemer. Dieses Polster zieren breite Streifen.

①

②

Kombination mit grünem Gebüsch oder einer gepflegten Rasenfläche sehr attraktiv; sie bringen Farbe in einen kleinen, schattigen Stadtgärten, in dem sonst vielleicht nicht viel blüht. Ein passend dazu bezogener Sonnenschirm, gefüttert mit himmelblauem Stoff, wird kühlen Schatten spenden, während ein mit sonnengelbem Stoff gefütterter Schirm die wärmende Wirkung der Sonne verstärkt.

Folkloristische Muster in Erdfarben wie Ocker, Terrakotta und Ziegelrot verstärken die Wirkung von Gartenmöbeln im traditionellen »Dampfer-Stil«, deren gebeizte Holzrahmen entweder mit den verwendeten Stoffen harmonieren oder kontrastieren, obwohl Folklorestoffe ebensogut zu weiß gestrichenen oder schmiedeeisernen Möbelstücken passen. Polster und Tücher in kräftigen, leuchtenden Farben, eingefaßt mit farblich kontrastierenden Fransen oder einer gestreiften Paspelierung, sehen neben einem Schwimmbecken, auf der Terrasse oder am Strand entzückend aus.

Streifen und Karos passen zu allen Arten von Gartenmöbeln. Solche Stoffe lassen sich zu losen Stuhlbezügen und dazu passenden Tischtüchern und Servietten verarbeiten; auch als Markisen oder Auskleidung für den Picknickkorb eignen sich karierte und gestreifte Stoffe.

Innenhöfen, auf Veranden oder in Wintergärten als Bindeglied zwischen Innen- und Außenbereich eingesetzt werden, besonders dann, wenn das Muster die tatsächlich im Garten angepflanzten Blumen wiedergibt. Blasse, in den Formen üppige Blumenmuster wirken ein wenig altmodisch; diesen Effekt sollte man nutzen und solche Stoffe mit Korb- oder Rattanmöbeln – am besten mit einem alten Schaukelstuhl – kombinieren. Besonders hübsch wirkt ein solches Arrangement in einem ländlich gestalteten Garten. Blumenmuster sind auch in

③

④

① **Die metallenen Liegen neben dem Swimmingpool werden durch die flachen, mit gestreiftem Segeltuch bezogenen Polster erst richtig bequem. Der Stoff ist ausgesprochen robust, was bei feuchtem Klima von besonderem Vorteil ist.**

② **Die Polster aus Abbildung 2 sind mit kleinen Schleifen verziert; auf diese Weise entsteht der Eindruck einer Knopfheftung.**

③ **Eine einladende Szene am Pool. Das Arrangement erscheint in einer sommerlichen Rot-Weiß-Kombination aus Streifen und Karos.**

④ **Große Servietten wurden zu einem losen Stuhlbezug umfunktioniert. Diese Idee ist schnell und einfach zu realisieren (siehe Seite 144/145).**

⑦

⑤

⑥

⑤ Für dieses unkomplizierte bodenlange Tischtuch wurden breite Streifen von korallenroter und weißer Baumwolle zusammengesetzt.

⑥ Rot-weiß gestreifte Schürzen aus Baumwollpiqué, zusammengehalten mit Schleifen, umgeben das mit rotem Stoff bezogene Polster der klassischen Gartenbank.

⑦ In der Nahaufnahme kann man sehen, wie die Schleifen den Bezug zusammenhalten; sie ermöglichen ein leichtes Abnehmen.

⑧ Die Kissen in den Ecken der Gartenbank machen das Sitzen bequemer. Sie sind mit rotem Stoff bezogen und mit einer rot-weiß gestreiften Einfassung versehen.

⑧

143

1 Für die Rückenlehne benötigen Sie eine Serviette. An den beiden oberen Ecken Schlitze anbringen, die etwas länger sind als das Baumwollband breit. Die Schlitze mit dem Knopflochstich (siehe Seite 179) versäubern.

2 An derselben Serviette in den den Schlitzen gegenüberliegenden Ecken beidseitig jeweils 50 cm lange Baumwollbänder annähen. Die Enden der Bänder werden durch einen doppelten, 0,75 cm breiten Saum, den man von Hand schließt, versäubert.

3 Falten Sie die Serviette in der Mitte links auf links, und legen Sie sie über die Stuhllehne.

4 Fädeln Sie die Baumwollbänder durch die Schlitze, und binden Sie sie zu Schleifen, so daß die Serviette fest an der Rückenlehne angebracht ist.

BEZUG FÜR EINEN KLAPPSTUHL

Materialien

Grundausstattung (siehe Seite 176)
Drei Servietten, die 5 cm größer als die Sitzfläche des Stuhls sind und fest versäuberte Kanten haben
4 m Baumwollband von 2,5 cm Breite
Dünne Lage Schaumstoff in der Größe der Sitzfläche des Stuhls

6 Das dünne Schaumstoffpolster darauflegen. An jeder Ecke des Polsters, dort wo die Streben des Gartenstuhls die Sitzfläche kreuzen, werden zwei 50 cm lange Baumwollbänder festgenäht.

7 Darüber legt man mit der rechten Seite nach oben die dritte Serviette und steppt die beiden Stofflagen an allen vier Kanten zusammen; die Enden der Baumwollbänder wie in Schritt 2 versäubern.

8 Legen Sie das Polster auf den Sitz, und binden Sie es mit den Baumwollbändern am Stuhl fest.

Ein gewöhnlicher Garten-Klappstuhl erhält durch die hübsche Dekoration ein einladendes Aussehen; die Bezüge wurden aus einfachen Servietten angefertigt.

5 Für das Sitzpolster eine Serviette mit der linken Seite nach oben flach ausbreiten.

①

②

③ ④

Der einzige Nachteil dieser Stoffe besteht darin, daß sie in einem blühenden Garten eventuell nicht mit den Blumen harmonieren.

Die Richtlinien, die für Dekorationen im Innenbereich hinsichtlich der Größe, der Form und der Proportion des Musters gelten, finden auch im Außenbereich Anwendung. Großzügige Muster wirken am besten bei großen Oberflächen wie denen von Sonnenliegen, Chaiselonguen, Sofas in Wintergärten, Hollywood-Schaukeln, Kissen für lange Bänke und großen Tischdecken.

Wählen Sie die Stoffe für den Außenbereich sehr sorgfältig aus. Bedenken Sie dabei die Funktion, die sie erfüllen sollen. Achten Sie darauf, daß Bezugsstoffe für Polster und Kissen ebenso strapazierfähig, flammenfest und fleckenabweisend wie die sind, die Sie für das Wohnzimmer auswählen würden. Auch draußen können viele Mißgeschicke passieren – zum Beispiel wenn der Gartentisch direkt neben dem Grill steht oder Sie den Garten für ein abendliches Fest mit Fackeln oder Windlichtern schmücken.

Die Auswahl an Stoffen für den Außenbereich ist groß; dazu zählen beispielsweise verschiedene Arten von Kanevas, Drillich, Segeltuch und Leinwand; manche Stoffe sind sogar mit einer dünnen Plastikschicht überzogen. Einige der für den Außenbereich geeigneten Stoffe sind vielleicht ein wenig steif; als Sichtschutz, Markise, Hängematte oder zur Bespannung von Liegestühlen taugen sie hervorragend – als Tischtücher und für lose Bezüge allerdings weniger. In diesem Fall wählt man traditionelle Baumwollstoffe, Leinen, Leinengemische, gerippten Köper oder vielleicht sogar einen Chintz; auch Synthetikstoffe eignen sich für diese Zwecke.

Es versteht sich von selbst, daß Stoffe für den Außenbereich lichtecht sein sollten und nicht schnell verschleißen dürfen. Wenn der Stoff über nacht draußen bleibt, darf Feuchtigkeit ihm nichts anhaben können. In jedem Fall sollte man Polsterbezüge so konzipieren, daß man sie zum Waschen – oder zum Trocknen,

wenn sie einen unerwarteten Regenschauer abbekommen haben – mühelos abnehmen kann. Natürlich sollten die Stoffe beim Waschen nicht einlaufen. Stoffe, aus denen man Tischtücher und Servietten, Picknickdecken und Korbauskleidungen anfertigt, müssen waschbar und sollten bügelleicht sein. Mit Plastik beschichtete Stoffe eignen sich für Badetaschen, in denen dann auch einmal das Sonnenöl auslaufen kann, ohne großen Schaden anzurichten.

⑤

⑥

① **Tisch und Stühle verschwinden unter frischem weißen Baumwollköper. Dazu passen die Topfrosen und das rot-weiße Porzellan ausgezeichnet.**

② **Die Tischdecke wurde auf Maß angefertigt und ist mit einer Rüschenkante versehen. Die einfachen Gartenstühle wirken mit den bodenlangen losen Bezügen sehr formal.**

③ **Mit Knopfheftungen kann man bei Kissen und Polstern Blickfänge schaffen. Hier ziert ein cremefarbener Knopf ein leuchtend rotes Kissen.**

④ **Die alten Leinenservietten geben der Tischdekoration den letzten Schliff.**

⑤ **Das Arrangement in Blau-Weiß besteht aus altem Steingutgeschirr, einer traditionellen amerikanischen Tischdecke und folkloristisch angehauchten Servietten.**

⑥ **Der wunderschöne alte Holzkasten beherbergt antikes Besteck und Servietten.**

⑦ **Die gefransten Karo-Servietten bilden ein Nest für die knackigen Äpfel.**

⑦

147

Accessoires runden die Gestaltung ab und verleihen dem Raum die persönliche Note. Sie können dazu dienen, einer sachlichen Dekoration Wärme zu verleihen oder umgekehrt in einem sanften Arrangement die nötigen Akzente zu setzen. Accessoires können einer Gestaltung optischen Zusammenhalt geben oder bestimmte Aspekte hervorheben. Was aber versteht man unter einem Accessoire? In der Inneneinrichtung bezeichnet man mit diesem Begriff ein ungewöhnliches Detail bzw. eine ganze Sammlung bewußt ausgewählter Stücke, die dem fertig gestalteten Interieur beigefügt werden. Ein Accessoire kann jedoch auch der Ausgangspunkt einer bestimmten Gestaltung sein oder ein spezielles Thema vorgeben. Während Kissen, Polsterrollen, Lampen und Schirme, Handtücher, Toilettengegenstände, Bilderrahmen und Schachteln separate Gegenstände darstellen, die man im Raum plazieren kann, zählen zu den textilen Accessoires Blickfänge wie Borten und Einfassungen von Vorhängen, Bezügen und Polstern, die den Hauptgegenstand betonen.

Accessoires

Die Palette der textilen Accessoires reicht von kleinen Dingen des persönlichen Bedarfs bis hin zu größeren Stücken wie Tischtüchern für Frisierkommoden oder Beistelltischchen. In jedem Fall muß die Farbe, das Muster, die Textur und der Stil von größeren Accessoires im voraus durchdacht und in die Gesamtgestaltung einbezogen werden. Man sollte jedoch nicht den Irrtum begehen und beispielsweise die Bettwäsche als Schlafzimmer-Accessoire betrachten, denn das Bett stellt ein wichtiges Element des Schlafzimmers dar – die Bettwäsche ist folglich kein bloßer Blickfang, sondern ein bestimmender Bestandteil der Raumgestaltung. Ebenso sollte die Tischdecke im Eßzimmer als zentrales Element betrachtet werden.

Zu den beliebtesten und bekanntesten textilen Accessoires zählen ohne Zweifel die Kissen, die in jedem Raum des Hauses Verwendung finden. Man kann sie auf Betten oder auf Sitzmöbeln aller Art drapieren. Flache Sitzpolster machen Holzstühle und metallene Sitzflächen bequemer; dicke Polsterrollen können als Armstützen oder Rückenlehnen dienen. Kissen lassen sich auch fester in die Gestaltung einbinden, indem man sie hübsch bezieht und an den Rückenlehnen von Stühlen anbringen, zum Beispiel mit Schleifen. Oder man befestigt flache Polster an einer Stange entlang der Wand, um so aus einem Sofa ohne Rückenlehne doch noch ein bequemes Sitzmöbel zu machen oder eine weiche Fläche zum Anlehnen des Kopfes

Vorangehende Seite
Links Die Stehlampen tragen gefältelte Schirme aus Seidentaft.
Rechts Unterschiedliche Kissen zieren ein Sofa mit breiter Sitzfläche; es ist mit kariertem Baumwollstoff bezogen.

① Weißer Baumwollbezug mit schwarzen Woll-Applikationen.

① Ein Seidenkissen mit applizierten Vögeln schmückt die mit gestreifter Seide bezogene Chaiselongue.

5

7

4

3 Mit Seide bezogene Kissen und Rolle auf einem Sofa.

4 Mit schwarzer Kordel verzierter, glatter Wollbezug.

5 6 Stoffreste und Goldkordel wurden in Wappenform auf Kissenbezüge appliziert.

7 Applikationen aus grauem Velour zieren die Kissenbezüge und die Tagesdecke aus schwerer Baumwolle.

6

1 Aus dem Hauptstoff ein Quadrat mit 48 cm Kantenlänge zuschneiden; dies ist das Stück A. Zwei weitere Quadrate mit 25,5 cm Kantenlänge zuschneiden; dies sind die Stücke B und E. Aus dem kontrastierenden Stoff zwei Quadrate mit ebenfalls 25,5 cm Kantenlänge zuschneiden; dies sind die Stücke C und D. Entlang der Kanten sämtlicher Quadrate 1,25 cm Nahtzugabe umbügeln und anschließend wieder aufklappen.

4 Die beiden Vorderteile B und C rechts auf rechts aufeinanderlegen und entlang der eingebügelten Falte steppen. Ebenso mit den Teilen D und E verfahren.

3 Auf die Vorderseite der kontrastierenden Teile C und D wird mit kleinen Schlingstichen (siehe Seite 179) je eine Applikation aufgebracht.

Reste aller Stoffarten können zu originellen Kissenbezügen verarbeitet werden.

2 Das Haftvlies auf die Stoffreste aufbügeln. Die gewünschten Motive aufzeichnen und ausschneiden.

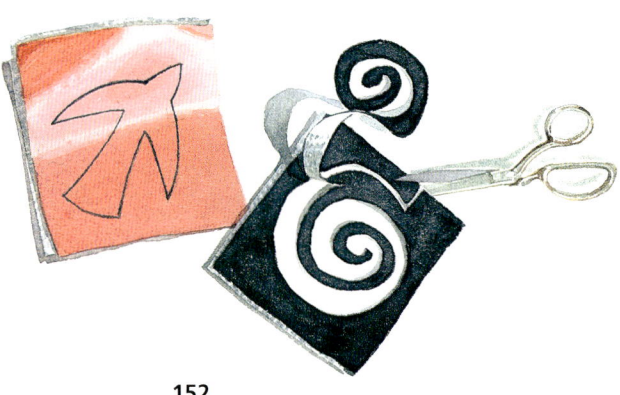

5 Den Streifen B/C auseinanderklappen, mit der rechten Seite nach unten auflegen und die Naht zur linken Seite heften.

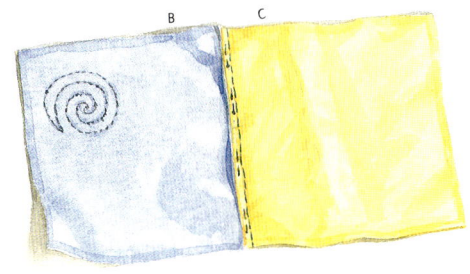

6 Den Streifen D/E auseinanderklappen, mit der rechten Seite nach unten auflegen und die Naht zur rechten Seite heften.

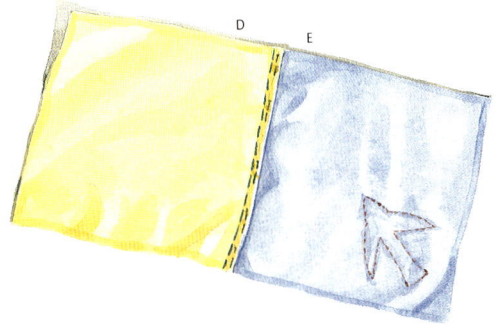

7 Die beiden Teile B/C und D/E rechts auf rechts aufeinanderlegen und bei aufgestellter Naht zusammensteppen; anschließend ausbügeln.

8 Die nun komplette Vorderseite (B/C/D/E) und die Rückseite A rechts auf rechts aufeinanderlegen und entlang der umgebügelten Ränder alle vier Seiten zusammensteppen; in der Mitte der vierten Seite eine Öffnung zum Verstürzen lassen.

KISSENBEZUG MIT APPLIKATIONEN

Materialien

Grundausstattung (siehe Seite 176)
45,5 cm x 45,5 cm großes Kissen
Hauptstoff für die Rückseite und zwei Quadrate der Vorderseite
Kontrastierender Stoff für zwei Quadrate der Vorderseite
Stoffreste für die Applikationen
Aufbügelbares Haftvlies

9 Den Bezug auf die rechte Seite wenden und ausbügeln. Das Kissen in den Bezug stecken und die Öffnung mit kleinen Stichen von Hand schließen (siehe Seite 178).

①

②

① Kissen kann man auf vielfältige Arten verzieren: Holzperlen auf einem Chenillebezug und Baumwollfransen an einem Leinenbezug.

② Bedruckter Fortuny-Stoff, mehrfach eingefaßt mit einer Paspel, einer Leinenblende und einer Borte mit Troddeln.

③ Ein mit Baumwolle bezogenes Kissen mit Troddel-Borte ziert den modernen Sessel.

④ Kleine Muscheln bilden eine originelle Verzierung; sie wurden durchbohrt und von Hand angenäht.

⑤ Bei Kissen lassen sich unterschiedliche Formen, Größen, Farben und Texturen kombinieren; diese Gruppe besteht aus einer Polsterrolle und Kissen mit unterschiedlich verzierten Kanten.

⑥ Den grünen Samtbezug ziert eine gleichfarbige Borte mit dicken Fransen.

⑦ Mehrere Verzierungen erhöhen die Wirkung. Die Rüschenborte wird von der dunklen Kordel betont; Vorder- und Rückseite des Bezugs bestehen aus unterschiedlichen Stoffen.

⑧ Das Kissen aus bedrucktem Baumwolldamast ist mit Kordeln, an deren Enden sich Quasten befinden, an dem Hocker befestigt.

⑨ Antike Textilien, einfaßt mit einem passenden Stoff und einer Fransenborte, geben wunderschöne Kissenbezüge ab.

③

④

⑤

6

zu schaffen. Große Kissen können auf dem Boden für zusätzliche Sitzgelegenheiten sorgen oder in Form gequilteter Polster einen harten Rattansessel einladend und gemütlich gestalten.

Die Vielfalt an Formen, Größen und Stilrichtungen ist unendlich; die Palette reicht von Kissen und Polstern in Matratzengröße bis hin zu winzigen, mit Potpourris und Kräutern gefüllten Duftkissen. Ob quadratisch, rechteckig, länglich, rund, oval, konisch oder zylindrisch – die Auswahl an Formen ist riesig; eine optimale Wirkung wird man mit Kissen erzielen, wenn man unterschiedliche Formen, Größen, Farben, Texturen und Muster in einer Gruppe kombiniert. Schlichte Wirkung strahlt zum Beispiel ein

rechteckiges, mit gestreiftem Drillich bezogenes Kissen aus. Traditionell wirken eckige, runde oder ovale Formen, kombiniert mit einem Brokatstoff und verziert mit Fransen oder Kordeln. Man kann Kissen auch wie Pakete »verpacken«, indem man sie in den Stoff einwickelt und mit Kordeln oder Borte verschnürt. Diese Art von »Verpackung« eignet sich besonders gut für üppige Rollen, die man in Unmengen von Stoff wickelt und an beiden Enden den Stoff überstehenläßt, so daß das Ganze wie ein großes Knallbonbon aussieht.

Im Prinzip sind Ihnen bei der Auswahl der Stoffe keine Grenzen gesetzt; Sie sollten allerdings keine so dünnen Textilien aussuchen, die an den Nähten ausreißen könnten. Wenn Sie sich für einen feinen Stoff wie Spitze oder Musselin entschieden haben, müssen Sie ihn mit einem festeren Stoff, etwa Baumwolle, unterlegen. Verzierungen wie Stickereien, Applikationen und Quilt-Effekte lassen sich mit unterschiedlichen Techniken per Hand oder mit der Nähmaschine anbringen. Auch bei den Einfassungen gibt es unterschiedliche Möglichkeiten: Sie reichen von Kordeln über Paspelierungen, gerade oder gebogte Biesen bis hin zu Borten, Fransen, Quasten und Troddeln.

Die Füllung des Kissens ist zunächst mit einem Innenbezug aus einfachen Stoffen wie Kaliko, Drillich oder Kambrik umgeben. Dieses sogenannte Inlett bleibt in jedem Fall um das Kissen, auch wenn der äußere Bezug zum Waschen abgenommen wird. Die besten Füllungen bestehen aus Daunen oder Daunen-Feder-Mischungen. Kissen mit einer solchen Füllung sind weich, aber gleichzeitig solide und geraten nicht aus der Form. Füllungen aus Kunststoff- oder Latex-Chips sind preiswerter; sie bieten sich in jedem Fall für den Außenbereich an. Diese Art von Füllung verliert allerdings nach einer gewissen Zeit ihre Form, beult und klumpt. Für Sitzpolster eignet sich fester Schaumstoff, den man mit einem scharfen

7   9

8

① Die mit Spitzen verzierten Baumwollkissen schmeicheln dem Rattan.

② Feine Häkelspitze paßt gut zu weißer Baumwolle.

③ Für diesen Stuhlbezug wurde verschiedenfarbige Baumwolle kombiniert; dieselbe Kombination findet sich auch im Kissen mit der gerüschten Einfassung wieder.

④ Die Naht des Drillichbezugs wurde mit demselben Stoff besetzt; der Besatz muß von Hand aufgenäht werden.

⑤ Matratzendrillich ziert den niedrigen Fußhocker. Die dicke Paspel besteht aus demselben Stoff.

⑥ Ein knopfgeheftetes Kissen mit Roßhaarfüllung macht den schmiedeeisernen Stuhl zu einem bequemen Sitzmöbel.

②

Messer in der gewünschten Form zuschneiden kann.

Textile Accessoires lassen sich auch ausgezeichnet mit der Schabloniertechnik verzieren. Schablonierte Motive geben vielen Gegenständen eine persönliche Note und helfen in vielen Fällen, eine Gestaltung zusammenzuführen, indem sich die Motive auf verschiedenen Flächen wiederholen. Sie können fertige Schablonier-Sets kaufen oder sich die Schablonen selbst herstellen – vielleicht möchten Sie ja ein bestimmtes Motiv aus der Tapete, von einer Kachel oder aus dem Bodenbelag auf einem Faltrollo wiederholen. Verzieren Sie ruhig auch einmal Bettwäsche oder eine Schabracke mit Motiven aus dem Vorhangstoff oder dem Teppich; schablonieren Sie Kissen, Wandschirme, Tischtücher und Servietten. Die dafür geeignete

③

Stoffarbe erhalten Sie in Bastelgeschäften. Die Oberflächen der zu schablonierenden Stoffe sollten weich und etwas rauh sein; geeignet sind Kaliko, Musselin, Baumwolle, Leinen, Kanevas und Gardinenfutterstoff. Stoffe mit glänzenden Oberflächen wie etwa Chintz, Moiré, Brokat oder Seide sind nicht zum Schablonieren geeignet. Im Zweifelsfall sollte Sie an einer Ecke testen, ob der Stoff die Farbe annimmt. In jedem Fall müssen Sie den Stoff vor dem Schablonieren waschen, damit er die Appretur verliert. Ansonsten folgen Sie den Anweisungen auf der Packung.

Wie schon mehrfach erwähnt, sollten Sie sich für farb- und lichtechte Stoffe entscheiden, besonders wenn sie oft gewaschen werden. Wenn Sie Ihre eigenen Accessoires herstellen, haben Sie den unschätzbaren Vorteil, daß Sie unter einer Vielzahl von Stoffen auswählen können. Bei kleinen Stoffdekorationen muß der Stoff nicht so fest sein wie bei Vorhängen oder Polsterbezügen – man muß sich bei der Auswahl also nicht auf Dekorationsstoffe beschränken, sondern kann auch Kleiderstoffe in Betracht ziehen. Auch bei den Verzierungen haben Sie freie Hand; experimentieren Sie doch einmal mit Zackenlitze, feiner Spitze und maschinengestickten Borten. Heben Sie alle Stoffreste auf; in den Kaufhäusern können Sie auch bei den Reste-Tischen Ausschau nach einem hübschen Stoff für ein kleines Accessoire halten. Aus Seidentüchern oder -schals lassen sich hübsche Accessoires herstellen – zum Beispiel kleine Tischdecken oder Bettüberwürfe. Sie können auch mehrere Geschirrtücher oder Servietten zu einer großen Tischdecke zusammennähen.

Mit Verzierungen wie Bändern, Borten, Kordeln etc. kann man sowohl die großen Arrangements wie Vorhänge, Rollos, Baldachine und Polsterbezüge als auch die kleineren Accessoires wie Kissen und Lampenschirme schmücken. Der Kontrast zwischen dem Stoff und der Verzierung kann ruhig auch dramatisch ausfallen –

④

⑤

⑦

⑥

④ Die kontrastierende Einfassung mit den Kellerfalten hat eine eher formale Wirkung.

⑧ Der Bezug aus gequiltetem Toile de Jouy wird von einer schwarzen Kordel umrahmt. Eine kontrastierende Einfassung unterstreicht die Wirkung des Hauptstoffes.

⑨ Die Nähte des Sitzpolsters auf dem antiken Eckstuhl wurden mit einer schmalen schwarzen Kordel kaschiert.

⑩ Gequilteter weißer Baumwollmatelassé wird von einer Borte aus schwarz-weiß gestreiftem Drillich umrahmt.

⑧

⑨

⑩

157

① Der ganz einfache Bezug aus gestreiftem Leinen paßt in jedes moderne Interieur.

② Gewebter Raffia-Bast wird von einer breiten naturfarbenen Leinenborte umgeben.

③ Wollbezüge in sanften Herbsttönen haben eine elegante Wirkung; diese sind mit dem gleichen Stoff paspeliert.

④ Antike Tapisserien wurden als dekorative Kissenbezüge mit mehrfarbigen Kordeln eingefaßt.

⑤ Das mit gestreifter Seide bezogene Kissen hebt sich von der Rohseide ab.

⑥ Der schokobraun gestreifte Baumwollbezug ist ebenso paspeliert.

④

③

①

②

⑤

vielleicht eine karierte Borte zu einem gemustertem Stoff oder umgekehrt, zwei ganz unterschiedliche Muster oder unterschiedliche Texturen wie etwa eine Seidenborte zu Musselin oder Kaliko. Wenn Sie eine elegante Wirkung bevorzugen, können Sie die Einfassung eine oder zwei Schattierungen dunkler wählen als den einfarbigen Hauptstoff; klassische Blumenmuster lassen sich hübsch mit einer Borte einfassen, die einen der im Muster vorkommenden Farbtöne aufgreift; Samt läßt sich effektvoll mit glänzenden Seidenfransen und ein einfarbiger Stoff mit einem in derselben Farbe gestreiften kombinieren. Einige Stoffhersteller bieten abgestimmt auf ihre Stoffkollektionen passende Verzierungen einschließlich Fransen, Troddeln und Quasten an – da sollte eine gelungene Kombination kein Problem mehr sein. Allerdings macht es auch Spaß, mit etwas Phantasie selbst eine originelle Kombination zu kreieren. Zuerst müssen Sie sich darüber im klaren sein, wie auffällig die Einfassung sein sollte – ist sie als schlichter Kantenabschluß gedacht, oder soll sie eine außergewöhnliche Wirkung entfalten?

Wofür Sie sich auch entscheiden – die Einfassung muß sich in das Gesamtbild integrieren; wie ein Rahmen wird sie den Gegenstand, den sie umgibt, betonen und akzentuieren, sie kann zur Ausgewogenheit der Proportionen beitragen. Einfassungen müssen nicht aus flachen Geweben bestehen – sie können ebensogut aus dickem Material und sogar wattiert oder gepolstert sein. Rollen Sie Füllmaterial wie etwa Polsterwatte zu langen Würsten, und stopfen Sie damit die Einfassungen von schweren Tagesdecken, Gardinen oder Tischdecken aus. Diese Säume oder Einfassungen geben dem Stück Schwere und lassen den Stoff schön fließen. Effektvolle Kantenverzierungen schafft man durch Paspelierungen, Bänder, Borten, Schrägbesätze und Kordeln, einfachere Wirkungen erzielt man durch Stoffarbe oder Schablonieren.

SCHACHBRETT-KISSENBEZUG

Dieser Kissenbezug läßt sich aus Streifen beliebigen Stoffes herstellen, sogar aus Bändern und Borten.

Materialien

Grundausstattung (siehe Seite 176)
Stoffstreifen in zwei kontrastierenden Farben
Futterstoff · Stoff für die Rückseite · Kissen

Legen Sie die Größe des Bezugs fest. Teilen Sie die Breite des Bezugs durch die Breite der Streifen, um die Anzahl der benötigten Streifen festzustellen. Für einen quadratischen Bezug mit 37,5 cm Kantenlänge benötigen Sie von jeder Farbe fünf 7,5 cm breite Streifen.

Diese Schachbrett-Bezüge bestehen aus miteinander verflochtenen Leinenstreifen, die mit pflanzlichen Farbstoffen gefärbt wurden.

1 Von jeder Farbe fünf Streifen à 7,5 cm Breite und 40 cm Länge zuschneiden; hier wurden auf einem kleinen Webstuhl handgewebte Streifen mit abgeschlossenen Kanten verarbeitet.

Verwenden Sie normalen Stoff, der Schnittkanten aufweist, schneiden Sie die Streifen 10 cm breit zu und versäubern beide langen Schnittkanten durch jeweils einen 0,75 cm breiten doppelten Umschlag, der von Hand festgenäht wird.

2 Den Futterstoff quadratisch mit einer Kantenlänge von 40 cm zuschneiden und flach ausbreiten.

3 Fünf Streifen einer Farbe auf das Futter legen.

4 Führen Sie die Streifen der kontrastierenden Farbe abwechselnd über und unter den in Schritt 3 plazierten Streifen hindurch, so daß ein Schachbrettmuster entsteht. Die Seitenkanten heften.

5 Den Rückseitenstoff quadratisch mit einer Kantenlänge von 40 cm zuschneiden; die beiden Teile rechts auf rechts aufeinanderlegen und alle vier Kanten abstecken. Die Teile in 1,5 cm Entfernung von der Kante zusammensteppen, wobei eine kleine Öffnung zum Verstürzen bleibt.

6 Den Bezug verstürzen, das Kissen hineinstecken und die Öffnung von Hand mit kleinen Stichen schließen (siehe Seite 178).

① Ein wunderschöner alter Knopf ziert den Karobezug.

② Kleinkarierter Baumwollbezug mit geblumter
Paspel und Knopfhefung.

③ Unterschiedliche Kanten: unverzierter Abschluß
(oben), Paspelierung (Mitte) und flache Kanteneinfassung (unten).

④ Die gleiche Grundfarbe verbindet die großen und
kleinen Karos sowie den alten Toile de Jouy miteinander.

⑤ In kräftigem Rot karierter Leinenstoff bietet einen
guten Hintergrund für die mit Toile de Jouy bezogenen Kissen unterschiedlicher Form und Größe.

②

③

①

⑥ Das Stars-and-Stripes-Kissen ziert den mächtigen
Sessel aus Pappkarton.

⑦ Webkaros in Rot und Blau.

⑧ Die alten karierten Baumwollstoffe harmonieren
ausgezeichnet. Gemeinsame Farben, Muster oder
Texturen verbinden unterschiedliche Stoffe.

⑨ Sitzpolster machen harte Stühle gemütlich. Der
Karostoff wurde mit alter Häkelspitze verziert;
gehalten wird das Polster durch die langen
Schleifen.

④

Es sind auch unterschiedliche Stoffrosetten, Rüschen und Schleifen erhältlich.

Sie können sich die Verzierungen aber auch selbst aus Stoffresten herstellen und so auch großflächigen Stoffdekorationen ein originelles Aussehen geben. Auch Knöpfe sind ein interessantes Detail, sie lassen sich mit fast jedem Stoff beziehen und sind vielseitig einsetzbar. Sie können natürlich auch als Blickfang dienen und das Auge auf bestimmte Stellen lenken – vielleicht am oberen Abschluß eines Vorhangs. Besonders effektvoll ist es, wenn man den Abschluß eines Vorhangs aus einem gemusterten Stoff mit einfarbigen Knöpfen besetzt und die Schabracke, die Krausbänder oder den Querbehang in eben jener Farbe einfaßt. Praktisch gedacht, lassen sich mit Einfassungen, Besätzen oder Borten eingelaufene Vorhänge oder Bezüge verlängern; vielleicht sind die Vorhänge ja auch zu kurz für die Fenster in der neuen Wohnung. Mit diesen Verzierungen kann man alte Stoffdekorationen zu neuem Leben erwecken oder sie in eine neue Gestaltung einbinden. Achten Sie in jedem Fall darauf, daß die Besätze, welcher Art sie auch immer sein mögen, licht- und farbecht sind und nicht einlaufen, denn nichts ist frustrierender als eine beim Waschen eingelaufene oder ausgefärbte Einfassung.

Regale sind in der Regel wenig dekorativ, sondern in erster Linie nach praktischen Gesichtspunkten ausgerichtet. Die meisten Regale sehen unordentlich und wirr aus, selbst wenn sie aufgeräumt sind – hier können Sie Ihrer Gestaltungslust also freien Lauf lassen und das Regal so dekorieren, daß es zu einem wichtigen optischen Raumelement wird. Die Dekoration hängt natürlich von der individuellen Raumgestaltung ab. Tackern oder nageln Sie doch einfach einen stark gekrausten Vorhang am oberen Regalrand an, oder schlagen Sie Ösen durch den Stoff, und fädeln Sie ihn auf einen Draht, den Sie an den oberen Ecken des Regals be-

⑤

⑧

⑥

⑦

⑨

festigen – das sieht zum Beispiel in der Küche sehr dekorativ aus. Auf diese Weise lassen sich auch Hängeregale verkleiden – der gewählte Stoff sollte mit dem Geschirr oder den Töpfen, die Sie in diesem Regal aufbewahren, harmonieren.

Für das Schlafzimmer ist eine elegantere Lösung gefragt; in diesem Fall sollten Sie mit Spitzen, Broderie anglaise, Zackenlitze oder Drapierungen aus transparenten Stoffen arbeiten, die durch Schleifen und Bänder gehalten werden. Die Regalbretter lassen sich mit weichem Filz, Boi oder fast jedem anderen Stoff

auskleiden. Plastikbeschichtete oder andere abwaschbare Stoffe eignen sich für vielbenutzte Regale oder solche, die schnell einstauben. Der Stoff kann lose aufgelegt oder festgetackert werden; zum Schluß kann man ihn mit Messingnägeln verzieren. Sie können die einzelnen Regalbretter aber auch in einer Art »Schlauch« verschwinden lassen. Verwenden Sie Stoffe, die leicht zu reinigen sind und nicht einlaufen, gut geeignet sind glänzender Chintz mit einer leichten Beschichtung oder auch feste Baumwolle. Vermeiden Sie in diesem Fall schwere, stark strukturierte Stoffe.

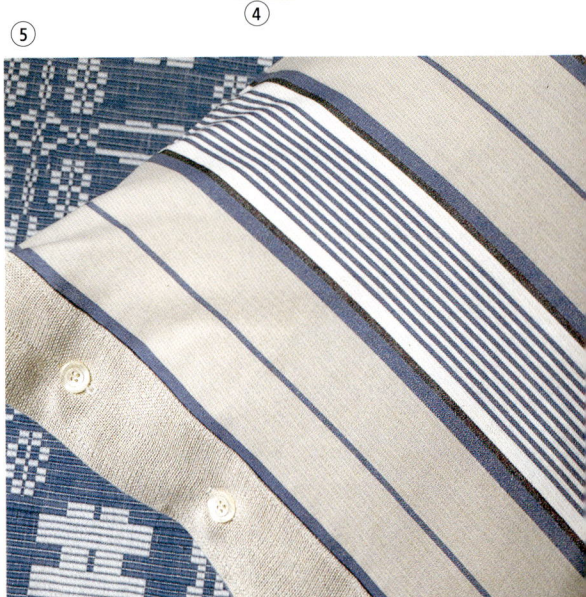

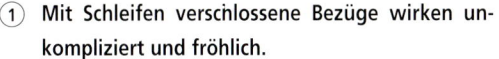

1. Mit Schleifen verschlossene Bezüge wirken unkompliziert und fröhlich.

2. Verwenden Sie denselben Stoff in verschiedene Richtungen; das sorgt für neue Effekte.

3. Schleifen zum Verschließen von Bezügen lassen sich aus dem Grundstoff oder einem kontrastierenden Stoff herstellen.

4. Eine gestreifte Paspelierung ziert einen Bezug aus Madras-Karo.

5. Die unterschiedliche Verzierung gibt dem Bezug aus Abbildung 1 gleich ein ganz anderes Aussehen; statt mit Schleifen wird er traditionell mit Knöpfen geschlossen.

6. Ein Kissenbezug aus rotgestreiftem Drillich, der mit kleinen Schleifen verschlossen wird. Dieser Verschluß eignet sich auch für den Außenbereich, da die Bezüge schnell abgenommen werden können.

7. Ein blaukariertes Sitzkissen mit Rüschenkante.

8. Gruppe von Kissen, die alle mit Knöpfen verschlossen werden. Wenn man dieselbe Stoffart verwendet, hier Baumwolle, lassen sich auch verschiedene Muster mischen.

9. Rot-Weiß wirkt immer freundlich.

10. Der auf einem ägyptischen Markt erstandene Bettüberwurf wurde zu einem sommerlich wirkenden Kissenbezug mit breiter Rüsche umfunktioniert.

11. Ein altes Geschirrtuch mit Waffelmuster und hübscher Webkante dient nun als Kissenbezug.

(1)

(4) Das schwere Juteleinen oder Rupfen bietet sich für Falten geradezu an. Zackenlitze ziert den Schirm oben, kleine Muscheln unten.

(5) Ein altes Stück Leinen wurde zu einem Lampenschirm umfunktioniert. Gesäumt ist er mit gestreifter Baumwolle.

(6) Manchmal bietet es sich an, den Fuß einer Tischlampe ins rechte Licht zu setzen; der kleinkarierte Seidenschirm lenkt nicht von dem porzellanen Fuß ab.

(7) (8) In diesem Interieur harmonieren moderne und antike Möbel ausgezeichnet. Der Lampenschirm aus weißer Seide, mit Ösen versehen und durch den Metallring gefädelt, ist von zeitloser und schlichter Schönheit.

(7)

(1) Malvenfarbener Chintz umgibt, in kleine Falten gelegt, die schmiedeeiserne Wandlampe.

(2) Eine alte Teedose dient nun als Lampenfuß; der weiße Schirm stellt einen Kontrast dar.

(3) Rotkarierter Gingham wurde angekraust und dient so als informeller Lampenschirm.

(6)

(3)

(4)

(5)

(2)

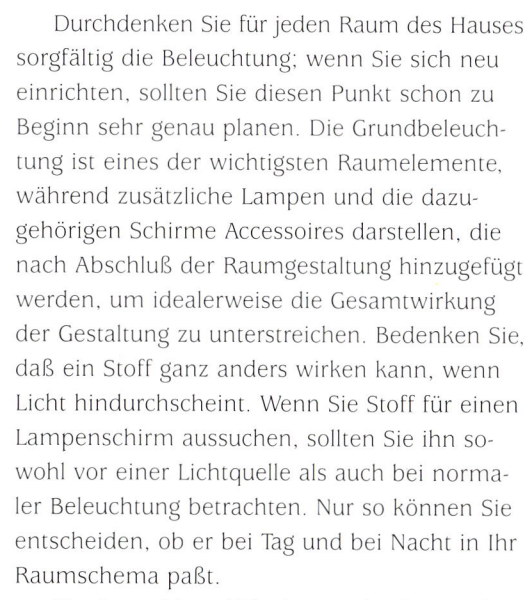

⑧

Durchdenken Sie für jeden Raum des Hauses sorgfältig die Beleuchtung; wenn Sie sich neu einrichten, sollten Sie diesen Punkt schon zu Beginn sehr genau planen. Die Grundbeleuchtung ist eines der wichtigsten Raumelemente, während zusätzliche Lampen und die dazugehörigen Schirme Accessoires darstellen, die nach Abschluß der Raumgestaltung hinzugefügt werden, um idealerweise die Gesamtwirkung der Gestaltung zu unterstreichen. Bedenken Sie, daß ein Stoff ganz anders wirken kann, wenn Licht hindurchscheint. Wenn Sie Stoff für einen Lampenschirm aussuchen, sollten Sie ihn sowohl vor einer Lichtquelle als auch bei normaler Beleuchtung betrachten. Nur so können Sie entscheiden, ob er bei Tag und bei Nacht in Ihr Raumschema paßt.

Die Auswahl und Plazierung der Accessoires ist entscheidend. Um einem Raum den letzten Schliff zu geben, sollten Sie sich die grundlegenden Prinzipien der Raumgestaltung vor Augen führen und die Farben sowie die Kontraste der Texturen und der Formen sorgfältig bedenken, ein Gleichgewicht zwischen gemusterten und ungemusterten Flächen schaffen. Um einem Raum eine besondere Note zu verleihen, kann man beispielsweise eine Gruppe ungemusterter Accessoires wie etwa unterschiedlich geformte Kissen auf einem Bett, einem Sessel oder einem Sofa auftürmen. Man kann an den Wänden Gruppen von Bildern plazieren, deren Rahmen man durch Stoffgirlanden, -bänder oder -schleifen optisch miteinander verbindet.

Obgleich Sie sich unterschiedliche Nähtechniken aneignen müssen, um die verschiedenen Accessoires anfertigen zu können, brauchen Sie keine aufwendige Ausstattung, keine raffinierte Nähmaschine, denn einige der Accessoires lassen sich ebensogut von Hand nähen. Selbst wenn Sie nur über wenig Näherfahrung verfügen, können Sie Dinge wie Wandbehänge oder Wandschirme herstellen und Bilderrahmen mit Stoff beziehen, denn in diesen Fällen braucht

① Ein Paar reich verzierter, vergoldeter Wandleuchter mit leinenen Schirmchen. Der Stoff wurde im rechten Winkel zum Fadenlauf zugeschnitten und auf ein Gestell gezogen; so bekam er seine Form.

② Um eine formale Wirkung zu erzielen, kann man den Stoff, hier pastellgelbe Baumwolle, in schmale Falten legen. Die Seidenschleife mildert die Strenge etwas.

③ Die moderne Schreibtischlampe trägt einen Schirm aus traditionellem Toile de Jouy, der mit den Vorhängen im Hintergrund korrespondiert.

②

①

man noch nicht einmal eine Nadel, da die Stoffe getackert, geklammert oder geklebt werden. Andere Dekorationen wie etwa gequiltete Bettüberwürfe erfordern hingegen schon etwas mehr Erfahrung. Einige Accessoires benötigen in jedem Fall Verzierungen wie Paspeln, Rüschen, Kordeln, Borten, gebogte Kanten oder Knopfheftung. Andere dagegen wirken nur mit einer Stickerei, von einer einfachen Hohlsaumarbeit über Tapisseriestickerei, Crewelstickerei bis hin zur Petit-point-Stickerei. Mit der Applikationstechnik können Sie unerwartete Effekte erzielen, wenn Sie etwa ein Stück alter Tapisserie auf einen neuen Hintergrund bringen. Alte Stücke mit Crewelstickerei, Weißstickerei, folkloristischer Stickerei oder gar Maschinenstickerei können sowohl separat zur Schau gestellt als auch mit einem neuen Hintergrund kombiniert werden. Perlenstickerei ist besonders zur Verzierung von Kissen geeignet, findet sich aber auch häufig auf Schabracken und Lambrequins; in jedem Fall verleiht das Gewicht der Perlchen herabhängenden Stoffen eine fließende Wirkung. Die Berliner Stickerei – in gewisser Weise der Vorläufer unserer heutigen Stickbilder – findet sich oftmals gerahmt an der Wand, kann aber ebenso zum Beziehen von Sitzflächen oder niedrigen Fußhockern verwendet werden.

Patchwork ist eine bekannte Technik, die eine Vielzahl von Möglichkeiten bietet. In erster Linie denkt man bei Patchwork wohl an Bettdecken und Quilts, aber diese Technik eignet sich auch für Kissenbezüge, Tischdecken und kleinere Gegenstände wie Täschchen zum Aufbewahren des Nähzeugs. Patchwork ist ideal, wenn sich viele Stoffreste angesammelt haben.

Obgleich Wandschirme zunächst praktischen Zwecken dienten – um den Raum zu unterteilen, Zugluft oder Sonne abzuhalten –, werden sie heute meistens als dekorative Accessoires verwendet. Der Rahmen kann aus Holz, aus Rohr, Bambus, Rattan oder sogar Metall bestehen, und in jedem Fall wird sich ein passender Stoff finden. Wandschirme geben wunderbare Raumteiler ab; hinter ihnen lassen sich Waschbecken verbergen; sie trennen Eßecke und Wohnzimmer voneinander. Man kann entweder einen alten Wandschirm restaurieren oder aber einen neuen bauen. In den Rahmen zieht man dann den Stoff ein. Je nach Konstruktionsweise gibt es verschiedene Möglichkeiten, den Stoff an dem Schirm zu befestigen.

Auch Tischdecken bieten reichlich Gelegenheit für die unterschiedlichsten Verzierungen. Jeder noch so unansehnliche alte Tisch kann durch eine entsprechende Dekoration in eine festliche Tafel oder einen eleganten Wohnzimmertisch verwandelt werden – Hauptsache, die Form und die Höhe stimmen. Wenn Sie eine einfache Decke anfertigen wollen, schneiden Sie einfach eine runde, rechteckige, quadratische oder ovale Form aus, deren Kanten Sie anschließend säumen oder einfassen. Dann legen Sie den Stoff über den Tisch, so daß er an allen Seiten gleichmäßig herabhängt – und fertig ist die Tischdecke. Besondere Effekte können Sie erzielen, indem Sie mehrere Stofflagen übereinander kombinieren, zuunterst die lange Hauptdecke und darauf verschiedene kürzere.

Man kann Tischdecken durch die verschiedenen Arten von Stickereien und Applikationen verzieren. In einem Wintergarten muß die Tisch-

③

⑤

④

④ Die Tischlampe mit dem schimmernden Metallfuß trägt einen Schirm aus kühler cremefarbener Seide.

⑤ Einfache, konisch geformte Lampenschirme sind in allen Größen und Dicken erhältlich. Dieser hier wurde mit einem alten Stück bestickten Leinenstoffes bezogen. Wird die Lampe angeknipst, hebt sich die Stickerei zart hervor; das Licht fällt diffus durch den Stoff.

⑥ Ein einfacher Lampenschirm bekam den letzten Schliff durch die in Schlingen gelegte Naturkordel.

⑥

1 Aus dem Hauptstoff einen Streifen von 174 cm Länge und 35,5 cm Breite ausschneiden; aus der Seide einen Streifen von 174 cm Länge und 23 cm Breite ausschneiden.

2 Den Seidenstreifen mit der rechten Seite nach unten ausbreiten und eine Kante 0,75 cm breit nach links umbügeln.

3 Den Seidenstreifen auf die rechte Seite umdrehen; die eingebügelte Falte auf den ersten Streifen legen, dessen rechte Seite nach oben zeigt. Die Überlappung beträgt 0,75 cm. Beide Teile dicht neben der eingebügelten Falte zusammensteppen. Naht ausbügeln.

Der safrangelbe Baumwoll-Lampenschirm mit den tiefen Falten bildet den Blickfang des Arrangements auf dem niedrigen Tischchen.

4 An beiden Seiten des zusammengenähten Stücks eine 0,75 cm Kante umschlagen und festbügeln. Dann den

Stoff rechts auf rechts zusammenlegen und entlang der Bügelkanten steppen, so daß eine Röhre mit 172,5 cm Umfang entsteht. Ausbügeln.

5 Den Seidenstreifen und weitere 2 cm des Hauptstoffes nach oben klappen, so daß darüber eine 9,5 cm breite Kante des Hauptstoffes zu sehen ist.

GEFÄLTELTER LAMPENSCHIRM

Materialien

Grundausstattung (siehe Seite 176)
Lampenschirmgestell mit einem oberen Durchmesser von
17,5 cm, einem unteren Durchmesser von 8,75 cm
und 23 cm Höhe
1,75 m Hauptstoff
1,75 m cremefarbene Seide zum Füttern
Stoffkleber

6 Die obersten 5 cm des überstehenden Hauptstoffes nach unten klappen, so daß eine 0,75 cm breite Kante über den Seidenstreifen ragt; die beiden Lagen zusammenheften. Die Stoffröhre auf die rechte Seite wenden und ausbügeln.

7 Falten legen: Legen Sie die Oberkante in Falten, so daß jede volle Falte 4 cm und jede halbe Falte 2 cm breit ist. Nach und nach die Falten feststecken, bis der Kreis geschlossen ist. Dann die Falten 5 cm unter der Oberkante heften, so daß die Heftnaht auf der Verbindung mit der Seide liegt.

8 Entlang der Heftnaht steppen; Schirm auf das Gestell legen und an einigen Punkten mit Stoffkleber fixieren.

9 Schleife: Aus dem Hauptstoff einen 172,5 cm langen und 5 cm breiten Streifen zuschneiden und an den langen Kanten jeweils doppelt 0,75 cm breit nach links

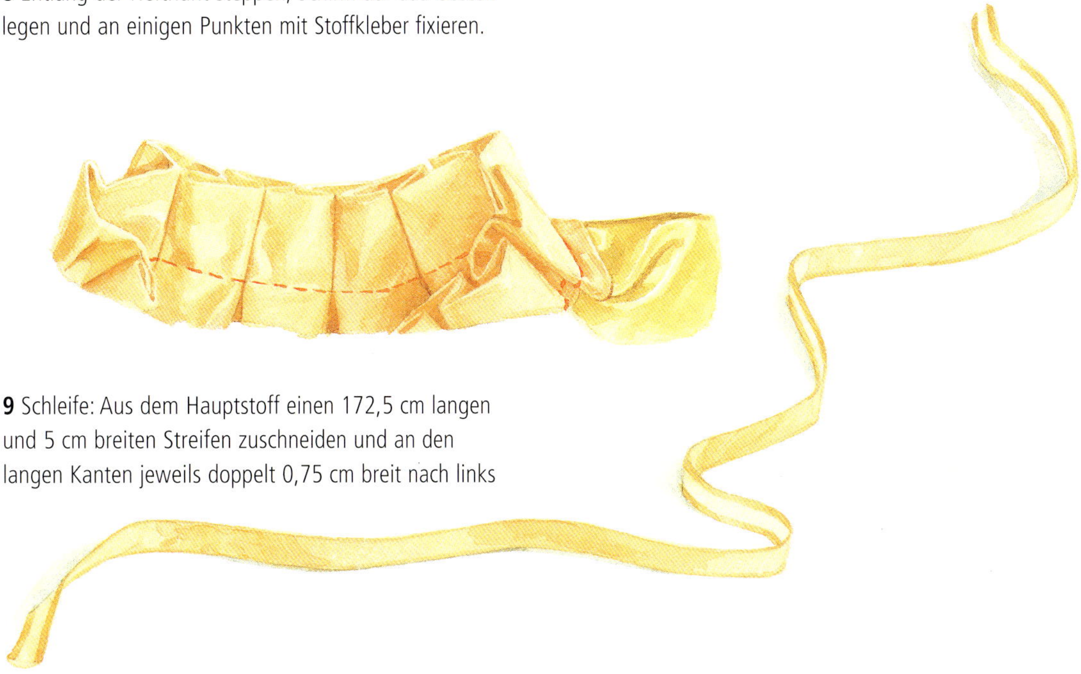

umschlagen. Mit den kurzen Enden ebenso verfahren. Ecken auf Stoß nähen (siehe Seite 180), alle vier Kanten absteppen.

10 Legen Sie das Band um den Lampenschirm, wobei Sie die Steppnaht verdecken, und binden Sie eine Schleife.

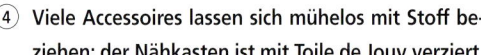

④ Viele Accessoires lassen sich mühelos mit Stoff beziehen; der Nähkasten ist mit Toile de Jouy verziert.

⑤ Der Schrankinhalt wird durch die bespannten Türen vor neugierigen Blicken geschützt; den Stoff tackert man innen an.

⑥ Strapazierfähige Spielzeugsäcke sind sehr praktisch; Juteleinen oder Rupfen sind geeignete Materialien. Die Säcke kann man mit bunter Baumwolle füttern.

⑦ Die Weinflaschen eines französischen Weinguts sind in Futteralen aus Jute- oder Sackleinen verpackt; in einer Öffnung wird das Etikett sichtbar.

⑧ Die Baumwolldeckchen zieren Marmeladengläser.

⑨ Cocktail-Servietten im Stars-and-Stripes-Look.

⑩ Ein Klammerbeutel aus antikem Leinen.

① Rollos aus Raffia-Bast mit Baumwolleinfassung sind eine alternative zu wuchtigen Schranktüren.

② Hinter Stoffbahnen läßt sich Stauraum oder, wie hier, ein Schrank verbergen. An der Seite sind handbemalte Baumwollschals, vorne gestreifte Baumwolle zu sehen. Mit Schlaufen wurde die Vorderseite befestigt.

③ Der Einbauschrank eines Dachzimmers wurde ebenso wie die Wände mit baumwollenem Toile de Jouy bespannt.

decke nicht bodenlang und mit Fransen oder Rüschen verziert sein; hier sieht eine kürzere, weniger formelle Tischdecke mit beispielsweise einer schabloniertem Borte kurz über dem Saum sehr dekorativ aus. Für ein Schlafzimmer hingegen eignet sich ein hübsch bedruckter Baumwollstoff, unter dem eine zarte Spitze hervorschaut. In der Küche macht sich ein fröhlicher karierter Gingham mit gebogter Kante über einer bodenlangen Decke in derselben Grundfarbe immer sehr gut. Man muß Stoffe nicht in jedem Fall einfassen; Kellerfalten in den Ecken eines kurzen Tischtuchs zum Beispiel sind eine hübsche Alternative.

Stoffreste kann man nutzen, um damit an-dere Stoffarrangements zu verzieren oder kleine Geschenke herzustellen: Kosmetiktäschchen, Schuhbeutel, Pomander, Lavendelsäckchen, Badetaschen; es gibt eine Vielzahl von Möglichkeiten – der Phantasie sind keine Grenzen gesetzt. Sie können Bilder- oder Spiegelrahmen mit Stoff beziehen, Fotoalben, Tage- und Notizbücher. Bespannen Sie eine gewöhnliche Notizwand aus Kork mit Stoff, und befestigen Sie daran mit den kleinen Pins die Notizzettel. Aus Stoffresten können Sie Servietten anfertigen, aber auch Serviettenringe, indem Sie schmale Stoffstreifen zuschneiden, die Sie entweder als Schleife um die Servietten binden oder mit Wäscheknöpfen oder anderen lustigen Ver-schlüssen schließen. Schön sind auch zu den Servietten passende Serviettentaschen. Außerdem können Sie aus Stoffresten Topflappen, Ofenhandschuhe, Küchen- oder Gartenschürzen mit großen Taschen, Deckchen für Tabletts, wattierte Unterleger für die Tee- oder Kaffeekanne und vieles, vieles mehr herstellen. Für das Schlafzimmer eignen sich Taschen, in denen man Pyjama oder Nachthemd verwahren kann.

Körbe aller Art und aller Größen lassen sich zu den unterschiedlichsten Zwecken nutzen – sie dienen als Behälter für Feuerholz, zum Transportieren von Picknickutensilien und Essen und auf dem Frisiertisch zum Aufbewahren von Schmuck. Suchen Sie zum Ausschlagen von

⑦

⑧

⑨

⑩

① Ein Rest von Toile de Jouy wurde mit Rüschen-borte versehen und ziert nun den Hundekorb.

② Rufus liebt sein gestreiftes Baumwollbett.

③④ Die offenen Regale in einem kleinen Schlaf-zimmer werden von einem karierten Vorhang verborgen; ihn ziert eine gebogte Schabracke mit einer Einfassung aus weißem Leinen.

⑤ Aus Stoffresten lassen sich die erstaunlichsten Accessoires herstellen. Hier zu sehen Cocktail-Servietten aus weißem Leinen mit Kreuzstich-Stickerei.

Körben einen Stoff aus, der entweder in den entsprechenden Raum paßt oder aber eine Verbindung zum Zweck des Korbes aufweist – etwa einen mit Blumen bedruckten Stoff für einen Gartenkorb. Der Stoff muß außerdem den praktischen Anforderungen genügen. Ein Korb, in dem man Feuerholz aufbewahrt, wird in jedem Fall stark beansprucht – der Stoff sollte deshalb sehr strapazierfähig und wasserabwei-send sein; in diesem Fall eignen sich ein fester Kanevas oder ein mit Kunststoff beschichteter Stoff. Der Stoff muß waschbar sein und sollte großzügig zugeschnitten werden, damit er den Korb bequem auskleidet. Befestigen Sie den Stoff mit großen Stichen oder Schleifen und Bändern am Korbrand.

Kisten, Kästen, Truhen und Schubladen lassen sich ebenfalls mit Stoff auskleiden; mit Blütenpotpourris gefüllte Säckchen in passen-den Stoffen sorgen für feinen Duft. In diesen Fällen sollte man den Stoff in dem jeweiligen Behälter befestigen, da er sonst hin und her rutscht – Reißzwecken reichen schon aus.

⑥ Winzig karierter Gingham umgibt die Platzdeckchen aus weißem Baumwollpiqué.

⑦ Die Handtücher aus Leinen und gewaffelter Baumwolle zieren Kreuzstich-Herzen.

⑧ In den karierten Baumwollsäckchen kann man auf Reisen verschiedene Toilettenartikel verstauen.

⑨ Die unterschiedlichsten Gegenstände lassen sich mit Stoff beziehen: hier eine Streichholzschachtel, ein Notizbuch und eine kleine Vase.

⑩ Nadelkissen und Lavendelsäckchen aus antiken Webstoffen.

⑪ Ein mit Stoff bezogenes altes Kistchen.

Techniken

Die meisten in diesem Buch vorgestellten Stoffdekorationen sehen zwar sehr raffiniert aus, sind aber in der Regel verhältnismäßig leicht nachzufertigen, wenn man die Grundtechniken des Nähens beherrscht, die in diesem Kapitel ausführlich erklärt werden. Bevor Sie sich an die Arbeit machen, sollten Sie für einen geeigneten Arbeitsplatz sorgen; er muß hell genug sein, und außerdem sollte ein großer Tisch zur Verfügung stehen, auf dem Sie den Stoff zuschneiden können; ein Küchen- oder Eßzimmertisch eignen sich hierzu. Um die Tischplatte vor Kratzern zu bewahren, decken Sie sie mit Zeitungspapier oder einem alten Tischtuch ab. Ist der Tisch nicht groß genug, können Sie sich mit einer Spanplatte behelfen, die Sie auf die kleinere Tischplatte legen. Falls Sie auf dem Teppichboden zuschneiden und nähen wollen, sollten Sie vorsichtig sein, um keinen Schaden anzurichten.

Falls Sie noch über keine großen Näherfahrungen verfügen, beginnen Sie am besten nicht mit einem anspruchsvollen Projekt wie Vorhänge mit einem komplizierten oberen Abschluß, Rollos oder losen Bezügen, sondern mit einer einfacheren Dekoration; steigern Sie den Schwierigkeitsgrad, wenn Sie erste Erfahrungen gesammelt haben.

Grundausstattung

Wie bei jedem anderen Hobby sollten Sie sich eine möglichst gute Grundausstattung zulegen. Gute Scheren sind sehr wichtig. Sie benötigen eine große Schneiderschere mit gebogenem Griff zum Zuschneiden, eine mittelgroße Nähschere und eine kleine Stickschere. Mit einer Zackenschere lassen sich ausgefranste Kanten versäubern. Es versteht sich von selbst, daß die Scheren so scharf wie möglich sein sollten.

Auch die Meßwerkzeuge sind wichtig. Zum Abmessen langer Stoffbahnen eignet sich ein Zollstock aus Holz oder Metall am besten. Zum Abmessen kleinerer Stoffstücke reicht auch ein hölzernes oder metallenes Lineal aus. In jedem Fall sollten Sie auch ein doppelseitig bedrucktes, mit metallverstärkten Enden versehenes Maßband aus Kunststoff zur Hand haben. Zum Ausmessen von Fenstern etc. eignet sich ein ausklappbarer Zollstock. Millimeterpapier dient zum maßstabgetreuen Entwerfen und Aufzeichnen der gewünschten Form; diese wird dann zum Zuschneiden des Stoffes auf Schnittpapier übertragen. Mit Schneiderkreide können Sie auf dem Stoff Markierungen anbringen, die wieder einfach zu entfernen sind. Außerdem sind im Handel speziell für diesen Zweck verschiedenfarbige Flüssigmarker, auch selbstlöschende, erhältlich.

Bei den Stecknadeln sollten Sie sich für eine gute Qualität entscheiden; sie müssen sehr spitz sein, so daß sie den Stoff nicht verletzen. Stecknadeln mit bunten Glasköpfen sind auch auf dunklen Stoffen gut sichtbar. Lassen Sie die Stecknadeln nie zu lange im Stoff, so daß keine Löcher zurückbleiben. In einem speziellen Nadelkästchen aufbewahrte Nadeln werden weniger schnell stumpf als ins Nadelkissen gepiekste. Legen Sie sich einen kompletten Satz Näh-

nadeln für die unterschiedlichen Verwendungszwecke zu: eine lange Nadel zum Heften, eine Plattstichnadel für Garnstickereien, eine Dreikantnadel zum Nähen von Leder, Kunstleder und Plastik sowie mehrere unterschiedlich lange und dicke Nähnadeln. Es gibt auch gebogene Nadeln für Polsterarbeiten. Halten Sie auch einen metallenen Fingerhut in der richtigen Größe bereit, wenn Sie schwere, dicke Stoffe von Hand nähen. Und denken Sie daran: Rostige Nadeln hinterlassen Spuren auf dem Stoff. Auch für die Nähmaschine sollten Sie einen kompletten Satz Maschinennadeln für die unterschiedlichen Stoffarten und Verwendungszwecke bereithalten. Die Nadeln müssen natürlich zu dem Nähmaschinentyp passen; beachten Sie also die Angaben des Herstellers.

Um die Stoffteile dauerhaft zusammenzufügen bzw. zu fixieren, benötigen Sie Garn und andere Fixiermaterialien. Die Wahl des richtigen Garns ist sehr wichtig. Zum Heften wählt man natürlich baumwollenes Heftgarn; zum Nähen von Stoffen aus Kunstfaser verwendet man ein synthetisches Garn, das man jedoch nicht für Gewebe aus Naturfasern wie Baumwolle, Seide oder Leinen benutzt, da es sehr fest ist und deshalb Schaden am Stoff anrichten kann. Für Baumwolle verwenden Sie Baumwollgarn, für Leinen Leinengarn. Auch umgekehrt sollten Sie kein Baumwollgarn in Verbindung mit Synthetikstoff benutzen, da Baumwolle beim Waschen etwas einläuft. Für einen Seidenstoff wählen Sie Seiden- oder ein anderes Naturgarn. Beachten Sie auch die Stärke des Nähgarns; für normal dicke Stoffe wählen Sie eine mittlere Stärke, für offenmaschige Stoffe dünnes, für dichtgewebte, schwere Stoffe dickes Garn. Das Nähgarn sollte dieselbe Farbe wie der Stoff haben; bei gemusterten Stoffen entscheidet die vorherrschende Farbe; das Garn kann ruhig etwas dunkler als der Stoff sein, da die feinen Stiche immer heller wirken als das Garn auf der Rolle. Wenn Sie mit der Maschine nähen, sollten der Ober- und der Unterfaden natürlich aus demselbem Garn bestehen. Achten Sie auch auf die richtige Fadenspannung. Testen Sie auf einem Probelappen die unterschiedlichen Stichlängen, bevor Sie beginnen.

In manchen Fällen bietet es sich an, Stoffkleber einzusetzen, beispielsweise um einen Besatz auf einer Schabracke zu fixieren, um eine Kante am Ausfransen zu hindern oder um Borten oder Litzen zur Kaschierung auf der Naht einer Wandbespannung oder eines mit Stoff bezogenen Lampenschirms zu befestigen. Testen Sie Stoffkleber jedoch erst an einem Probelappen, da er manchmal den Stoff entfärbt.

Ein Hefter bzw. Tacker ist oft praktisch, um Stoff zu krausen oder um Falten zu fixieren, sowohl dauerhaft als auch vorübergehend.

Es sind viele Arten von Verschlüssen erhältlich. Reißverschlüsse sollten hinsichtlich der Stärke, der Größe, des Materials und der Farbe dem Stoff entsprechen. Verwenden Sie bei Naturfasern Naturfaser-Reißverschlüsse und Synthetik-Reißverschlüsse zusammen mit Kunstfasern. Wählen Sie eine zu dem Stoff passende Farbe. Haken und Ösen sowie die guten alten Druckknöpfe eignen sich als Verschluß für lose Bezüge und Kissenbezüge. Im Fachhandel sind Druckknopfbänder erhältlich, die nur noch auf den Stoff genäht werden müssen; die beiden Teile des Druckknopfs liegen sich dabei automatisch gegenüber.

Eine weitere praktische Verschlußmethode stellen Klettbänder dar, die sich durch die kleinen Nylonschlingen auf beiden Seiten ineinander verhaken. Klettbänder sind in unterschiedlichen Breiten erhältlich; man näht sie von Hand auf den Stoff auf. Wenn man Stoff auf einem festen Untergrund anbringen möchte, näht man eine Hälfte des Klettbands auf den Stoff und klebt die zweite Hälfte auf die Fäche – so läßt der Stoff sich zum Waschen leicht abnehmen. Das Klettband sollte farblich zu dem Stoff passen. Weitere Verschlußmöglichkeiten stellen Knöpfe mit Knopflöchern (siehe Seite 179) und Schleifen dar.

Ein kleines, aber sehr praktisches Nähutensil, das in keinem Nähkasten fehlen sollte, ist der Pfeiltrenner, ein scharfer Haken, mit dem man Nähte und maschinengenähte Knopflöcher auftrennen kann. Für Kurzsichtige kann eine Sticklupe ein nützliches Hilfsmittel sein, um feine Einzelheiten erkennen zu können. Ein Stoffbeschwerer hindert den Stoff daran, vom glatten Tisch zu rutschen; wickeln Sie einen Ziegelstein oder einen anderen kleinen, schweren Gegenstand in ein Stück alte Decke oder Wattierungsvlies und beziehen Sie das Ganze mit einem hübschen Stoff. Wenn Sie zusätzlich einen Griff oder eine Schlaufe anbringen, läßt sich der Stoffbeschwerer praktisch handhaben.

Obwohl einige der kleineren vorgestellten Projekte von Hand zu nähen sind, benötigt man für die meisten Stücke eine einfache Nähmaschine; für Dekorationen wie Vorhänge oder lose Stuhlbezüge ist eine Nähmaschine unverzichtbar. Wenn Sie sich eine neue Nähmaschine zulegen, sollten Sie sich für ein vollautomatisches Modell entscheiden, da Sie so beide Hände frei haben. Machen Sie sich zuerst mit der Maschine, mit den Garnen und mit den unterschiedlichen Nadeln vertraut, so daß Sie wissen, welche Nadel sich für welchen Stoff eignet, denn es wäre schade, einen guten Stoff durch die falsche Nadel zu ruinieren. Legen Sie sich einen Probelappen mit den unterschiedlichen Stichen an. Gehen Sie mit Ihrer Nähmaschine sorgsam um; bewahren Sie sie an einem warmen, trockenen Ort auf. Reinigen und ölen Sie sie regelmäßig, und lassen Sie sie von Zeit zu Zeit von einem Fachmann durchchecken.

Der zu verarbeitende Stoff sollte immer glatt sein; das erleichtert die Sache erheblich, besonders wenn es an die Säume geht. Vergewissern Sie sich, um welche Faser es sich handelt, damit Sie das Bügeleisen richtig temperieren können. Bestimmte Stoffe sollte man nicht mit einem Dampfbügeleisen behandeln, da sie sonst einlaufen oder sich wellen und kräuseln; andere hingegen vertragen das Dampfbügeleisen ausgezeichnet. Im Zweifelsfall probieren Sie es an einem kleinen Eckchen aus.

Wissenswertes über Stoffe

Alle in der Raumgestaltung verwendeten Stoffe sollten lichtecht und gekrumpft sein; bezüglich der Feuerbeständigkeit von Bezugstoffen und Füllmaterial gibt es gesetzliche Bestimmungen; Ihr Stoffhändler wird Ihnen darüber Auskunft geben können.

Vergewissern Sie sich, daß eingewebte Muster sich auf der Webkante fortsetzen, so daß Sie die Stoffbahnen bei großen Projekten wie Vorhängen problemlos längsseits aneinandersetzen können. Achten Sie darauf, daß in Druckmustern überlappende Farben nicht wie verschmiert wirken.

Vorhänge sollten entweder mit einem festen oder einem abnehmbaren Futter versehen werden. Nur bei dünnen Gardinen kann man darauf verzichten. Das Futter verleiht dem Vorhang einen fließenderen Fall, hält Licht und Lärm ab und schützt den Hauptstoff vor dem Ausbleichen. Baumwollsatin eignet sich am besten zum Unterfüttern von Vorhängen. Die dichte Webart und die feste, leicht glänzende Oberfläche hält Schmutz und Staub von dem Vorhangstoff fern. Baumwollsatin ist in verschiedenen Breiten und in vielen Farben erhältlich. Wählen Sie eine Farbe, die zu dem Hauptstoff paßt. Es sind auch isolierende Futterstoffe erhältlich; ein Baumwoll-Acryl-Gemisch wirkt wärmedämmend, während mit einer dünnen Aluminium-Schicht versehene Futterstoffe im Sommer die Wärme draußen und im Winter drinnen im Raum halten. Außerdem sind spezielle Futterstoffe erhältlich, die so dichtgewebt bzw. speziell beschichtet sind, daß die keinen Lichtstrahl durchlassen und zudem wärmedämmende Eigenschaften aufweisen. Für ein abnehmbares Futter benötigen Sie ein besonderes Gardinenband, so daß das Futter an denselben Haken eingehängt werden kann wie der Vorhang; feste Futter sind durch eine Naht mit dem Vorhang verbunden und erfordern kein besonderes Gardinenband.

Zwischenfutter ist eine zusätzliche Schicht zwischen Hauptstoff und Futter; es besteht in der Regel nicht aus einem gewebten Stoff, sondern einem wattierten Vlies und kann deshalb nicht gewaschen werden. Ein Zwischenfutter verleiht Vorhängen, Tagesdecken etc. einen schöneren Fall und mehr Volumen und ist in verschiedenen Stärken normalerweise in gebrochenem Weiß und cremefarben erhältlich. Das dickste Zwischenfutter ähnelt einer Wolldecke; am gebräuchlichsten ist Domette, ein boi- oder flanellartiges, aufgerauhtes Material, das aus Baumwolle besteht. Es sind auch dünnere, synthetische Materialien zum Zwischenfüttern feinerer Vorhangstoffe erhältlich.

Mit Wattierungen unterpolstert man Stoffe, insbesondere Säume, Kanten von Vorhängen etc., Schabracken oder Stepparbeiten. Sogenannte Oberflächenwattierung oder Polsterwatte ist meistens naturfarben oder grau und besteht aus Naturfasern; es sind aber auch synthetische Materialien erhältlich. Polsterwatte gibt es in verschiedenen Stärken, Gewichtsklassen und Breiten.

Nähen von Hand

Obwohl die modernen Nähmaschinen über eine große Auswahl an Stichen verfügen, muß doch manchmal von Hand genäht werden. So sollte man Nähte und Säume von Hand heften, daß sich beim Maschinennähen der Stoff nicht verschiebt. Nach dem Maschinennähen entfernt man die Heftfäden. Die folgenden Handstiche werden Ihnen bei vielen der vorgestellten Projekte von Nutzen sein.

Heftstich (Vorstich)

Heft- oder Vorstiche sind kurze, gleichmäßige Stiche, die abwechselnd auf der Stoffvorder- und der -rückseite zu sehen sind. Mit ihnen hält man Stoffteile kurzfristig zusammen oder kräuselt Stoff; das letztere funktioniert wie folgt: Man beginnt auf der rechten Stoffseite und durchsticht den Stoff in kurzen, regelmäßigen Abstände, behält den Stoff aber zunächst auf der Nadel; erst nach mehreren Stichen wird der Faden nachgezogen. Am Ende der Stoffbahn angekommen, krausen Sie den Stoff gleichmäßig auf dem Faden.

Auf eine ganz ähnliche Weise heftet man auch Stoff, wobei beim Heften der auf der Stoffoberseite sichtbare Stich länger, und der auf der Stoffunterseite liegende Stich kürzer ausfällt. Benutzen Sie Garne, die sich farblich von dem Stoff abheben; das erleichtert das voll-

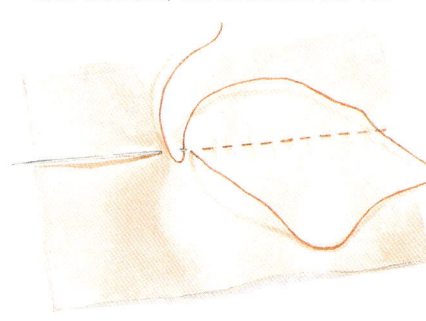

ständige Entfernen des Heftfadens nach dem Maschinennähen.

Steppstich (Rückstich)

Stepp- oder Rückstiche sind feste Stiche für dauerhafte Nähte, die von rechts Maschinennähten ähneln und sich für die Maschine schlecht zugängliche Stellen eignen. Mit zwei bis drei auf einer Stelle ausgeführten Steppstichen sichert man Nähte aus anderen Handstichen. Beim ersten Stich Stoff von unten durchstechen, kurz hinter dem Fadenaustritt einstechen und in gleichem Abstand vor dem ersten Fadenaustritt wieder ausstechen. Dann die Nadel in gleichmäßigen Abständen immer vor dem letzten Fadenaustritt wieder ausstechen.

Stoßnahtstich

Der Stoßnahtstich wird verwendet, wenn zwei gemusterte Stoffteile zusammengefügt werden, deren Muster exakt aufeinandertreffen sollen. Er wird auf der rechten Stoffseite gearbeitet. An engen Stellen eignet er sich als Abschlußstich, er dient außerdem zum Heften von Flachsäumen vor dem Maschinennähen. Nahtzugabe an der Kante umbügeln und rechtsseitig so an das andere Stoffteil anlegen, daß das Muster paßt. Die beiden Teile mit Stecknadeln fixieren; Faden unter dem Einschlag befestigen, Nadel an die Oberseite stechen, zum anderen Stoffteil führen und durch den Einschlag wieder nach unten stechen, dann auf der anderen Seite wieder ausstechen.

Staffierstich (Schlupfstich)

Der Staffierstich hält zwei umgeschlagene Stoffteile im Stoffbruch zusammen. Er wird auf der rechten Seite von rechts nach links gearbeitet. Bügeln Sie die beiden Umschläge links auf links um, und legen Sie die Stoffbruchkanten längsseits aneinander. Die Nähnadel durch den Stoffbruch der Nahtzugabe nach außen stechen und den Faden zunächst mit einigen kleinen Stichen auf derselben Stelle sichern; dann zwei bis drei Gewebefäden des anderen Stoffteils fassen und neben der Ausstichstelle wieder zurück durch den Stoffbruch stechen. Im Bruch einige Millimeter weiterführen, wieder nach

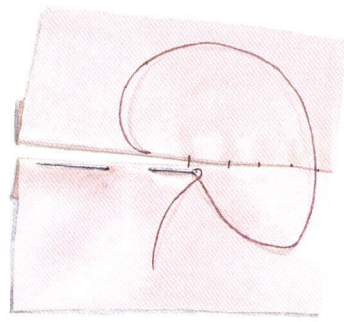

außen stechen und auf der anderen Seite genau gegenüber dem Fadenaustritt einstechen. Achten Sie darauf, daß die Naht gerade wird und der Stoff nicht beult.

Saumstich

Mit dem Saumstich befestigt man einen umgeschlagenen Saum, den man zuvor festgebügelt hat, auf einem glatten Stoffteil; er wird auf der linken Stoffseite von rechts nach links gearbeitet, der Umschlag zeigt in Ihre Richtung, die Nadel diagonal von rechts oben nach links unten. Fassen Sie einige Gewebefäden des glatten Stoffteils, führen Sie die Nadel unter den Umschlag, und durchstechen Sie dann beide Stoffschichten des Umschlags von der Unter- zur Oberseite. Handelt es sich um einen schweren Stoff, den man am Saum nicht umschlagen kann, ohne daß er beult, eignet sich der Hexenstich zum Säumen besser.

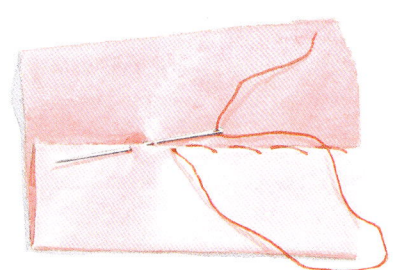

Hexenstich

Der Hexenstich dient zum Fixieren unversäuberter, nicht umgeschlagener Säume und wird auf der linken Stoffseite von links nach rechts gearbeitet, wobei die Nadel nach links zeigt. Der Hexenstich eignet sich für schwere Stoffe, gebogene Nähte und zum Befestigen einer Wattierung. Auf einen kurzen waagerechten Stich rückwärts in die Richtung der fertigen Naht auf der flachen, einfach liegenden Stoffseite folgt ein diagonal ausgeführter, langer Stich hinüber auf die andere Seite, wobei sich die Fäden kreuzen. Anschließend wieder ein horizontaler kurzer Stich auf derselben Seite, dann der diagonale auf die andere Seite.

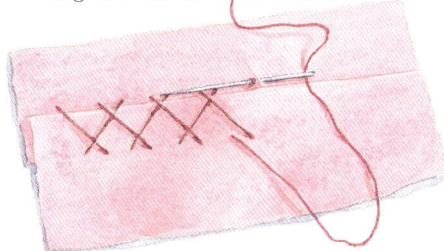

Schlingstich

Mit dem Schlingstich versäubert man eine fransende Schnittkante. Der Schlingstich kann auch dekorativ, zum Beispiel beim Aufbringen von Applikationen, eingesetzt werden. Er wird auf der rechten Seite ausgeführt. Den Faden auf der Stoffunterseite befestigen, stechen Sie die Nadel im gewünschten Abstand zur Stoffkante von vorn nach hinten durch, führen Sie sie auf der Rückseite zur Stoffkante, winden Sie die Nadel um den Faden, so daß eine Schlinge entsteht; dann wieder auf der Vorderseite nach hinten durchstechen.

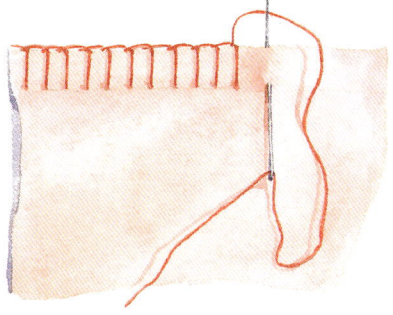

Knopflochstich

Der Knopflochstich ähnelt dem Schlingstich, wobei die Stiche ganz dicht nebeneinander ausgeführt werden, so daß eine dichte Kante entsteht. Mit dem Knopflochstich versäubert man Knopflöcher, verhindert das Ausfransen von

Stoff und befestigt Haken und Ösen sowie andere Verschlüsse. Verwenden Sie dafür festes Garn aus Leinen oder Seide, um das Ganze haltbar zu machen. Knopflöcher kann man allerdings auch mit der Nähmaschine einfassen.

Der Knopflochstich wird genau entgegengesetzt dem Schlingstich ausgeführt; die Nadel wird in gewünschtem Abstand zur Kante von hinten nach vorne durch den Stoff geführt; der Faden muß dabei unter den Nadel liegen; die Schlinge wird festgezogen, so daß an der Schnittkante des Stoffes ein kleines Knötchen entsteht. Bei Erreichen der Knopflochecke führt man einige fächerförmig angeordnete Stiche aus, um ein

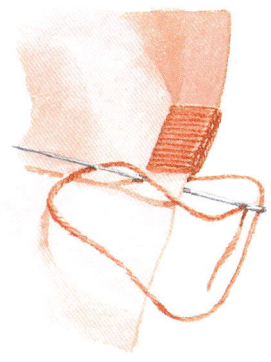

Ausreißen des Lochs zu verhindern. Normalerweise legt man zunächst die Position und Größe des ersten Knopflochs fest und markiert den Stoff entsprechend. Liegt der Stoff einfach, schneidet man das Knopfloch in Richtung des Fadenlaufs des Stoffes. Allerdings ist es üblich, daß der Stoff für Knopflöcher doppelt liegt. Dann bringt man zwei parallele Reihen Heftstiche im Abstand der Breite der Knopflöcher an, damit der Stoff nicht verrutscht und man sich orientieren kann. Anschließend schneidet man den Schlitz, den man wie oben beschrieben versäubert.

Nähen mit der Maschine

Die einfache Steppnaht ist die wohl wichtigste Maschinennaht. Sie sollte unauffällig sein; die Stiche dürfen auf der rechten Seite des Stoffes nicht sichtbar werden. Bevor Sie mit dem Zuschneiden beginnen, sollten Sie durch Zurechtziehen des Stoffes dafür sorgen, daß die Kett- und Schußfäden rechtwinklig zueinander, d.h. fadengerade verlaufen, da andernfalls das fertige Stück verzogen wirkt. Bei bedruckten Stoffen empfiehlt es sich zu prüfen, ob das Muster gerade sitzt; dies ist besonders wichtig, wenn Sie aus einem bedruckten Stoff beispielsweise Vorhänge nähen wollen. Ist das Muster nicht gerade ausgerichtet, ergeben sich Probleme beim Zusammennähen zweier Stoffbahnen. Bei vielen Stoffen ist es ratsam, vor der Verarbeitung die Webkanten abzuschneiden, da diese an der fertigen Naht oftmals beulen oder sich wellen. Alternativ dazu können Sie die Webkante in Abständen von einigen Zentimetern einschneiden, um ein Beulen oder Wellen zu vermeiden.

Nähen Sie eine Naht immer am Stück; bei Florstoffen wie Samt sollten Sie beim Zusammennähen zweier Stoffbahnen auf die gleiche Ausrichtung des Flors achten, da die Naht andernfalls sehr auffällig wirkt. Einen sehr langen Flor, der sich in der Naht verfangen würde, schneidet man vor dem Nähen im Bereich der Nahtzugabe zurück; verfangene Fasern lassen sich anschließend mit einer Nadel aus der Naht holen. Für sehr dünne, offenmaschige Stoffe wie Tüll, Schleier, Musselin oder Voile verwenden Sie eine besonders feine Nadel und ein dünnes Garn (siehe Seite 176). Da feiner Stoff, ebenso wie Satin und Seide, beim Nähen leicht verrutscht, können Sie zwischen die beiden Stoffschichten eine Lage Küchenkrepp legen und mitnähen. Ein Verfangen von Stoffen wie

etwa strukturiertem Voile im Nähfuß verhindert man durch einen Streifen Küchenkrepp, die man zwischen Nähfuß und Stoff plaziert. Der Küchenkrepp läßt sich nach dem Nähen wieder entfernen; kleinere Fetzchen kann man mit einer Nadel zwischen den einzelnen Stichen hervorholen.

Um bei schweren Stoffen wulstige und beulende Nähte zu verhindern, schneidet man nach dem Zusammennähen der Stoffteile die Nahtzugabe auf wenige Millimeter zurück; das sollte man allerdings bei Stoffen, die stark ausfransen, unterlassen; die Naht könnte ausreißen. Wenn die fertige Naht nicht ausgebügelt wird, beispielsweise weil eine Paspelierung vorgesehen ist, schneidet man nur eine Seite der Nahtzugabe bis kurz vor die Naht zurück, so daß die rechte Seite ein weicheres Aussehen erhält.

Steppnaht

Die beiden Stoffteile werden rechts auf rechts zusammengesteckt, wobei der Musteranschluß stimmen muß. Die Stecknadeln verlaufen rechtwinklig zur Schnittkante; dann heftet man die beiden Teile zusammen (siehe Seite 178), wobei eine Nahtzugabe von mindestens 1,25 cm stehenbleibt; beim Heften die Stecknadeln entfernen. In geringem Abstand zu (aber nicht direkt auf) dem Heftfaden steppen; beim Nähen von Hand verwendet man den Stepp- oder Rückstich (siehe Seite 178). Den Faden zu Beginn und am Ende mit mehreren zusätzlichen Stichen sichern. Den Heftfaden entfernen, die Naht zunächst von der linken Seite bügeln, um die Stiche tief in den Stoff zu drücken. Anschließend die Teile samt der Nahtzugabe auseinanderklappen und breitbügeln, falls nichts anderes angegeben ist.

Dann folgt das Versäubern der Steppnaht. Die einfachste Versäuberungsmethode ist ein breiter Zickzackstich, der direkt an der Schnittkante an-

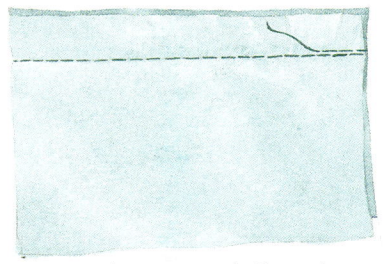

gesetzt wird; immer noch überstehenden Stoff abschneiden. Handelt es sich um einen Stoff, der nicht franst, kann man mit einer Zackenschere versäubern – eine einfache und schnelle Methode. Die Nahtzugabe feiner Stoffe läßt sich umschlagen und von Hand versäubern (siehe Seite 178). Die Nähte dickerer Stoffe kann man mit Nahtoder Schrägband vor dem Ausfransen schützen.

Hochstehende Kappnaht (Übersteppte Naht)

Die Hochstehende Kappnaht oder Übersteppte Naht eignet sich zum Versäubern einer einfachen Steppnaht, die jedoch nicht auseinandergebügelt sein darf. Dabei schneidet man eine der beiden Nahtzugaben auf etwa 3 mm zurück, schlägt die verbleibende längere Nahtzugabe 3 mm breit ein, bügelt sie um und legt sie über die kürzere,

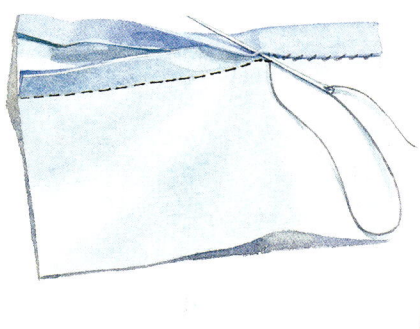

wobei der Bruch an die Steppnaht stößt. Dann den Bruch knappkantig absteppen, per Hand (siehe Seite 178) oder mit der Maschine.

Falsche französische Naht

Wenn Sie eine perfekt versäuberte, auf der rechten Stoffseite nicht sichtbare Naht benötigen, eignet sich die Falsche französische Naht. Sie ist zudem sehr stark und strapazierfähig und wird oftmals bei Kissenbezügen, Wäschesäcken und losen Bezügen verwendet. Sie eignet sich aber ebenfalls für sehr feine Stoffe, die nicht unterfüttert werden, bei denen also die Rückseiten der Nähte sichtbar bleiben. Die Stoffkanten links auf links legen und mit einer recht breiten Nahtzugabe steppen; Nahtzugabe auf etwa 1,3 cm zurückschneiden, auseinanderbügeln. Beide Nahtzugaben 6 mm gegeneinander, d.h. in Richtung Steppnaht einschlagen, so daß die Schnittkanten auf die Steppnaht stoßen. Dann die Bruchkanten der beiden Nahtzugaben zusammenheften und anschließend knappkantig steppen.

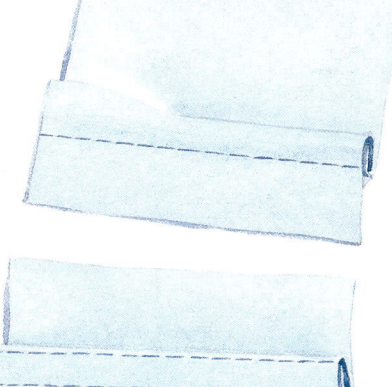

Flache Kappnaht

Die Flache Kappnaht ist eine flachliegende, perfekt versäuberte Naht, bei der sowohl auf der linken als auch auf der rechten Stoffseite zwei parallele Nahtlinien zu sehen sind. Sie ist sehr strapazierfähig und eignet sich für stark beanspruchte Textilien wie Bettücher und Tischdecken. Die beiden Stoffteile rechts auf rechts legen, stecken, heften und mit etwa 1,25 cm Nahtzugabe aufeinandersteppen; anschließend die Nahtzugabe nicht auseinanderbügeln, sondern in einer Richtung belassen. Die untere Nahtzugabe auf 3 mm zurückschneiden, die obere 6 mm breit umschlagen, den Bruch einbügeln (siehe Abbildung ganz oben). Die obere, eingeschlagene Zugabe über der schmaleren feststecken, so daß diese vollkommen verdeckt ist; den Bruch knappkantig parallel zur ersten Naht absteppen (Abbildung oben); ausbügeln.

Ecknaht und Rundnaht

Bei vielen Textilien, zum Beispiel bei Kissenbezügen, sind rechtwinklige Ecknähte gefragt. Steppen Sie bis kurz vor die Ecke; sorgen Sie dafür, daß sich die Nadel im Stoff befindet. Dann lösen Sie den Maschinenfuß, drehen den Stoff um 90 Grad, senken den Fuß wieder

und steppen bis zur nächsten Ecke weiter. Anschließend wird die überflüssige Ecke abgeschnitten (Abbildung unten). Handelt es sich um einen spitzen Winkel (kleiner als 90 Grad), steppen Sie zwei bis drei Stiche quer über Eck, bei dickerem Stoff entsprechend mehr (Abbildung ganz unten). Handelt es sich um eine Rundnaht bzw. um eine gerundete Ecke, etwa bei einem runden Kissen oder einer Polsterrolle mit runden Seitenflächen, schneidet man die Nahtzugabe je nach Rundung in mehr oder weniger kleinen Abständen ein, so daß die Naht sich wie gewünscht biegen läßt.

Ecken auf Stoß nähen

Soll eine Ecke beim Nähen gleichzeitig versäubert werden, näht man sie auf Stoß (Abbildungen auf der gegenüberliegenden Seite). Schlagen Sie die Stoffkanten auf der linken Seite etwa 0,75 cm ein, und bügeln Sie sie fest. Dann falten Sie die Ecke um und schneiden die Spitze, an der der Stoff vierfach liegt, ab, so daß eine Kante von ebenfalls etwa 0,75 cm stehenbleibt. Anschließend falten Sie die Kanten nach innen, so daß sich die beiden Stoffbrüche in der Mitte der Ecke treffen, feststecken und heften; dann die diagonale Ecknaht von Hand mit dem Staffier- oder Schlupfstich (siehe Seite 178) schließen.

Besätze und Paspelierungen

Paspelierungen und Besätze schmücken Kanten, Säume und Nähte und verleihen allen Arten von Stoffdekorationen ein professionelles Aussehen. Sie können aus dem gleichen oder einem kontrastierenden Stoff bestehen, sie sind ein dekorativer Blickfang und betonen die Form und Umrisse des Gegenstands. Da Paspelierungen und Besätze schräg zugeschnitten werden, können vor allem gestreifte oder karierte Stoffe interessante Akzente setzen. Es sind auch fertige Besätze in Form von Borten erhältlich, doch sind diese in der Regel schmal und somit hauptsächlich für kleinere Gegenstände geeignet. Zum einfachen Versäubern von Kanten ist auch fertiges Nahtband erhältlich.

Paspelierungen stellt man her, indem man eine fertig gekaufte Paspelschnur mit schräg zugeschnittenen Stoffstreifen umgibt, die mit einer Steppnaht (siehe Seite 179) um die Schnur herum geschlossen werden. Paspelschnüre sind in verschiedenen Stärken erhältlich; die Stärke richtet sich nach der Größe des zu verzierenden Gegenstandes. Baumwollkordel sollten vorgekrumpft werden, da sie sich sonst bei der ersten Wäsche zusammenziehen. Geben Sie die Kordel für fünf Minuten in kochendes Wasser, und lassen Sie sie anschließend gut trocknen. Wenn Sie für die Paspelierung nicht den Hauptstoff verwenden, sollte der Stoff diesem in Dicke und Beschaffenheit ähnlich sein, weder einlaufen noch auf den Hauptstoff ausfärben.

Für Besätze und Paspelierungen verwendet man schräg zum Fadenlauf zugeschnittene Stoffstreifen, da diese elastischer sind als gerade zugeschnittene Streifen. Um in der Diagonalen zuzuschneiden, legt man über Eck die Schnittkante des Stoffes auf die seitliche Webkante, so daß ein Dreieck entsteht. Die Grundseite des Dreiecks, der

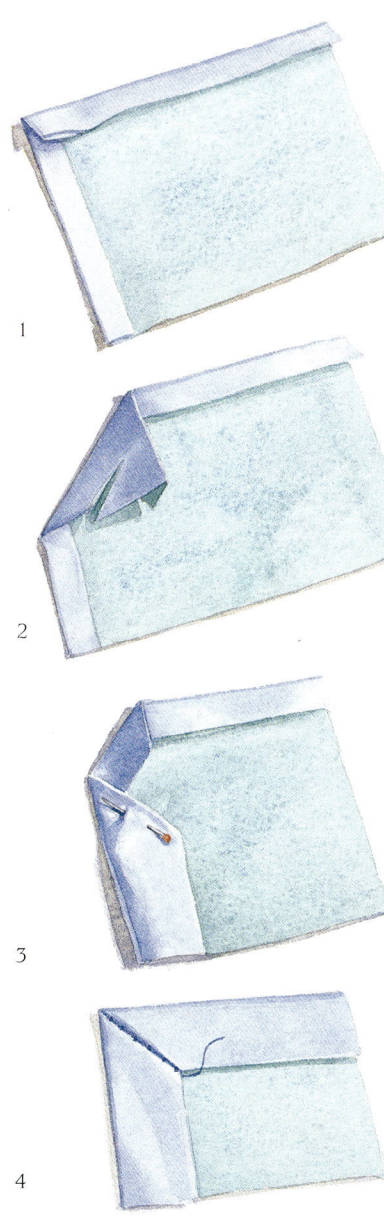

1

2

3

4

Ecke auf Stoß nähen: Kanten umlegen (1), Ecke umklappen und Spitze abschneiden (2), Stoffbrüche nach innen schlagen, so daß in der Ecke eine Diagonale entsteht (3), die Diagonale mit dem Staffierstich schließen (4).

Stoffbruch, stellt die Diagonale zum Fadenlauf dar. Markieren Sie mit Lineal und Schneiderkreide oder Flüssigmarker Parallelen zu dieser Diagonale; die übliche Breite beträgt 3,75 cm. Um die gewünschte Länge zu erhalten, fügen Sie beliebig viele Streifen aneinander. Dazu legen Sie zwei Streifen rechts auf rechts im rechten Winkel aufeinander, so daß ein Dreieck entsteht, abstecken und mit 0,75 cm Nahtzugabe steppen; auseinanderfalten, breitbügeln und die überstehenden Ecken abschneiden.

Nachdem Sie einen ausreichend langen Streifen angefertigt haben, wird die Paspelschnur bezogen. Den Schrägstreifen mit der rechten Seite auf die Unterlage legen und glattstreichen, die

Paspelschnur in die Mitte des Streifens plazieren, den Stoff um die Schnur herum schließen, so daß außen die rechte Stoffseite sichtbar wird, wobei nach Umwickeln der Schnur an jeder Seite eine Kante von etwa 1,25 cm stehenbleiben muß. Dann so dicht wie möglich an der Schnur entlang heften, ohne jedoch die Schnur mitzunähen; anschließend die Naht entweder per Maschine mit einem speziellen Paspelierungs- oder Reißverschlußfuß steppen oder

von Hand mit einem festen Stepp- oder Rückstich schließen (siehe Seite 178). Heftfaden entfernen. Zum Verbinden zweier Kordelenden die Stoffhülle ein wenig zurückschieben, die Schnur aufdrieseln und die Fasern auf verschiede-

ne Längen zurückschneiden. Legen Sie anschließend die beiden Enden auf 2,5 cm Länge übereinander, und verzwirnen Sie die Fasern miteinander, so daß ein weicher Übergang entsteht. Dann ziehen Sie den Stoff über die »Nahtstelle« und verschließen ihn mit einigen Stichen.

Im nächsten Schritt wird die bezogene Paspelschnur in die Naht eingefügt. Legen Sie den Hauptstoff mit der linken Seite auf die Unterlage, und plazieren Sie die bezogene Paspelschnur schnittkantengleich auf die rechte Stoffseite; an der Steppnaht zusammenheften. Dann ebenfalls schnittkantengleich die zweite Lage des Hauptstoffes auflegen, wobei die linke Stoffseite nach oben zeigt; heften. Dann die insgesamt vier Stofflagen mit einem Reißverschlußfuß oder von Hand (siehe

Seite 178) zusammensteppen; Heftfäden entfernen. Die Nahtzugaben auf der linken Seite lassen sich mit fertig gekauftem Nahtband einfassen.

Wenn Sie einen eigenen Schrägbesatz anfertigen wollen, schneiden Sie einen Schrägstreifen zu, falten ihn an beiden Schnittkanten einige Millimeter nach innen und bügeln sie um. Versäubert man von Hand, klappt man einen Umschlag um, legt ihn rechts auf rechts schnittkantengleich an den Stoff. Dicht neben dem Bruch des Umschlags feststecken und wie oben abgebildet mit dem Rückstich (siehe Seite 178) feststeppen. Dann den Schrägbesatz um die Schnittkante des Stoffes klappen,

feststecken und entlang der Steppnaht mit dem Staffier- oder Schlupfstich (siehe Seite 178) schließen.

Möchten Sie eine Kantenversäuberung mit der Maschine anbringen, legen Sie den Schrägbesatz mit den beiden kleinen Umschlägen auf jeder Seite über die Schnittkante, so daß die linken Seiten auf dem Hauptstoff liegen;

bügeln und heften, dann mit der Maschine steppen; anschließend Heftfaden entfernen.

Fenster ausmessen

Zum akkuraten Ausmessen sollten Sie ein gutes Kunststoffmaßband, ein Metallineal oder einen hölzernen Zollstock zur Hand nehmen. Maßbänder aus Stoff dehnen sich mit der Zeit, so daß millimetergenaues Messen nicht mehr möglich ist. Die Abbildung auf Seite 183 zeigt alle wichtigen Abstände, die Sie sich in einer Skizze von Ihrem Fenster notieren; es empfiehlt sich, diese Skizze zum Stoffkauf mitzunehmen, so daß der Stoffhändler Ihnen bei der Mengenberechnung behilflich sein kann. Beim Abmessen sollten Sie sich assistieren lassen, so daß einer den Zollstock anlegen und halten und der andere die exakten Maße ablesen und notieren kann.

Gardinen und Vorhänge

Beim Maßnehmen für Gardinen und Vorhänge ist es hilfreich, wenn die Gardinenstange bereits befestigt ist oder Sie zumindest eine genaue Vorstellung von der Länge und der Position haben. Die beiden für die Stoffmengenberechnung ausschlaggebenden Maße sind die Breite und die Länge des Vorhangs. Für die Breite nimmt man die komplette Länge der Gardinenleiste an und addiert pro Seite mindestens 10 cm, da Gardinenleisten sich oftmals um die Ecke ziehen (sogenannte runde Retoure), so daß der Vorhang an der Wand abschließt. Bei Vorhängen, die sich beim Zuziehen in der Mitte überlappen, schlägt man weitere 7,5 cm zu. Werden die Vorhänge an einer hölzernen oder metallenen Rundstange befestigt, so mißt man die Länge der Stange ohne die Endstücke. Die Länge hängt natürlich von der Art des oberen Abschlusses ab und davon, ob der Vorhang an einer Schiene oder einer Stange befestigt wird.

Legen Sie fest, ob der obere Abschluß des Vorhangs die Gardinenstange überragen, ob er sich auf selber Höhe oder darunter befinden soll (das ist beispielsweise bei einer Befestigung mit Schlaufen der Fall); dementsprechend bestimmen Sie die Länge des Vorhangs. Messen Sie von der Gardinenleiste oder -stange bis zum Fensterbrett und dann vom Fensterbrett bis zum Boden; tragen Sie diese beiden Maße in Ihre Fensterskizze ein, so daß Sie die Fensterabmessungen komplett haben, selbst wenn Sie schon wissen, ob Sie einen halblangen oder einen bodenlangen Vorhang anfertigen wollen. Vorhänge, die zwischen Fensterbrett und Boden enden, sehen oftmals seltsam aus, doch wenn sich unter dem Fenster ein Heizkörper befindet, der nicht ganz bis zum Fensterbrett reicht, sind solche Vorhänge eine gute Lösung, die häßliche Lücke zu verdecken; messen Sie entsprechend aus.

Die neben den Fenstern verbleibende Wandfläche hat Einfluß auf die Art der Fensterdekoration; also nehmen Sie auch diese Maße in Ihre Skizze auf. Bedenken Sie, daß geöffnete Vorhänge neben dem Fenster Platz benötigen, wenn Sie nicht das Fenster zum Teil verdecken und Licht wegnehmen sollen. Ist neben dem Fenster keine Wandfläche verfügbar, sollte man sich eventuell für ein Rollo entscheiden. Befindet sich nur auf einer Seite des Fensters Wand, eignet sich ein breiter Schal, der sich nach dieser Seite hin öffnen läßt. Die Gardinenleiste sollte eine runde Retoure aufweisen und an der Wand abschließen, da sonst Licht eindringt. Berücksichtigen Sie beim Ausmessen auch den Bodenbelag, falls dieser noch nicht verlegt ist; ein dicker, hochfloriger Teppich kann einige Zentimeter ausmachen. Überprüfen Sie die Maße nach dem Verlegen des Bodens. Hervorstehende Heizungsrohre oder Thermostate können sich unter Umständen durch die

geschlossenen Vorhänge drücken; beachten Sie auch dies beim Ausmessen.

Kalkulieren Sie bei der Bestimmung der benötigten Stoffmenge auch Nahtzugaben und Säume mit ein. Ein Saum von 15 bis 20 cm Breite macht sich bei Vorhängen immer gut und sorgt durch sein Gewicht für einen fließenden Fall. Und falls der Vorhang beim Waschen einläuft, kann man den Saum herauslassen. Auch beim oberen Abschluß sollten Sie eine Reserve von etwa 5 cm einbauen.

Bei Dekorationsstoffen gibt es Standardbreiten von 120 cm, 130 cm oder 160 cm. Berechnen Sie, wie viele Bahnen Sie für üppig fallende Vorhänge benötigen. Bei gemusterten Stoffen müssen Sie die vom Hersteller angegebene oder selbst ausgemessene Breite des Musterrapports berücksichtigen. Beim Zusammenfügen zweier gemusterter Stoffbahnen sollte das Muster nahtlos anschließen. Teilen Sie die Vorhangbreite durch die Breite des Rapports, und runden Sie die Zahl gegebenenfalls auf, um festzustellen, wie viele Rapports Sie in der Weite unterbringen. Der Saum ist ein wichtiges Vorhangelement; überlegen Sie also genau, an welcher Stelle des Musters der Vorhang enden soll. In jedem Fall empfiehlt es sich, den Saum am Ende eines Rapports vorzusehen, so daß das Muster nicht durchschnitten wird. Berücksichtigen Sie auch diesen Punkt bei der Bestimmung der Stoffmenge, und kalkulieren Sie vorsichtshalber einen zusätzlichen Längenrapport mit ein. Die Abbildung auf der gegenüberliegenden Seite zeigt, wie man ein Fenster ausmißt.

Rollos

Der Stil des Rollos sowie die Art der Befestigung nehmen Einfluß auf die benötigte Stoffmenge. Mithilfe eines metallenen Maßbands oder eines hölzernen Zollstocks messen Sie die Länge und Breite der Fensterfläche bzw.

-nische aus, die das Rollo abdecken soll. Liegt das Fenster in einer tiefen Höhlung, so empfiehlt es sich, das Rollo so dicht am Fenster wie möglich anzubringen. Ein Faltrollo, das als Befestigung eine Holzstange aufweist, wird bei einem Fenster ohne Höhlung in der Regel direkt am Fensterrahmen, sonst direkt über der Fensternische angebracht; danach richtet sich dann auch der Stoffbedarf. Messen Sie den Abstand zwischen Befestigung und Fensterbrett, und addieren Sie mindestens 10 cm für den Saum und den oberen Abschluß hinzu. Die Breite orientiert sich an der Breite des Fensterrahmen, wobei mindestens 5 cm für die seitlichen Säume und eventuelle Nähte addiert werden. Wenn es sich um einen beschichteten Stoff handelt, der nicht franst, braucht man natürlich keine seitlichen Säume einkalkulieren. Bei einem Springrollo kalkuliert man etwa 2,5 cm für seitliche Säume und etwa 30 cm für den unteren Saum und die Befestigung an der mit dem speziellen Federmechanismus ausgestatteten Stange ein. Befindet sich das Fenster nicht in einer Nische, so bringt man den Stab mit dem Federmechanismus wenn möglich direkt am Fensterrahmen oder unmittelbar darüber an; entsprechend messen Sie auch aus. Befindet sich dort keine geeignete ebene Stelle zum Montieren, so wird der Stab an der Wand gleich über dem Rahmen befestigt, allerdings in einer gewissen Entfernung zum Fenster, so daß das Rollo bequem geschlossen werden kann, ohne am Fenstergriff etc. hängenzubleiben.

Raffrollos (Girlanden- oder Wolkenrollos) werden mithilfe eines Gardinenoder Kräuselbandes angekraust, das wiederum an einer speziellen Schiene oder einer Stange befestigt ist. Zur Bestimmung der Länge messen Sie den Abstand zwischen der oberen Befestigung und dem Fensterbrett, und fügen Sie mindestens 7,5 cm für den oberen

Abschluß und den Saum am unteren Ende hinzu. Die Breite richtet sich nach der Länge der oberen Befestigung und der Stärke der Kräuselung (die Breite verdoppelt sich bei mäßigem Faltenfall und verdreifacht sich, wenn die Falten wirklich üppig ausfallen sollen!); denken Sie auch an die seitlichen Nähte und an die Nähte zwischen den einzelnen Stoffbahnen, wobei der Musteranschluß stimmen muß; eventuell einen Rapport Reserve einkalkulieren.

Befestigungen

Die Positionierung der Gardinenleiste, -stange oder der Schabracke ist entscheidend für die gesamte Fensterdekoration. Beim Ausmessen sollten Sie nicht nur die Maße des Fensters berücksichtigen, sondern ebenso den Abstand zwischen oberer Fensterkante und

Fenster ausmessen

Berücksichtigen Sie bei der Planung von Vorhängen oder Rollos die folgenden Maße:

1 Länge der Gardinenleiste oder -stange
2 Wandfläche zwischen Fensterhöhlung und Ende der Stange
3 Abstand zwischen Stange und Fensterbrett
4 Abstand zwischen Stange und Heizkörper
5 Abstand zwischen Stange und Boden
6 Abstand zwischen Stange und Raumdecke
7 Abstand zwischen Stange und Fensterhöhlung
8 Höhe der Fensterhöhlung
9 Höhe des Fensters
10 Breite der Fensterhöhlung
11 Breite des Fensters

Schiene bzw. den Abstand zur Raumdecke, um zu sehen, wieviel Spielraum dort noch vorhanden ist. Messen Sie auch das obere Drittel des Fensters, um festzustellen, wieviel Licht bei einer relativ tief angesetzten Schabracke noch in den Raum dringen würde. Müßten Sie auf viel Licht verzichten und wäre kein Spielraum mehr über dem Fenster vorhanden, sollten Sie sich für einen anderen oberen Abschluß entscheiden.

Schabracken werden mittels eines Schabrackenbretts befestigt, weiche Drapierungen und Querbehänge an einer gesonderten Schiene oder Stange. Schabracken bestehen entweder aus Sperrholz, einer Span- oder Sperrholzplatte oder aber aus steifem, stark appretiertem oder beschichtetem Stoff. Das Schabrackenbrett wird über dem

Fenster angebracht und hat die Aufgabe, die Gardinenleiste zu verdecken, die sich in der Regel 5 bis 8 cm über dem Fenster befindet und das Fenster seitlich um einige Zentimeter überragt, so daß der geöffnete Vorhang Platz findet. Die Ausmaße der Schabracke richten sich nach der Gardinenleiste und der beabsichtigten optischen Wirkung.

Die für Querbehänge benötigte Stoffmenge bemißt sich nach der Breite des Fensters und der beabsichtigten Fülle, die wiederum auch von der Befestigungsart abhängt; je üppiger der Querbehang ist, desto stabiler muß die Befestigung sein. Wählen Sie einen gemusterten Stoff, so sollten Sie beim Zusammensetzen einzelner Stoffteile den Rapport berücksichtigen und dies in die Stoffmengenberechnung einbeziehen.

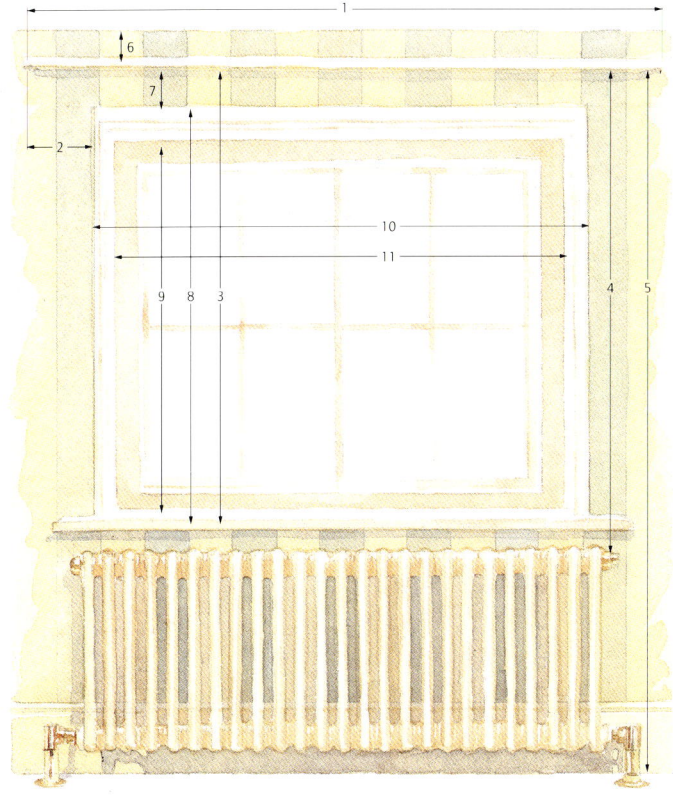

Glossar

Acetat Auch Rayon oder Viskose. Kunstfaser auf Zellulosebasis, die wie eine natürliche Faser gesponnen wird.

Ankrausen Stoff wird mit kleinen Heftstichen durchzogen; dann kraust man den Stoff auf dem Heftfaden auf die gewünschte Länge zusammen.

Applikation Aufbringen einer zweiten Schicht Stoff auf ein Grundgewebe, um eine Schmuckwirkung zu erzeugen.

Art déco Künstlerischer Stil der zwanziger und dreißiger Jahre unseres Jahrhunderts, der sich durch klare Linien, rechteckige Formen, geometrische Motive und die Verwendung wertvoller exotischer Materialien kennzeichnet.

Arts and Crafts Eine von William Morris in Großbritannien gegründete Bewegung des späten 19. Jahrhunderts, die sich für klare Linien einsetzte und dem Handwerk zu neuer Blüte verhelfen wollte.

Ätzdruck Ein Druckverfahren, bei dem ein gefärbter Stoff mit Chlor oder anderen bleichenden Substanzen bedruckt wird, so daß sich weiße Flächen bilden. Wird dem Bleichmittel eine nicht bleichbare Farbe hinzugefügt, erhalten die gebleichten Flächen im selben Arbeitsgang eine andere Farbe.

Atlasbindung Auch Satinbindung genannt. Eine der Grundbindungsarten, die häufig bei der Verarbeitung von Seide eingesetzt wird. Hierbei werden mehrere Fäden (Kette) übersprungen und dann nur einmal eingebunden. Atlasbindige Gewebe weisen eine glatte Oberfläche und eine weiche, glänzende Beschaffenheit auf. Beim Kettatlas liegen die Kettfäden, beim Schußatlas die Schußfäden an der Stoffoberseite.

Baldachin In der Regel über dem Bett drapierte Stoffbahnen, die einen Himmel bilden.

Barchent Auf der linken Seite aufgerauhter Baumwollflanell; die rechte Seite kann glatt oder gerippt sein.

Batik Aus Java stammende Stoffärbetechnik, bei der vor dem Färben flüssiges Wachs auf das Gewebe aufgetragen wird, das nach dem Entfernen ein typisches Muster hinterläßt.

Batist Feiner, weicher, dünner, lichtdurchlässiger Stoff, der in der Regel aus Baumwolle besteht, aber auch in Leinen oder einer Kunstfaser anzutreffen ist; früher wurden daraus feine Taschentücher hergestellt.

Baumwolle Naturfaser, die aus den Samenfäden der Baumwollpflanze gewonnen wird; die gesponnenen Samenfäden werden zu einem festen, sehr vielseitigen Stoff gewebt.

Baumwollsamt Samt aus Baumwolle, der häufiger einen kurzen, dichten Schußflor als einen Kettflor aufweist.

Bekrönung An der Wand angebrachtes Schmuckelement, das die Form einer Krone besitzt und zur Befestigung unterschiedlicher Stoffdekorationen dient, z.B. zur Befestigung eines Baldachins über einem Bett.

Biesen Schmale Falten, die teilweise (aufspringende Biesen) oder in ganzer Länge aufgesteppt werden und sowohl horizontal als auch vertikal verlaufen können.

Bleistiftfalte Mit Gardinenband in enge Falten gezogener Stoff, der als oberer Abschluß von Vorhängen oder Querbehang dient.

Bogenfenster Fenster, das oben mit einer Rundung abschließt.

Boi Dünnes filzartiges Material aus Wolle, das zum Auslegen von Schubladen und zum Beziehen von Billardtischen etc. verwendet wird.

Borte Gewebtes, meist verziertes Band, das zur Verzierung der unterschiedlichsten Stoffdekorationen dient, Nähte und Polsternägel verdeckt.

Bouclé Noppiges, in der Regel dickeres Gewebe, das aus Garn mit Knoten und Schlingen hergestellt wird und sich zum Beziehen von Sitzmöbeln eignet, da es sehr strapazierfähig und unempfindlich ist.

Broderie anglaise Mit der Weißstickerei verwandte Form der Stickerei, bei der geschnittene oder offene Muster verwendet werden; wird am meisten angewandt bei Tisch- und Bettwäsche.

Brokat Reicher, schwerer, in der Jacquard-Technik gewebter Stoff mit seidig schimmernden Mustern auf einem matten Hintergrund; besteht ursprünglich aus Baumwolle oder Seide, ist manchmal von Gold- oder Silberfäden durchwirkt und kann heute aus jeder beliebigen Faser hergestellt werden.

Brokatell In der Regel einfarbiges Seiden- oder Baumwollgewebe mit doppeltem Kettfaden, das Damast ähnelt und erhabene Muster aufweist.

Buckram Stark appretiertes, steifes Baumwoll- oder Jutegewebe, das als Zwischenfutter für Gardinen und Schabracken verwendet wird.

Buntwert Beschreibt, ob eine Farbe trüb oder leuchtend ist.

Caféhausgardine Sogenannte Halb- oder Scheibengardine, die an einer dünnen Gardinenstange befestigt wird und horizontal über die Fensterfront verläuft, um die Blicke der Passanten abzuhalten.

Chaiselongue Gepolsterte Liege oder Ruhebett, deren eines Ende oft höher als das andere ist.

Changeant Gewebe, in der Regel Taft, mit verschiedenfarbigen Kett- und Schußfäden, das bei Lichteinfall in unterschiedlichen Farben schillert.

Chenille Garn oder Gewebe mit dickem Samtflor. Ursprünglich aus Wolle oder Baumwolle, ist es heute auch aus synthetischen Fasern erhältlich. War im 19. Jahrhundert als Vorhang- und Portierenstoff beliebt.

Chesterfield Sofa mit hoher, knopfgehefteter Rückenlehne, meist mit Leder bezogen.

Chinoiserie Verwendung fernöstlicher Motive in westlichen Kunstrichtungen; erfreute sich im 18. Jahrhundert besonderer Beliebtheit.

Chintz Ursprünglich mit bunten Blumenmustern, Vögeln und Früchten bedrucktes Baumwollgewebe, das im 18. Jahrhundert besonders beliebt war. Heute versteht man darunter ein leicht glänzendes Gewebe, dessen Oberfläche mit einer Art Firnis behandelt wurde.

Cretonne Bedrucktes Baumwollgewebe, das Chintz ähnelt, aber sehr viel schwerer ist und nicht glänzt.

Crewelstickerei Aus Indien stammende Stickart, bei der mit feinem, zweisträhnigem Garn im Kett- oder Fischgratstich Leinen-, Baumwoll- oder Wollstoffe in der Regel mit floralen Motiven verziert werden.

Damast Fester, in sich selbst gemusterter Stoff in Jacquard-Webart aus Baumwolle, Leinen, Seide oder auch einer Mischfaser, der traditionell als Tischwäsche verwendet wird.

Deckenrosette Meist in der Mitte der Zimmerdecke befindliches rosettenförmiges Schmuckelement aus Holz oder Gips (Stuck).

Dekorationsstoffe Auch Dekostoffe genannt. Speziell zum Ausschmücken von Räumen hergestellte gemusterte oder ungemusterte Stoffe, die in der Regel fester und strapazierfähiger als Kleiderstoffe sind.

Dessinieren Musterung eines Stoffes durch die Webstruktur.

Domette Grober Flanellstoff, dessen Kettfäden aus Baumwolle und Schußfäden aus Wolle bestehen; wird zur Zwischenfütterung von Vorhängen verwendet.

Doppelgewebe Festes, beidseitig verwendbares Gewebe, das aus zwei verschiedenen Stoffschichten besteht, jede mit eigenem Schuß- und Kettfaden, die jedoch durch Verbinden der Kett- oder Schußfäden miteinander verwebt werden.

Drillich Auch Matratzendrillich genannt. Dichtes Baumwoll- oder Leinengewebe in Köperbindung, das eine typische Fischgrat-Struktur aufweist und häufig als Bezugstoff für Matratzen verwendet wird. Drillich ist naturfarben und zeigt in der Regel feine blaue, rote oder schwarze Streifen.

Druckstoff Stoffe, die kein eingewebtes, sondern ein nach dem Weben aufgedrucktes Muster aufweisen; es gibt unterschiedliche Druckverfahren.

Dupion Ursprünglich Gewebe aus Seide unterschiedlicher Dicke, das heute aber auch aus anderen Fasern hergestellt wird.

Duplex-Druck Auf beiden Seiten mit einem Muster bedruckter und somit beidseitig verwendbarer Stoff.

Epinglé Siehe Moquette.

Falte Hält überschüssigen Stoff ein und verleiht der Dekoration, zum Beispiel Vorhängen, Fülle. Man unterscheidet Messerfalten, Kellerfalten und Quetschfalten.

Faltrollo Ein auf das genaue Fenstermaß zugeschnittenes Rollo, das in heruntergelassenem Zustand glatt ist und sich in horizontale Falten legt, wenn man es hochzieht.

Farbabstufung Änderung einer Farbe in bezug auf Sättigung und Helligkeit.

Farbakzent Kleine Menge einer anderen, in der Regel kontrastierenden Farbe, die der Farbgestaltung Gleichgewicht verleiht oder sie belebt.

Farbschattierung Gibt den Helligkeitsgrad einer Farbe an.

Farbton Eigenschaft, durch die sich eine Farbe in allen ihren Schattierungen von anderen Farben unterscheidet; reine Farbe.

Feuerbeständige Stoffe Stoffe, die von Natur aus (wie beispielsweise Wolle) oder durch eine spezielle Behandlung Feuer eine Zeitlang standhalten. Für Dekorationsstoffe gelten hinsichtlich der Entflammbarkeit bestimmte Richtlinien.

Filz Dichtes Material, das hergestellt wird, indem man Tierhaare unter Hitze zusammenpreßt, bis die Fasern verfilzen; diese Art Stoff franst nicht aus.

Fischgrat Drillichwebart, die ein fischgrätenähnliches, diagonal verlaufendes Muster ergibt. Mit dem Fischgratstich versäubert man von Hand ausgefranste Kanten.

Flachgewebe Auch Tapisseriegewebe genannt. Webart, bei der die Schußfäden nicht über die volle Breite des Stoffes verlaufen, sondern sich an dem jeweiligen Muster orientieren. Die Schußfäden bedecken jedoch in jedem Fall die Kettfäden; das Gewebe kann beidseitig verwendet werden.

Flämischer Saum Oberer Kantenabschluß von Vorhängen, bei dem die Falten an ihrem Ansatz durch eine von Hand angenähte Kordel verbunden sind.

Flanell Weiches Gewebe, normalerweise aus Wolle, das feine helle Streifen aufweisen kann.

Flor Oberflächenbeschaffenheit eines Gewebes, die Einfluß darauf hat, in welcher Weise der Stoff Licht reflektiert und die Farben zur Geltung kommen. Beim Zuschneiden von Florgeweben sollte man immer auf die Ausrichtung des Flors achten, da bei falschem Zusammennähen der einzelnen Teile die Naht sehr auffällig hervortritt.

Fries Zierstreifen im oberen Bereich der Wand, der gemalt, schabloniert oder durch einen Tapetenstreifen von der restlichen Wand abgesetzt ist.

Frottee Dickes, saugfähiges, meist Schlingen aufweisendes Florgewebe aus Baumwolle, das besonders zur Herstellung von Handtüchern, Bademänteln etc. verwendet wird.

Futter Zweiter Stoff, der hinter dem Hauptstoff angebracht wird, um diesen zu schützen, zu verstärken und besser fallen zu lassen; bei Vorhängen vermeidet man durch ein Futter schnelles Ausbleichen und hindert zusätzlich das Licht am Eindringen. Geeignet ist ein dicht gewebter Baumwollsatin in Weiß, Cremefarben oder Beige. Es gibt auch spezielle lichtundurchlässige und wärmeisolierende Futterstoffe.

Galerieleiste Schiene, die an der Wand knapp unter der Decke angebracht wird, um daran Bilder aufzuhängen, die problemlos gewechselt werden können.

Gardinenstange Auch Schleuderstange genannt. Stab, mit Hilfe dessen sich Gardinen und Vorhänge öffnen und schließen lassen. Stange, an der die Gardine aufgehängt wird.

Gaufrage Reliefartiges Muster bei Geweben, das von heißen Walzen in den Stoff gepreßt wird. Dieses Verfahren kann bei verschiedenen Stoffen angewandt werden, ist aber bei Samt besonders häufig.

Gaupe Auch Gaube. Senkrechtes Fenster in einem Raum mit schrägen Wänden, das sich in einem Vorbau befindet.

Gebogter Rand oder Abschluß In tiefen oder flachen Bogen zugeschnittene Zierkante.

Genua-Samt Dicker, mit Seide brokatierter Samt, der auf einem Satingrund gewebt wird; das Webverfahren stammt aus Genua.

Georgette Feines, transparentes Kreppgewebe, das weich fällt und sich besonders für Gardinen, Bettdrapierungen, Tischdecken und Wolkenrollos eignet.

Geschirrtuch Traditionell gestreiftes Leinentuch, das zum Trocknen von Glas gebraucht wurde. Heute bestehen Geschirrtücher häufig auch aus Baumwolle oder anderen Fasern.

Gimpe Aufwendig mit einem Seidenfaden umsponnener Baumwollfaden, der bei der Herstellung von Spitze verwendet wird; oftmals ist zusätzlich ein Metallfaden enthalten.

Gingham Auch Gingan genannt. Traditioneller Baumwollstoff mit dem charakteristischen eingewebten zweifarbigen Karomuster.

Girlandendrapierung Großzügige Stoffdekoration, die in der Horizontalen über Fenstern und Türen oder entlang Wänden angebracht wird.

Halbgardine Siehe Caféhausgardine.

Halbhimmel Von einem Punkt ausgehender Baldachin, der rechts und links neben dem Bett herabhängt.

Heften Auch reihen genannt. Zusammenfügen einzelner Stoffteile mit lockeren Heftstichen vor dem Nähen mit der Maschine oder von Hand; der normalerweise aus Baumwolle bestehende Heftfaden sollte sich farblich von dem zusammengehefteten Stoff abheben.

Ikat Weitverbreitete indonesische Färbeart (Reserve- oder Bandfärbung), bei der vor dem Färben die nicht zu färbenden Teile des Garns mit Fäden abgebunden werden; so werden nacheinander die verschiedenen Farben aufgebracht. Auf diese Weise sind schon vor dem Weben die Ornamente des Stoffes vorgezeichnet. Das Muster wirkt leicht verschwommen.

Inlett Dichtgewebte, oftmals mit Wachs beschichtete Baumwolle, die Federkissen und -betten umgibt.

Jacquard Auf einem Jacquard-Webstuhl hergestellter Stoff mit großem Muster, wobei das gewünschte Muster mit Hilfe einer gelochten Pappkarte auf den Stoff übertragen wird. Auf diese Weise entstehen beidseitig verwendbare Gewebe.

Jardinieren-Gardine Gardine, meistens aus Tüll, die an den Seiten herabhängt und in der Mitte einen Bogen beschreibt, so daß freie Sicht durch das Fenster gegeben ist.

Jugendstil Künstlerischer Stil der Jahrhundertwende, der sich durch geschwungene Formen und fließende Linien kennzeichnet.

Jute Aus dem Stamm der Jutepflanze gewonnener Bast, der zu einem groben, strapazierfähigen Gewebe verarbeitet wird, das als Bodenbelag etc. dient.

Juteleinen Siehe Rupfen.

Kalandern Produktionsschritt, bei dem Stoff durch Walzen geglättet wird, was ihm einen seidigen Schimmer verleiht.

Kaliko Auch Kattun genannt. Unstrukturiertes Baumwollgewebe, das etwas fester und steifer als Musselin ist; meist naturfarben, kann aber auch gebleicht werden.

Kalte Farben Farben aus dem Blau-Grün-Spektrum, die einen Raum größer erscheinen lassen.

Kambrik Lockeres, feinfädiges Baumwollgewebe in offenmaschiger Webart, das oft kalandert ist und für Innenbezüge von Kissen verwendet wird.

Kammgarn Ein Garn aus gekämmter Wolle, das eine glattere und glänzendere Oberfläche hat als Streichgarn. Kammgarnstoffe sind meist dicht gewebt und weisen eine glatte Oberfläche auf.

Kanevas Auch Segeltuch genannt. Festes, grobes Gewebe, ursprünglich aus Leinen oder Baumwolle bestehend, heute aber auch aus synthetischen Fasern hergestellt und in unterschiedlichen Stärken und Farben erhältlich. Die feste Webart macht es fast wasserdicht.

Kapok Gelbliches, weißes oder graues watteähnliches Material, das aus den Samenfasern des Kapokbaumes gewonnen und zu Polster- und Kissenfüllungen verarbeitet wird.

Kattun Siehe Kaliko.

Kelim Florloses Flachgewebe aus Seide, Wolle oder Baumwolle mit geometrischen Mustern, das von vielen Volksstämmen hergestellt wird und als Teppich oder Wandbehang dient. Charakteristisch sind die Schlitze, die bei der Herstellung zwischen den einzelnen Farbblöcken entstehen.

Kellerfalte Tiefe Falte, bei der zwei Stoffbrüche so aneinanderstoßen, daß eine breite Stoffbahn bedeckt ist.

Kette In Längsrichtung des Webstuhls gespannte Gesamtheit der Fäden, zwischen denen hindurch die Schußfäden geführt werden. Die Art und Weise, wie die Schuß- und Kettfäden angeordnet sind, bestimmt die Gewebeart.

Kettseitiger Stoff Stoff mit einer großen Anzahl von vertikalen Kettfäden an der Oberfläche; die Schußfäden treten in den Hintergrund.

Komplementärfarben Kontrastierende oder »gegensätzliche« Farben, die, zusammen in einem Raum verwendet, eine anregende Atmosphäre schaffen.

Kontrastierende Einfassung Streifen eines kontrastierenden Stoffes beliebiger Breite, mit dem Vorhänge, Rollos, Querbehänge, Schabracken etc. eingefaßt werden.

Köper Dichtgewebter, strapazierfähiger Stoff mit feinen diagonalen Streifen; ein Fischgratmuster entsteht, wenn sich die Richtung der Diagonalstreifen abwechselt. Aus diesem Stoff werden schon seit jeher die charakteristischen »Blaumänner« geschneidert; heute wird der Stoff sowohl in der Polsterei als auch für die Herstellung von Jeans und anderen Kleidungsstücken verwendet.

Köperbindung Bindungsart, die dadurch Diagonalstreifen entstehen läßt, daß entweder mehr Kett- oder mehr Schußfäden an die Stoffoberseite geholt werden. Je nachdem, ob mehr Kett- oder mehr Schußfäden an der Oberseite liegen, spricht man von Kett- bzw. Schußköper.

Kord Dichtgewebter Stoff mit charakteristischen längs verlaufenden Samtrippen; wurde ursprünglich aus Baumwolle hergestellt und ist heute in verschiedenen Fasern erhältlich.

Krausband Auch Raffhalter genannt. Halteband aus Stoff oder Kordel, mit dem üppige Vorhänge seitlich des Fensters zusammengerafft und weggehalten werden, so daß ein Höchstmaß an Licht in den Raum fallen kann.

Kunstfasern Große Gruppe von Fasern, die aus Nebenprodukten der Erdölraffinierung hergestellt und entweder allein oder in Gemischen mit Naturfasern zu Stoffen verarbeitet werden; da sind beispielsweise Acryl, Nylon, Polyester und Vinyl; aus Zellulose werden unter anderem Acetat, Rayon und Viskose hergestellt.

Lambrequin Steife Umrahmung von Fenstern, die wie ein Querbehang über dem Fenster verläuft, aber sich auch an den Seiten herunterzieht.

Lampas Schwerer Dekorationsdamast; figurative Webart, bei der zusätzlich schwebende Schußfäden durch einen zusätzlichen bindenden Kettfaden zusammengehalten werden. So werden zu dem vom Kett- und Schußfaden erzeugten Muster noch weitere Muster geschaffen.

Leinen Festes, strapazierfähiges Gewebe, dessen Grundstoff Flachs ist, das jedoch beim Waschen schnell einläuft, so daß es häufig zusammen mit anderen Fasern in Mischgeweben verwendet wird.

Leinwandbindung Die einfachste und festeste Bindungsart. Beim ersten Schuß liegen alle geradzahligen, beim zweiten Schuß alle ungeradzahligen Kettfäden an der Oberseite.

Leno Kräftiges, durchscheinendes Drehergewebe, das aus zwei Sätzen Kettfäden hergestellt wird. Die Fäden sind im Paar angeordnet und werden abwechselnd von rechts nach links gedreht, jeweils bevor der Schußfaden durchgezogen wird; das Gewebe ähnelt einem Korbgeflecht.

Lose Bezüge Abnehmbare Schutzbezüge, die man lose über Sofas, Sessel und Stühle streifen und dadurch schnell und unkompliziert wechseln kann.

Madras Baumwollstoff mit charakteristischer farbenfroher Musterung, meistens Karos, es können aber auch Streifen sein. Es kann sich aber auch um einen feinfädigen, gitterartigen, gazeähnlichen Stoff mit eingewebtem Muster handeln.

Matelassé Doppelter oder mehrlagiger Stoff, der wie gesteppt wirkt. Die reliefartige Musterung wird durch einen im Inneren des Gewebes liegenden Füllschuß geschaffen.

Matratzendrillich Siehe Drillich.

Merzerisierung Veredelungsmethode für Baumwolle, Leinen und Zellulose, bei der die Fasern durch Einweichen in Natronlauge dauerhaft aufgequollen werden, was den Stoff reißfester und glänzender macht.

Messerfalten Falten, deren Brüche in dieselbe Richtung weisen.

Mischgewebe Gewebe, das aus unterschiedlichen Fasern besteht und deren Vorteile vereint. Bezugsstoffe bestehen oft aus einem Leinen-Baumwolle-Gemisch.

Moiré Spezielle Form des Kalanderns, bei der besonders gravierte Walzenzylinder auf in der Regel gerippten Taftstoffen das charakteristische Wellenmuster hervorrufen. Beim Waschen oder Reinigen kann sich dieses Muster allerdings abschwächen.

Molton In der Regel beidseitig angerauhtes Baumwollgewebe, das zum Zwischenfüttern von Vorhängen verwendet wird.

Monochromes Farbschema Farbschema, das auf unterschiedlichen Schattierungen einer Grundfarbe basiert.

Moquette Auch Epinglé genannt. Fester Stoff mit Schußfaden-Flor, wobei der Flor geschlungen, geschnitten oder eine Kombination aus beidem ist. Meist besteht der Flor aus Wolle oder Mohair, das Grundgewebe aus Baumwolle. Moquette wird als Bezugsstoff für Sitzmöbel verwendet.

Mull Auch Gaze genannt, eine Form des Musselins. Weiches, feines, durchscheinendes Gewebe aus Baumwolle oder einem Baumwollgemisch, das weich fällt und Licht durchdringen läßt.

Musselin Feste, offenmaschige Baumwolle mit weichem Griff, die es in verschiedenen Stärken bis hin zu einem durchsichtigen Stoff gibt. Die festeste Form ist Kaliko. Schweizer Musselin ist mit Stickereien verziert und wird für Accessoires verwendet.

Nacré-Samt Samt, dessen Grundgewebe und Flor unterschiedliche Farben aufweisen, was dem Stoff einen changierenden Schimmer verleiht.

Nahtzugabe Einige Zentimeter Stoff, die man der Naht zugibt, damit der Stoff, auch wenn er stark franst, nicht ausreißt. An diese Nahtzugabe sollte man auch beim Stoffkauf denken.

Noppenstruktur Oberflächenbeschaffenheit, die erreicht wird, indem man einem feinen, gleichmäßig dicken Faden einen unregelmäßig dicken beigibt; dieser Effekt läßt sich mit Naturfasern wie Leinen und Seide sowie mit synthetischen Fasern erzielen.

Oberlicht Oben an der Wand befindliches Fenster, häufig über Haus- oder Wohnungstüren.

Offenmaschig Anderer Ausdruck für die grobe Webart eines durchscheinenden Stoffes.

Organdy Feiner, durchscheinender, sehr leichter, etwas steifer Baumwollstoff, der sich gut in propere Falten legen läßt.

Öse Kleiner Metallring, der in Stoff geschlagen werden kann; dadurch lassen sich Kordeln, Schleifen, Bänder etc. fädeln.

Ottoman Ein horizontal gerippter einfacher Webstoff, wobei die ausgeprägten Rippen unterschiedliche Abstände haben. Der Stoff ist fest und glänzend.

Paisley Aufgedrucktes oder eingewebtes Muster aus reichen, kurvilinearen, hochstilisierten floralen Motiven, die indischen Vorbildern entnommen und anschließend im schottischen Paisley hergestellt wurden.

Paspelierung Nahtverzierung von Kissen, Polstern, Vorhängen etc., wobei eine Paspelschnur mit Stoff bezogen und in die zu verzierende Naht eingefügt wird.

Perlenstickerei Durch von Hand aufgestickte Perlchen erzeugtes Muster, das oft in Kombination mit anderen Stickereiarten auftritt.

Petit-Point-Stickerei Winzige, von Hand in der Regel mit Tapisserie-Wolle ausgeführte Stickstiche, mit denen oftmals Bezüge von Sitzmöbel verziert werden.

Pfeiltrenner Nähwerkzeug aus Metall, mit dem man schnell und ohne den Stoff zu beschädigen Nähte auftrennen kann.

Piqué Festes Doppelgewebe mit erhabenen Waben oder Waffelmuster, das oft ein wenig steif wirkt und meistens in Weiß hergestellt wird.

Plissé-Jalousie Normalerweise halbdurchsichtige Jalousie mit dauerhaften Falten aus Papier, Polyester oder einem speziellen wärmedämmenden Material.

Plüsch Samtähnliches Gewebe mit langem, weniger dichtem Flor als Samt, der in eine Richtung weist; erfreute sich im 19. Jahrhundert als Tischdecke und Türvorhang großer Beliebtheit.

Polyester Synthetische Faser, die aus Nebenprodukten der Erdölraffinierung hergestellt wird.

Popelin Florloses Baumwollgewebe mit feinen Rippen in Richtung der Schußfäden.

Portiere Schwerer Türvorhang, der die gesamte Tür verdeckt, um kalte Zugluft abzuhalten; Türvorhänge werden an speziellen Portierenstangen befestigt, die mit dem Öffnen der Tür zur Seite klappen.

Provenzalischer Druck Stoffe, die mit typisch provenzalischen Mustern, ähnlich stark verkleinerten Paisley-Mustern, in den charakteristischen leuchtenden Farben bedruckt sind, manchmal noch per Hand. Diese Stoffe eignen sich gut für Muster-Mix.

Querbehang Mehr oder weniger üppige Stoffdrapierung, die quer über dem Fenster angebracht wird, um die Gardinenstange zu verdecken.

Quetschfalte Falte aus zwei entgegengesetzt eingelegten Falten; die Brüche der Quetschfalte sind voneinander abgewandt.

Quetschsamt Samtstoff, dessen Florgewebe gepreßt wurde, so daß es in verschiedene Richtungen weist und so eine interessante Struktur entsteht.

Raffhalter Siehe Krausband.

Raffrollo Mehr oder weniger üppig geraffte Fensterdekoration, die mit Hilfe eines an der Rückseite angebrachten Schnurmechanismus hochgezogen und heruntergelassen werden kann.

Randfeststeller Kleine Metall- oder Plastikstopper, die den Abschluß einer Laufrinne in Gardinenleisten markieren.

Rapport Die volle Länge eines vertikalen Musters, das über die gesamte Länge des Stoffes unverändert wiederholt wird.

Rattan Auch Peddigrohr genannt. Dünne, biegsame Stengel der Rotangpalme, die zur Herstellung von Möbeln und Jalousien verwendet werden.

Rayon Siehe Acetat.

Reservedruck Druckverfahren, bei dem das Muster dadurch erzeugt wird, daß man eine »Barriere« zwischen Faser und Farbe bringt. Beim Bandfärben geschieht dies, indem eine Schnur oder ein Band um den Stoff gewickelt wird; das ist beim Ikat der Fall. Bei der Batik trägt man Wachs auf den Stoff auf.

Rips Festes, meistens einfarbiges, stark geripptes Gewebe, in der Regel Baumwolle, wobei die Rippen in Querrichtung verlaufen.

Rohseide Auch Wildseide genannt. Sehr dünner Faden, der von der Larve des Seidenspinners ausgeschieden, anschließend gesponnen und zu einem luxuriösen, schimmernden Stoff verwebt wird. Rohseide ist unregelmäßig strukturiert; das Garn ist ungleich dick und weist Noppen auf.

Rollo Glattes oder gerafftes Stück Stoff, das als Fensterdekoration dient und in der Horizontalen geschlossen und geöffnet werden kann.

Rosette Schmuckelement aus Stoff; in Rosettenform gelegter Stoff, mit dem man fertige Stoffdekorationen aller Art verzieren kann.

Rupfen Auch Juteleinen genanntes, steifes, festes Gewebe, das in der Möbelpolsterei und als Wandbespannung Verwendung findet.

Samt Schweres, dickes, luxuriöses Gewebe mit dichtem, kurzem, meist geschnittenem Flor; das Grundgewebe besteht oftmals aus Baumwolle in Köper- oder Leinwandbindung; der Flor wird entweder von Kett- (Kettsamt) oder von Schußfäden (Schußsamt) gebildet, die in kleinen Schlingen um scharfe Metallstreifen geführt und anschließend aufgeschnitten werden. Samt kann auch als Doppelgewebe hergestellt werden, wobei die beiden Teile an der Floroberfläche auseinandergeschnitten werden, so daß zwei Bahnen entstehen. Plüsch- bzw. Frotteesamt weist einen ungeschnittenen Flor auf.

Satin Seidig schimmernder Stoff, der in Atlasbindung hergestellt wird und dessen Kettfäden (eher ungewöhnlich) oder Schußfäden an der Oberfläche liegen, was aussieht, als bestünde diese aus eng aneinanderliegenden feinen

Garnen, die in eine Richtung verlaufen. Tatsächlich aber sind sie in Abständen eingewebt. Satin wird aus Baumwolle oder Seide hergestellt; die rechte Seite glänzt leicht, während die linke matt ist.

Satinbindung Siehe Atlasbindung.

Schablonieren Maltechnik, bei der eine ausgeschnittene Form oder Vorlage, die aus Papier, Karton, Plastik etc. bestehen kann, zum beliebig häufigen Übertragen bestimmter Motive auf eine Unterlage dient.

Schabracke Hölzerne oder aus einem anderen festen Material, auch steifem Stoff, bestehende Verkleidung, die quer über dem Fenster verläuft. Bei Möbeln, insbesondere bei Polstermöbeln, nennt man die überhängenden Staubschürzen oder -blenden ebenfalls Schabracke.

Schal Einer der beiden seitlich am Fenster herabhängenden Teile des Vorhangs.

Schaldrapierung Auch Schleppe genannt. Großzügige Stoffdekoration, die der Girlandendrapierung ähnelt, jedoch in der Vertikalen angebracht wird.

Schattierung Blasserer Farbwert einer Grundfarbe, der durch Hinzufügen von Weiß erreicht wird.

Schauseite Die Seite des Stoffes, die bei der vollendeten Dekoration, etwa einem Vorhang, zu sehen ist; meist die rechte Stoffseite.

Scheibengardine Siehe Caféhausgardine.

Scheuerleiste Schmale Holz- oder Plastikleiste, die sich direkt über dem Boden an der Wand befindet.

Schlaufen Art der Befestigung von Vorhängen und Bettdrapierungen durch den Stoff selbst.

Schleier Dünnes, durchscheinendes, offenmaschiges Gewebe wie beispielsweise Spitze, Tüll, dünner Musselin und Voile; als Vorhänge verwendet, lassen sie Licht in den Raum einfallen, ohne jedoch Einblicke zu gewähren; schleierartige Stoffe eignen sich auch für Bettdrapierungen und Tischdecken.

Schleppe Siehe Schaldrapierung.

Schleuderstange Siehe Gardinenstange.

Schnittkante Kante, an der Stoff durchschnitten wurde; Schnittkanten fransen leicht und müssen versäubert werden.

Schräger Zuschnitt Schräg, das heißt diagonal zum Fadenlauf des Gewebes zugeschnittener Stoff, der dadurch an Elastizität gewinnt; dient oft zur Paspelierung.

Schürze Glatte oder angekrauste Blende, die die Seitenteile oder den Unterbau eines Möbelstücks verdeckt.

Schuß Die im rechten Winkel zu den Kettfäden zwischen diesen hindurch verlaufende Gesamtheit aller Schußfäden. Die Art und Weise, wie die Schuß- und Kettfäden angeordnet sind, bestimmt die Gewebeart.

Schußseitiger Stoff Stoff mit einer großen Anzahl von Schußfäden an der Oberfläche; die Kettfäden treten in den Hintergrund.

Seersucker Stoff mit charakteristischem Kräuseleffekt, der durch die Verwendung unterschiedlicher Fasern hervorgerufen wird – eine der Fasern läuft ein, wodurch sich der ganze Stoff zusammenzieht. Seersucker ist in der Regel kariert oder gestreift.

Segeltuch Siehe Kanevas.

Sesselschoner Schutzbezug, der insbesondere die Rückenlehne von Sesseln und Sofas vor Verschmutzung bewahrt.

Shantung Florloser Webstoff reicher, noppiger Struktur, ursprünglich aus Seide, heute in Synthetikfasern erhältlich. Eignet sich als Bezugstoff für Möbel.

Siebdruck Druckverfahren, das vom Prinzip her dem Schablonieren ähnelt. Der Farbstoff wird durch ein feines Gittersieb auf den zu bedruckenden Stoff gepreßt.

Sims Horizontale Schwelle einer Tür oder eines Fensters.

Smokkante Beliebig breiter Kantenabschluß, bei dem der Stoff, ähnlich den Bleistiftfalten, in winzige, regelmäßige Fältchen gerafft wird.

Spitze Feines, offenmaschiges Gewebe mit kunstvollen Mustern, das gehäkelt oder geklöppelt wird. Traditionell ist Spitze weiß oder cremefarben und besteht aus Baumwolle, obwohl man zuweilen auch andere Farben und Materialien antrifft.

Springrollo Rollo, das nicht gerafft wird, sondern glatt herabhängt und am oberen Ende mit Hilfe einer Feder auf eine Rolle gewickelt wird.

Staubschürze Siehe Schabracke.

Stempeldruck Methode, bei der mit einem erhabenen Holzstempeln Farbe auf Papier oder Stoff aufgebracht wird; bis zur Mitte des 18. Jahrhunderts die verbreitetste Druckmethode.

Stoffbreite Breite eines Stoffes von Webkante zu Webkante. Standardbreiten sind 120 cm, 140 cm und 160 cm. Bestimmte Stoffe wie etwa Bettuchstoff sind auch breiter erhältlich.

Stückfärbung Einfärben eines bereits fertig verarbeiteten Stück Stoffes.

Synthetische Faser Siehe Kunstfasern.

Taft Florloser, weicher, glatter Webstoff, mit feinen Querrippen versehen; je enger die Rippen, desto steifer der Stoff. Früher nur aus Seide, heute auch in anderen Fasern erhältlich.

Taftbindung Siehe Leinwandbindung.

Tapisserie Schwerer Webstoff, oft mit traditionellen Mustern oder szenischen Darstellungen verziert, der als Möbelbezugstoff, als Wandbehang etc. verwendet wird. Der Begriff bezeichnet außerdem eine Webart; siehe dazu »Flachgewebe«.

Tartan Traditioneller, in zwei oder mehr Farben karierter Wollstoff, der aus dem schottischen Hochland stammt. An dem Karo konnte man früher die Zugehörigkeit zu einem bestimmten Clan und auch den jeweiligen Status des Trägers innerhalb des Clans erkennen.

Toile de Jouy Traditioneller, ursprünglich mit romantischen ländlichen Schäferszenen monochrom (hauptsächlich rot, blau oder dunkelgrau) auf cremefarbenem Hintergrund bedruckter Baumwollstoff; die ersten dieser bedruckten Stoffe entstanden im 18. Jahrhundert in der Stoffmanufaktur der Gebrüder Oberkampf im französischen Jouy-en-Josas.

Trompe-l'oeil Wörtlich übersetzt »Augentäuschung«. Begriff aus der bildenden Kunst; bezeichnet die Vortäuschung realer dreidimensionaler Gegenständlichkeit, in der Regel architektonische Elemente wie Säulen, Nischen etc., mit malerischen Mitteln. Diese Effekte erfreuten sich während des 17. und 18. Jahrhunderts großer Beliebtheit; sie können auf Wände, aber auch auf Leinwand gemalt bzw. gedruckt werden.

Tüll Sehr feines, transparentes Gewebe, das ursprünglich aus Baumwolle, heute aber aus synthetischen Fasern hergestellt und als Gardinenstoff verwendet wird.

Tweed Stoff, der aus Wollgarn in verschiedenen Webarten, verschiedenen Farben und verschiedenen Strukturen hergestellt wird. In jedem Fall ist das Wollgarn grob oder noppig, der Stoff kleingemustert oder meliert. Tweed schafft eine warme, heimelige Atmosphäre und läßt sich zu Bettüberwürfen, Tagesdecken, Kissen- und Sitzmöbelbezügen verarbeiten.

Utrecht-Samt Gewebe mit geschnittenem Flor, besteht ursprünglich aus einer Mohair- oder Leinengrundlage. In den Flor werden mit heißen Walzen Muster gepreßt.

Velour Schweres Gewebe mit einem dichten Flor, der in eine Richtung weist und dem Stoff ein samt- bzw. plüschähnliches Aussehen verleiht.

Viskose Siehe Acetat und Kunstfaser.

Voile Feiner, lichtdurchlässiger, offenmaschig gewebter Stoff, der sich für viele Arten von Stoffdekorationen eignet, zum Beispiel für Gardinen, Tisch- und Bettdrapierungen sowie Raffrollos. Voile besteht aus Baumwolle, Seide oder Kunstfaser; häufig weist er auch kleine, leicht erhabene eingewebte Muster wie Pünktchen, Rauten etc. auf.

Wachstuch Mit einer wasserabweisenden Schicht überzogenes Gewebe, das sich als Tischdecke oder zum Auslegen von Schubladen eignet; in dickerer Form wird es als Bodenbelag verwendet.

Warme Farben Farben aus dem Rot-Gelb-Spektrum, die eine warme Atmosphäre schaffen.

Wattierung Einlagen aus Baumwolle oder Polyester, die in verschiedenen Dicken erhältlich sind und zum Unterfüttern und Unterpolstern von Stoffen und den verschiedensten Stoffdekorationen sowie zum Quilten verwendet werden.

Webkante Dicht gewebter seitlicher Abschluß eines Stoffes, der parallel der Kettfäden auf der gesamten Länge des Stoffes verläuft. Die Webkante kann den Musterrapport zeigen, so daß sie beim Zusammensetzen von Stoffbahnen hilfreich ist. Im Einzelfall sollte die Webkante nach dem Zusammennähen der Stoffbahnen versäubert werden, so daß die Arbeit sich später in der Naht nicht zusammenzieht.

Wolkenrollo Aus üppig gerafftem, ursprünglich schleierartigem Stoff bestehende Fensterdekoration.

Wolle Naturfaser, die aus versponnenen Tierhaaren, besonders von Schafen, aber auch von Ziegen, Kamelen etc., gewonnen wird.

Ziervorhänge Vorhänge, die sich nicht schließen lassen, sondern nur als Dekoration eingesetzt werden.

Zwischenfutter Weicher Stoff, der zwischen dem Hauptstoff und dem Futter von Vorhängen eingezogen wird, um Volumen zu geben und den Fall weicher zu gestalten.

Zylinderdruck Auch Walz- oder Kalandruck genannt. Gravierte Walzen bzw. Zylinder oder Kalander bedrucken den Stoff mit einem Muster; dieses Verfahren wurde zunächst für die Herstellung von Tapeten entwickelt und erst im 17. Jahrhundert auch zum Bedrucken von Stoffen eingesetzt.

Hersteller exklusiver Dekorationsstoffe

Die folgenden Adressenlisten erheben keinen Anspruch auf Vollständigkeit, sondern enthalten lediglich Vorschläge. Auf Anfrage werden Ihnen die Hersteller bzw. ihre deutschen Vetretungen Bezugsmöglichkeiten in Ihrer Nähe nennen. Bitte fügen Sie Ihren Anfragen einen adressierten und ausreichend frankierten Rückumschlag bei.

Dekorations- und Bezugstoffe (Möbelstoffe)

Laura Ashley
27 Bagleys Lane
GB-London SW6 2BW

Bezug über die Laura-Ashley-Geschäfte in den verschiedenen deutschen Städten.

Bennison Fabrics
16 Holbein Place
GB-London SW1W 8NL

über:
Emil Rotter
Ahornallee 9
14050 Berlin

John Boyd Textiles
Higher Flax Mills
Castle Cary
GB-Somerset BA7 7DY

über:
Emil Rotter
Ahornallee 9
14050 Berlin

Braquenie
111, boulevard Beaumarchais
F-75003 Paris

über:
Emil Rotter
Ahornallee 9
14050 Berlin

Brunschwig & Fils
10 The Chambers
Chelsea Harbour Drive
GB-London SW10 0XF

über:
Emil Rotter
Ahornallee 9
14050 Berlin

Burger & Fils
39, rue des Petits Champs
F-75001 Paris

über:
Dörflinger & Nickow
Schiess-Straße 64
40549 Düsseldorf

Nina Campbell

über:
Osborne & Little,
siehe dort

Manuel Canovas
125, rue de la Faifanderie
F-75116 Paris

über:
Manuel Canovas GmbH
Ludwigstraße 19
80539 München

Chanée-Ducrocq
25, rue de Cléry
F-75002 Paris

Chotard
5, rue du Mail
F-75002 Paris

über:
Casal GmbH
Adelgundenstraße 6
80538 München

Jane Churchill
118 Garrat Lane
GB-London SW18 4DJ

über:
F + B Collection
Eschenheimer Anlage 16
60318 Frankfurt

Colefax and Fowler
39 Brook Street
GB-London W1Y 2JE

über:
F + B Collection
Eschenheimer Anlage 16
60318 Frankfurt

Jean Deschemaker
22, rue du Mail
F-75002 Paris

über:
Casal GmbH
Adelgundenstraße 6
80538 München

Designers Guild
277 Kings Road
GB-London SW3

über:
Designers Guild GmbH
Sendlinger-Tor-Platz 6
80336 München

Dovedale Fabrics
13 Mount Road
Feltham
GB-Middlesex TW13 6AR

über:
Patrick Schneider
An der Grotte 8
36103 Flieden

Etamine
2, rue de Furstemberg
F-75002 Paris

über:
Designers Guild GmbH
Sendlinger-Tor-Platz 6
80336 München

Anna French
108 Shakespeare Road
GB-London SE24 0QQ

über:
Patrick Schneider
An der Grotte 8
36103 Flieden

Pierre Frey
47, rue des Petits Champs
F-75001 Paris

über:
Pierre Frey Deutschland
GmbH
Ludwigstraße 19
80539 München

Christian Fischbacher GmbH
Simonshöfchen 27
42327 Wuppertal

Gainsborough Silk Weaving
Alexandra Road
Chilton
Sudbury
GB-Suffolk CO10 6XH

über:
Emil Rotter
Ahornallee 9
14050 Berlin

Hill & Knowles
13 Mount Road
Feltham
GB-Middlesex TW13 6AR

über:
Patrick Schneider
An der Grotte 8
36103 Flieden

Hodsoll McKenzie
52 Pimlico Road
GB-London SW1W 8LP

über:
Hodsoll McKenzie
Ludwigstraße 19
80539 München

Ian Sanderson
PO Box 148
Newbury
GB-Berkshire RG15 9DW

über:
Emil Rotter
Ahornallee 9
14050 Berlin

JAB
Josef Anstoetz
Potsdamer Straße 160
33719 Bielefeld

Lee Joffa
979 Third Avenue
New York 10022, USA

über:
Emil Rotter
Ahornallee 9
14050 Berlin

Lauer
5, avenue de l'Opéra
F-75001 Paris

über:
Gebr. Weishäupl
Schwanthalerstraße 49
80336 München

Polo Ralph Lauren
979 Third Avenue
New York 10022, USA

über:
Designers Guild GmbH
Sendlinger-Tor-Platz 6
80336 München

Lelievre
13, rue du Mail
F-75002 Paris

Nobilis-Fontan
29, rue Bonaparte
F-75006 Paris

über:
Nobilis-Fontan
Hedwigstraße 9
80636 München

Osborne & Little
49 Temperley Road
GB-London SW12 8QE

über:
Osborne & Little
Fürstenstraße 5
80333 München

Edmond Petit
23, rue du Mail
F-75006 Paris

über:
Lupir GmbH
Weberstraße 6
72622 Nürtingen

Prelle
5, place des Victoires
F-75001 Paris

über:
Patrick Schneider
An der Grotte 8
36103 Flieden

Ramm, Son & Crocker Ltd
Chiltern House
Knaves Beech Business
Centre
Loudwater
High Wycombe
GB-Buckingham-
shire HP10 9QR

über:
T.K. Verlag
Kanalstraße 45
36037 Fulda

Romo
Lowmoor Road
Kirkby-in-Ashfield
GB-Nottingham-
shire NG17 7DE

über:
Emil Rotter
Ahornallee 9
14050 Berlin

Sahco-Hesslein
Kreuzburger Straße 17-19
90471 Nürnberg

Arthur Sanderson
100 Acres
Oxford Road
Uxbridge
GB-Middlesex UB8 1HY

über:
JAB Anstoetz
Potsdamer Straße 160
33719 Bielefeld

Schumacher
939 Third Avenue
New York
New York 10022, USA

über:
T.K. Verlag
Kanalstraße 45
36037 Fulda

Muriel Short Designs
Hewitts Estate
Elmbridge Road
Cranleigh
GB-Surrey GU6 8LW

über:
T.K. Verlag
Kanalstraße 45
36037 Fulda

Souleiado
39, rue Proudhon
B.P. 21
F-13151 Tarascon

über:
Camargue
Poststraße 11
20354 Hamburg

Bernard Thorp
6 Burnsall Street
GB-London SW3 3SR

über:
F + B Collection
Eschenheimer
Anlage 16
60318 Frankfurt

Timney Fowler
388 Kings Road
GB-London SW3 5UZ

über:
Joachim Miklitz
Uferstraße 67
42699 Solingen

Warner Fabrics
Bradbourne Drive
Tilbrook
GB-Buckinghamshire MK7
8BE

über:
Dörflinger & Nickow
Schiess-Straße 64
40549 Düsseldorf

Zimmer & Rohde
Zimmermühlenweg 14-18
61402 Oberursel

Gardinenstoffe

**ADO Gardinenwerke GmbH
& Co.**
Postfach 2000
26884 Aschendorf

Albani Carl
Gardinenfabrik GmbH & Co.
Steinerne Furt 44
86067 Augsburg

**Augsburger
Gardinenfabrik**
Herzog & Co.
Holzweg 19
86156 Ausgburg

Bär & Lorenz GmbH
Sudetenstraße 2-6
91610 Insingen

Bel'Air Gardinen GmbH
Katharinenstraße 39
36103 Flieden

Cordima Cordes GmbH
Saerbecker Straße 141
48268 Greven

Elvo-Werke
Postfach 1289
48651 Coesfeld

Garotex
Von-Siemens-Straße 25
48291 Teltge

Gardinenzubehör

(Schienensysteme, Seilspann-
Vorrichtungen, Gardinen-
stangen, Raffhalter etc.)

Blanke & Co.
Im Mühltal 11
58642 Iserlohn

Hubert Blome
Im Karweg 3
59846 Sundern

**H. Büsche
GmbH & Co. KG**
Postfach 1140
58803 Neuenrade

Gardinia
Postfach 1263
88306 Isny

**MHZ Hachtel
GmbH & Co.**
Postfach 800520
70505 Stuttgart

Möller GmbH & Co. KG
Am Kindergarten 1
59872 Meschede

Sani-Kirsch Inc. & Co. KG
Postfach 1150
25463 Halstenbek

Silent Gliss GmbH
Rebgartenweg 5
79576 Weil am Rhein

Verzierungen und
Posamenten

Kurt Bartl GmbH
Niedermauker Straße 2
91187 Röttenbach

August Bünger
Bob-Textilwerk
42277 Wuppertal

Gustav Gerster
Gardinen- und
Posamentenwerk
GmbH & Co.
Postfach 1453
88400 Biberach

**Hengersberger
Posamentenfabrik
GmbH**
Postfach 40
94487 Hengersberg

Lupir GmbH
Weberstraße 6
72622 Nürtingen

**Obererzgebirgische
Posamenten- und
Effekten-Werke
Sachsen
GmbH**
Bahnhofstraße 1a
09456 Annaberg-
Buchholz

**Hans Schmid
Posamenten**
Beethovenstraße 24
50858 Köln

Im folgenden finden Sie
die Namen der Innen-
architekten und
-ausstatter, deren
Arbeiten in diesem
Buch abgebildet sind.
Sie können unter
ihren Geschäftsadres-
sen angeschrieben
werden.

In Großbritannien:

Roger Banks-Pye
Colefax and Fowler
119 Fulham Road
GB-London SW3

Shireen Faircloth
42 Anselm Road
GB-London SW6 1LJ

Anna Thomas
3 Montepellier Row
Twickenham
GB-Middlesex TW1 2NA

Sasha Waddell
4 Delaford Street
GB-London SW6 7LT

Karen White ISID
9 Stanley Crescent
GB-London W11

In den Vereinigten
Staaten:

Ginger Barber ASID
1925 Westheimer
Houston
Texas 77098, USA

Nancy Braithwaite
2995 Lookout Place
Atlanta
Georgia 30305, USA

**Clark/Le Cuyer Interior
Desing, Robert Clark ISID
und Raymond Le Cuyer
ISID**
333 West 57th Street
New York
New York 110019-311,
USA

Kim De Pole Design
75 East 7th Street
Suite 6B
New York
New York 10003, USA

Michael de Santis Inc
1110 Second Avenue
New York
New York 10022, USA

**Mary Drysdale Design
Assoc. Inc**
1133 20th Street NW
Suite 700
Washington DC 20036,
USA

Marilyn Glass Inc
311 East Street 38th Street
New York
New York 10016, USA

Carol Glasser ASID
PO Box 130246
Houston
Texas 77219-0246,
USA

Mariette Himes Gomez
506/504 East 74th Street
New York
New York 100, USA

Richard Holley ASID
1215 Oakdale
Houston
Texas 7704, USA

**Stephen and Gail
Huberman Interior
Design**
127 East 59th Street
New York
New York 10022, USA

Beverly Jacomini ASID
1701 Brun Street
Houston
Texas 77019, USA

Richard Keith Langham
18 East 67th Street
New York
New York 10021, USA

**Tonin MacCallum
Inc ASID**
21 East 90th Street
New York
New York 10128, USA

Virginia Mae Witbek
829 Park Avenue
New York
New York 10021, USA

**Charlotte Moss and
Company**
16 East 79th Street
New York
New York 10021, USA

Brett Nestler
350 East 79th Street
New York
New York 10021, USA

**Vincente Wolf
Assoc. Inc**
333 West 39th Street
New York
New York 10018, USA

In Frankreich:

Marie Gouny
5 rue de Charronne
F-75011 Paris

Stephanie Vatelot
Chateau de Reignac
F-33450 Saint Loubes

Register